SQL lernen

Michael Ebner

SQL lernen

ADDISON-WESLEY

An imprint of Pearson Education

München • Reading, Massachusetts • Menlo Park, California
New York • Harlow, England • Don Mills, Ontario
Sydney • Mexico City • Madrid • Amsterdam

Die Deutsche Bibliothek – CIP-Einheitsaufnahme

Michael Ebner
SQL lernen / Michael Ebner. - 1. Aufl. -
Bonn; Reading, Mass. [u.a.]: Addison-Wesley-Longman, 1999
ISBN 3-8273-1515-8

10 9 8 7 6 5 4 3

03 02 01 00

Lektorat: Barbara Lauer, Bonn

Korrektorat: Marcus Pfitzenreuter, Radevormwald

Produktion: Sandra Gottmann, Bonn

Satz: Michael Ebner, Berlin – gesetzt aus der Stone Serif 9,5 Punkt

Belichtung, Druck und Bindung: Bercker Graphischer Betrieb, Kevelaer

Umschlaggestaltung: Barbara Thoben, Köln

Das verwendete Papier ist aus chlorfrei gebleichten Rohstoffen hergestellt und alterungsbeständig. Die Produktion erfolgt mit Hilfe umweltschonender Technologien und unter strengsten Auflagen in einem geschlossenen Wasserkreislauf unter Wiederverwendung unbedruckter, zurückgeführter Papiere.

I Inhaltsverzeichnis

V Vorwort

SQL ist der wohl bedeutendste Datenbank-Standard. In diesem Buch soll eine auch für den Einsteiger verständliche Einführung in diese Abfragesprache gegeben werden.

Buch-CD

Auf der Buch-CD finden Sie einer Demo-Version des *InterBase*-Servers, mit dem Sie sämtliche Beispiele nachvollziehen können. Sie finden dort weiterhin die Testdatenbank *test.gdb* und die UDF-Bibliothek *freeudf.dll*. Näheres in der Datei *readme.txt*.

Anregung und Kritik

Für Anregungen und Kritik bin ich stets dankbar, verwenden Sie bitte die untenstehende eMail-Adresse. Bitte haben Sie Verständnis dafür, daß ich nur in Ausnahmefällen bei technischen Problemen weiterhelfen kann.

Berlin, Februar 1999 *Michael Ebner*

MEbner1969@aol.com
http://members.aol.com/MEbner1969/home.htm

Icons

In diesem Buch werden verschiedene Icons verwendet, deren Bedeutung Sie hier finden:

Referenz – Damit wird auf andere Kapitel verwiesen.

Warnung – Wenn Sie etwas nicht tun sollen, dann ist dieses Icon in der Nähe.

Tip – So machen Sie sich die Sache leichter.

Hinweis – Damit soll besonders auf eine Textpassage hingewiesen werden.

Übung – Hier sollen Sie selbst aktiv werden. Die Lösungen finden Sie in Anhang D. Wenn die Aufgabenstellung mit *Nun etwas zum Knobeln* eingeleitet wird, dann ist damit zu rechnen, daß die Lösung der Aufgabe ein wenig Zeit und Phantasie erfordert.

1 Was ist SQL?

SQL steht für *Structured Query Language*, auf deutsch etwa *strukturierte Abfragesprache* – eine gewaltige Untertreibung: Der SQL-Sprachumfang umfaßt nicht nur die Anweisung für Datenbankabfragen (SELECT), sondern auch zum Ändern dieser Daten (INSERT, UPDATE, DELETE), ja gar zur Definition der ganzen Datenbank (CREATE TABLE und viele andere).

Dabei ist SQL der einzig relevante Standard für Datenbanken. Bei so gut wie allen Client-Server-Systemen wird die Kommunikation zwischen Client und Server über SQL abgewickelt, und auch Desktop-Datenbanksysteme wie beispielsweise dBase oder Access lassen sich per SQL-Anweisung steuern. Wenn Sie mit Datenbanken zu tun haben, kommen Sie an SQL kaum vorbei.

Obwohl es bei SQL verschiedene Standards gibt und viele Hersteller bei den Details auch eigene Wege gehen, implementieren eigentlich alle Systeme die SQL-1-DDL-Anweisungen SELECT, INSERT, UPDATE und DELETE. Wenn Sie SQL beherrschen, können Sie an jeder SQL-fähigen Datenbank mit den grundlegenden Arbeiten beginnen, ohne auch nur einen Blick ins Handbuch zu werfen – so, wie Sie bei einem Auto auch sofort losfahren können, ohne sich in der Anleitung davon zu überzeugen, daß das Gaspedal wirklich ganz rechts ist.

Um SQL zu verwenden, müssen Sie nicht Programmierer oder Datenbankadministrator sein. Durch die hohe Verbreitung werden grundlegende SQL-Kenntnisse zunehmend auch für Bürokräfte relevant. Wenn beispielsweise die Liste aller Kunde gefragt ist, die letztes Jahr einen Umsatz von mehr als 50 000 DM gemacht haben, und die Datenbankanwendung für eine solche Aufgabenstellung keine Funktion implementiert hat, dann muß eine entsprechende Abfrage eben in Eigenarbeit erstellt werden.

Vermutlich sind Sie inzwischen davon überzeugt, daß SQL wichtig ist (oder doch zumindest, daß ich SQL für wichtig halte). Bevor wir uns aber die einzelnen Anweisungen ansehen, soll zunächst geklärt werden, was Datenbanken denn genau sind.

1.1 Was sind Datenbanken?

Es gehört wohl zu den universellen Gesetzmäßigkeiten, daß (nicht nur in der Philosopie) die einfachsten Begriffe am schwersten zu definieren sind. So beginnt ein (unbestreitbar ernstzunehmendes) Buch über Datenbanken mit der Definition: *Eine Datenbank ist eine Sammlung von nicht-redundanten Daten, die von mehreren Applikationen benutzt werden.*

Auf meiner Festplatte sind im Verzeichnis *C:\TIFFS* viele Bilddateien. Weil diese die Festplatte schon stark füllen, sind sie jeweils nur einmal vorhanden, also nicht-redundant. Zugreifen kann ich darauf mit dem *PhotoStyler*, mit *Corel PhotoPaint* und dem Layout-Programm *PageMaker*. Also eine Datenbank?

Auf der anderen Seite gab es die Mitglieder-„Datenbank" einer bundesdeutschen Partei (ich will keine Namen nennen ...), die ist („leider, leider ...") alles andere als *nicht-redundant*, und zugegriffen wird darauf nur mit der eigens dafür erstellten Anwendung, multi-userfähig ist das System „zur Freude aller Beteiligten" ohnehin nicht. Also keine Datenbank?

Was soll man von einem Programm halten, das sich *Datenbank-Compiler* nennt? Und wenn Sie in ein Computergeschäft gehen, auf eine Paradox-, Access- oder dBase-Schachtel zeigen und fragen, was das denn für ein Programm sei, dann wird man Ihnen wohl sagen: *Dies ist eine Datenbank.*

Und was lehrt uns dieses? *Datenbank* ist ein Begriff, der ziemlich beliebig auf Datenbanksysteme, Datenbank-Management-Systeme und Datenbestände bezogen wird. Überlassen wir also die Definition den Wissenschaftlern, verwenden wir den Begriff ebenso beliebig, wie dies von der Mehrheit getan wird, und vermeiden wir ihn, wenn wir uns präzise ausdrücken wollen.

Datenbanksystem

Ein Datenbanksystem ist der Mittler zwischen Datenbestand und Anwendung.

Möchte eine Anwendung bestimmte Daten haben, dann schickt Sie eine Anfrage an das DBS, beispielsweise mit dem SQL-Befehl SELECT. Das DBS sucht sich die Daten auf der Festplatte zusammen und schickt die Ergebnismenge zur Anwendung.

Datenbank-Management-System

Der Begriff Datenbank-Management-System wird meist synonym für Datenbanksystem verwendet. Es kann aber auch das Programm sein, welches Zusatzaufgaben wie beispielsweise das Backup der Daten erledigt.

Datenbestand

Der Datenbestand umfaßt die Daten, welche in die Datenbank geschrieben wurden. In der Regel werden diejenigen Daten, die das DBS für die Selbstverwaltung auf die Platten schreibt, nicht dazu gezählt.

1.1.1 Historisches

Die ersten beiden Generationen von Datenbanken (wenn man diese schon so nennen möchte) waren sogenannte File-Systeme (die erste Generation auf Band, die zweite auf Platte). In diesen File-Systemen wurden die Datensätze nacheinander abgespeichert.

Damit konnte man beispielsweise Adressen speichern und auch wieder zurückerhalten, aber bei allem, was darüber hinausging, fingen die Probleme an. Wenn man einen bestimmten Datensatz suchen wollte, dann konnte man nur alle Datensätze auslesen und vergleichen, ob der jeweilige Datensatz den gestellten Bedingungen entsprach.

Sequentielle Suche

Bei den Systemen der ersten Generation war dabei noch nicht einmal ein sogenannter wahlfreier Zugriff möglich: Wollte man den 365. Datensatz auslesen, dann wurde das Band bis zur Dateianfangsmarke (BOF, *begin of file*) zurückgespult und dann Datensatz für Datensatz ausgelesen, bis man den 365. erreicht hatte. Bei den Systemen der zweiten Generation hatte man dann wenigstens Festplatten; auf den gewünschten Datensatz konnte man hier (mehr oder minder) direkt zugreifen. Bei der Suche nach bestimmten Kriterien war man dann aber immer noch auf die sequentielle Suche angewiesen (dies ist man häufig auch heute noch).

Redundanz, Inkonsistenz und Integrität

Bei diesen Systemen machten unter anderem Redundanz und Inkonsistenz sowie Integritätsprobleme Sorgen. Nehmen wir als Beispiel die Auftragsverwaltung eines Versandhauses, welche wir zu diesem Zweck sehr grob vereinfachen wollen, und zwar zu einer Kunden- und einer Auftragsdatei.

Zur Auftragsdatei gehören lauter Datensätze über laufende oder abgeschlossene Aufträge; ein Datensatz enthält häufig Angaben über Bestelldatum, Anzahl, Bestellnummer, Bezeichnung, Einzel- und Gesamtpreis der gelieferten Waren und natürlich über den Kunden. Hier gibt es nun prinzipiell zwei Möglichkeiten:

- Die eine ist, daß sämtliche Kundendaten aus der Kundendatei in die Auftragsdatei kopiert werden. Ein und dieselbe Adresse ist also doppelt vorhanden, man spricht hier von *Redundanz*. So etwas vermehrt nicht nur den Bedarf an Speicherplatz, es führt auch zur *Inkonsistenz*, wenn an nur einem Datensatz Änderungen durchgeführt werden. Nehmen wir einmal an, der Kunde zieht um, meldet dies der Firma, und diese ändert entsprechend die Kundendatei.

  Nun hat der Kunde aber in der Umzugshektik vergessen, die Rechnung aus der letzten Lieferung zu begleichen. Die Buchhaltung untersucht, ob alle Rechnungen beglichen sind, findet den Vorgang und schickt an die alte Adresse eine Mahnung (welche natürlich zurückkommt, weil der Kunde an den Nachsendeauftrag auch nicht gedacht hat). Die Buchhaltung ist nun auch nicht „blöd" und schaut in der Kundendatei beispielsweise unter *Stefan Meier* nach, den es vielleicht siebenmal gibt. Ohne Kundennummer hat man nun ein Problem.

  Eine Variation der Geschichte: Zusammen mit der neuen Adresse wurde eine neue Kundennummer vergeben, weil man daraus beispielsweise die Filiale erkennen soll, welche den Kunden zu betreuen hat.

- Die andere Möglichkeit ist, daß man in der Auftragsdatei nur die Kundennummer speichert und sich der Rechner bei Bedarf einfach die nötigen Adreßdaten aus der Kundendatei herausholt. Redundanz wird somit (in diesem Punkt) vermieden, bei den heutigen relationalen Datenbanken macht man das im Prinzip auch nicht anders.

Nun bittet beispielsweise *Stefan Meier* darum, in Zukunft keinen Katalog mehr zu erhalten, die Adresse wird aus der Kundendatei gelöscht. Wenn die Buchhaltung nun eine Mahnung adressieren möchte, dann hat sie nur die Kundennummer – und somit auch ein Problem.

Prinzipiell wäre es möglich, die Anwendungsprogramme so zu erstellen, daß diese Probleme erkannt und vermieden werden. Nun ist es allerdings häufiger der Fall, daß für ein und denselben Datenbestand immer wieder neue Anwendungsprogramme verwendet werden. In diese jedesmal von neuem die erforderlichen Sicherungen einzufügen, ist unökonomisch (und dazu fehleranfällig). Es hat sich deshalb durchgesetzt, daß die Anwendungsprogramme nicht direkt auf den Datenbestand zugreifen, sondern über ein spezielles, für den Anwender „unsichtbares" Programm, das (unter anderem) diese Sicherheitsmaßnahmen durchführt. Dieses Programm nennt man *Datenbanksystem (DBS).*

Hierarchische und Netzwerk-Datenbanken

Durch diese Trennung von Anwendungs- und Datenverwaltungsprogramm entstanden die Datenbanken der dritten Generation (von manchen werden sie auch die „ersten echten Datenbanken" genannt). Vertreter dieser Spezies sind beispielsweise die hierarchischen Datenbanken oder die Netzwerk-Datenbanken. Solche Datenbanken sind stellenweise noch auf Großrechnern im Einsatz, werden aber heutzutage bei Neuprogrammierungen nicht mehr verwendet. Da sich SQL erst mit den relationalen Datenbanken durchgesetzt hat, werden Sie mit diesem Standard dort nicht viel anfangen können.

1.1.2 Desktop oder Client-Server

Der gerade verwendete Begriff *Netzwerk-Datenbank* bezieht sich nicht darauf, daß die Datenbank über ein Netzwerk von mehreren Anwendern gleichzeitig genutzt werden kann – Großrechnersysteme haben immer eine Client-Server-Architektur. Lassen Sie uns auch diese Begriffe klären.

Stand-Alone-Datenbank

Am wenigsten Kopfzerbrechen macht eine *Stand-Alone*-Datenbank, welche zu den *Desktop-Datenbanken* gezählt wird. Die Daten befinden sich auf einem Arbeitsplatzrechner, auf die Daten kann immer nur ein Anwender mit immer nur einer Anwendung zugreifen. Es ist zwar möglich, daß über ein Netzwerk auch Anwender B auf die Daten zugreift, aber nur dann, wenn Anwender A seine Applikation geschlossen hat. Probleme, die dadurch entstehen, daß zwei Anwender zur selben Zeit am selben Datensatz etwas ändern wollen, können schon prinzipiell nicht auftreten; bei jeder größeren Datenbank wird aber der eine Arbeitsplatz zum Nadelöhr.

File-Share-Datenbank

Moderne Netzwerke bieten die Möglichkeit, daß mehrere Anwender auf ein und dieselbe Datei zugreifen. Auf diese Weise ist es auch möglich, daß mit zwei Datenbankanwendungen auf dieselbe Datenbankdatei zugegriffen wird. Diese Version der *Desktop*-Datenbank nennt man *File-Share*-Datenbank, und damit ist schon ein echter Multi-User-Betrieb möglich.

Das Ganze hat jedoch (unter anderem) einen entscheidenden Nachteil: Die Datenverarbeitung erfolgt auf den Arbeitsplatzrechnern; für Abfragen muß jeweils der ganze Datenbestand (der jeweiligen Tabellen) zum Arbeitsplatzrechner transferiert werden, dementsprechend hoch ist die Belastung (und entsprechend niedrig die Performance) des Netzwerks.

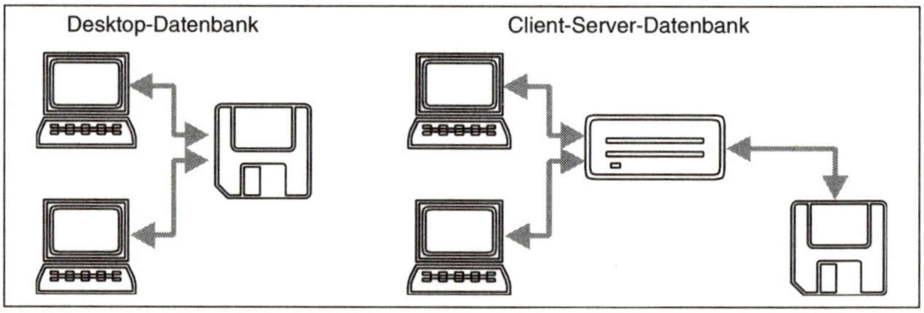

Abbildung 1.1: Unterschied zwischen Desktop- und Client-Server-Datenbank

Client-Server-Datenbank

Einen anderen Ansatz verfolgen *Client-Server*-Datenbanken: Zugriff auf die Dateien des Datenbestandes hat dort nur der Datenbank-Server (nicht zu verwechseln mit dem File-Server eines Netzwerkes!), der die Arbeitsplatzrechner bedient. Anfragen werden also nicht auf dem Arbeitsplatzrechner bearbeitet, sondern auf dem Datenbank-Server (der hardwaremäßig entsprechend ausgerüstet sein sollte), es werden dann nur die Ergebnisse an die Arbeitsplatzrechner geschickt.

Ein Beispiel soll den Unterschied zur *File-Share*-Datenbank erläutern: Nehmen wir an, in einem großen Versandhaus werden Mahnungen geschrieben. Um Redundanzen zu vermeiden, sind in der Tabelle *Rechnungen* nur die Kundennummern gespeichert, beim Erstellen der vielleicht hundert Mahnungen müßten ebenso viele Kundenadressen in die Standardtexte („Sicher haben Sie übersehen ...“) eingefügt werden. Eine entsprechende SQL-Anweisung könnte lauten:

```
SELECT a.vornamen || " " || a.nachnamen AS namen,
     a.straße, a.plz || " " || a.ort AS wohnort,
     r.datum,
     r.betrag,
     r.betrag + 5 AS mahnsumme
  FROM adressen a, rechnungen r
  WHERE (r.kunde = a.nummer)
     AND (r.datum < :Mahngrenze)
     AND (r.bezahlt IS NULL)
```

(Es macht nichts, wenn Sie diese Anweisung noch nicht ganz verstehen, das lernen Sie in Kapitel 2.) Bei einer *File-Share*-Datenbank würden nun (um einmal Größenordnungen zu schätzen) 300 000 Rechnungsdatensätze und 100 000 Kundendatensätze zum Arbeitsplatzrechner transferiert; das können gut und gerne 20 MByte an Daten sein.

Bei einem *Client-Server*-System würde der Server die Anfrage selbst bearbeiten und dann rund 10 kByte zum Arbeitsplatzrechner übertragen. Dies würde einer Beschleunigung um den Faktor 2000 entsprechen, und bei manchen Abfragen sind die Verhältnisse noch viel extremer.

Zugriffsrechte

Backup

Hinzu kommt, daß *Client-Server*-Systeme meist viel besser auf den Umgang mit großen Datenmengen ausgerichtet sind. Dazu gehören dezidierte Zugangskontrollen und Zugriffsrechte oder – so banal sich das auch anhören mag – die Fähigkeit, bei laufendem Betrieb ein Backup zu ziehen. (Stellen Sie sich vor, Sie gehen nachts um 2.07 Uhr an einen Bankautomaten, und das Display meldet: *Zwischen 2.00 Uhr und 2.13 Uhr keine Auszahlung, von unserem Server wird ein Backup gezogen.)*

Fazit der ganzen Problematik: Wenn Sie mit wirklich großen Datenmengen zu tun haben (und in der glückliche Lage sind, die Entscheidung treffen zu dürfen), dann scheuen Sie nicht den Mehraufwand (und die Mehrkosten) für eine Client-Server-Datenbank, letztlich lohnt sich das immer.

Bei angenommen drei Jahren Systemlaufzeit (sehr vorsichtig geschätzt) und zehn daran beschäftigten Mitarbeitern fallen allein rund zwei Millionen DM an Lohn- und Lohnnebenkosten an. Daran gemessen sind die Mehrkosten für C-S-Systeme wirklich „Peanuts".

1.2.3 Multi-Tier-Systeme

Inzwischen geht der Trend dazu, Multi-Tier-Systeme – also mehrschichtige Datenbankanwendungen – zu entwickeln. Bei diesen mehrschichtigen Systemen sind zwischen den Clients und den Datenbank-Servern die *Application-Server* installiert. Abbildung 1.2 zeigt den grundsätzlichen Aufbau eines solchen Systems.

Warum Multi-Tier?

Nach einer Untersuchung der *Gartner Group* sind im Durchschnitt pro Client-Server-Anwendung 700 Clients im Einsatz. Auch wenn nicht alle Clients gleichzeitig auf den Server zugreifen, sind dies Größenordnungen, die den Server zum Nadelöhr des gesamten Systems machen.

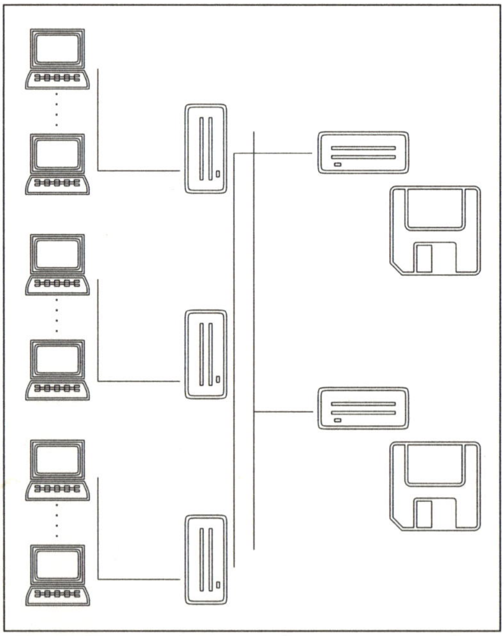

Abbildung 1.2: Prinzip eines Multi-Tier-Systems

Der Server wird durch Multi-Tier-Systeme schon allein dadurch entlastet, daß er weniger Clients und somit auch weniger Transaktionen verwalten muß. Zudem können viele der *Business-Rules* auf dem Application-Server implementiert werden, so daß fehlerhafte Anweisungen erst gar nicht zum Server gelangen. In manchen Fällen führen auch mehrere Anwender der gleichen Arbeitsgruppe dieselbe Abfrage aus, so daß die Daten nur einmal vom Server bezogen werden müssen. Mit Hilfe von *Cached Updates* können auch die Daten vom Server geladen, in der Arbeitsgruppe bearbeitet und nach einiger Zeit wieder auf dem Server aktualisiert werden.

Business-Rules

Cached Updates

Des weiteren ist die Installation neuer Programme oder das Updaten bestehender Programme sehr aufwendig, wenn dies auf einer so großen Anzahl von Systemen erfolgen muß. Mit Hilfe der Multi-Tier-Technologie können *Thin Clients* erstellt werden. Solche Clients können mit vertretbarem Zeitaufwand bei jedem Systemstart vom Application-Server heruntergeladen werden und müssen somit gar nicht auf allen Clients installiert werden.

Thin Client

Selbst eine Verbreitung der Clients über Modem wäre denkbar. Bei einer Übertragungsgeschwindigkeit von gemäßigten 28800 kBit/s wäre eine Anwendung von beispielsweise 200 kByte in knapp einer Minute heruntergeladen. Das würde man dann wohl nicht bei jedem Systemstart tun, sondern immer nur dann, wenn eine neue Version verfügbar ist.

Wann Multi-Tier?

Mehrschichtige Anwendungen sind anspruchsvoller und auch aufwendiger zu programmieren als die klassischen, zweischichtigen Client-Server-Anwendungen und somit sicher nicht kostengünstiger.

Für ein kleines Firmennetzwerk mit vielleicht fünf Arbeitsplätzen wäre ein solches Konzept um mehrere Größenordnungen überdimensioniert. In folgenden Fällen sollte man jedoch über die Erstellung einer mehrschichtigen Anwendung nachdenken:

- Die Zahl der Clients steigt über 100 oder mehrere Server arbeiten parallel, um einen ununterbrochenen Betrieb zu gewährleisten.
- Mehrere dezentrale, kleinere Netzwerke sind über ein WAN (*wide area network*) miteinander verbunden (Filialbetrieb). Bei solchen Systemen gilt es, Anzahl und Dauer der Serverzugriffe zu minimieren, weil dadurch Übertragungskosten entstehen. In diesem Fall würde jedes der kleineren Netzwerke von einem Application-Server (Anwendungs-Server) versorgt.

- Viele Clients führen einen Fernzugriff (oder auch einen Offline-Zugriff) auf die Datenbank durch. So könnte beispielsweise eine Versicherungszentrale mit einigen hundert Vertretern verbunden sein. Diese benötigen meist nur einen bestimmten Satz an Informationen, die ihnen der Anwendungsserver zur Verfügung stellt.

Soweit zum Thema *Multi-Tier*. Für die Sprache SQL spielt es keine Rolle, wie viele Schichten das System umfaßt, da diese relativ neue Technologie aber zunehmend an Bedeutung gewinnt, wollte ich die Thematik kurz angerissen haben.

1.2 Relationale Datenbanken

E.F. Codd

Der Begriff *relationale Datenbanken* geht zurück auf einen Artikel von E.F. Codd: *A Relational Model of Data for Large Shared Data Banks*, der 1970 veröffentlich wurde. Inzwischen sind von Codd 333 Kriterien erstellt worden, die ein Datenbank-Management-System erfüllen muß, damit es sich relational nennen „darf".

Nach der Ansicht von Experten erfüllt derzeit kein einziges System alle 333 Kriterien. In der Praxis wird ein DBMS *relational* genannt, wenn es der „Philosophie" dieser Kriterien gerecht wird und die wesentlichsten Bedingungen erfüllt.

Nachdem fast alle heute gebräuchlichen Datenbanksysteme relationale Datenbanken sind und SQL direkt auf der „Philosopie" aufsetzt, wollen wir uns nun ein wenig damit beschäftigen.

1.2.1 Begriffe

Man kann nicht über relationale Datenbanken sprechen, ohne zuvor einige Begriffe zu klären. Manche dieser Begriffe werden auch in der Praxis verwendet, manche sind aber durch andere Begriffe ersetzt worden.

Relation

Eine *Relation* ist eine Tabelle. Relationale Datenbanken könnte man als „auf Tabellen basierende Datenbanken" bezeichnen. Sämtliche Daten werden in *Relationen*, also in Tabellen gespeichert. Meist werden nicht nur die Daten, die der Anwender eingibt, sondern auch diejenigen, die das System zur Verwaltung benötigt, in Tabellen abgelegt.

Eine *Relation* (Tabelle) ist eine logische Verbindung von einer festen Anzahl von *Attributes* (Spalten) und einer variablen Anzahl von *Tuples* (Zeilen, Reihen). *Relationen* werden wir später noch ausführlicher behandeln.

Domain

Eine *Domain* ist ein Wertebereich, ähnlich dem, was in C oder Pascal ein Typ ist. Bei relationalen Datenbanken sind die Domains allerdings *atomar*, sie lassen sich also nicht weiter zerteilen (zumindest nicht sinnvoll).

Beispielsweise ist der *Name* eines Menschen nicht atomar, weil er sich in *Vorname* und *Nachname* (und ggf. akademische Grade) zerlegen läßt. *Vorname* und *Nachname* sind dann allerdings atomare Werte, also *Domains*.

Bei einer Datenbank sind stets einige *Domains* vordefiniert, meist hält man sich dabei an Bereiche, welche das binäre Zahlenmodell vorgibt (Integerzahlen). Es ist aber auch möglich, eigene *Domains* zu definieren. Hierzu zwei Beispiele (als SQL-Befehle, wir werden dies später behandeln):

```
CREATE DOMAIN dnachnamen AS VARCHAR(20);

CREATE DOMAIN dabteilungsnummer AS CHAR(3)
   CHECK (VALUE = "000" OR
      (VALUE > "0" AND VALUE <= "999")
      OR VALUE IS NULL)
```

Beim ersten Beispiel fragt man sich, warum hierfür eigens eine eigene Domain definiert wird, schließlich könnte man die Angabe der Länge auch bei der Spaltendefinition machen. Im Prinzip ist das richtig. Nun gibt es allerdings Referenzen, also den Verweis auf andere Tabellenspalten. Dafür ist es zwingend erforderlich, daß beide *Attributes* (Spalten) derselben *Domain* unterliegen. Auch dies ist nun weiter kein Problem, es werden alle Nachnamen-*Attributes* als VAR-CHAR(20) definiert.

Nun wird später eine Änderung nötig; beispielsweise kommen Doppelnamen in Mode, und die Nachnamen lauten nun beispielsweise *Leuthäuser-Schnarrenberger* oder *Freiherr Marschall von Biberstein* (die Namen gibt's wirklich). Prinzipiell ist das auch noch kein Problem: Es müssen eben alle *Attributes* (Spalten) entsprechend umdefiniert werden. Sollte aber dabei auch nur eine Spalte vergessen werden, dann arbeitet die Datenbank nicht mehr korrekt. Deshalb ist es sicherer, auf eigens definierte *Domains* zu verweisen, denn dann muß die Änderung nur an einer einzigen Stelle vorgenommen werden.

Bei der Definition von *Domains* können auch etwas kompliziertere Wertebereiche vorgegeben werden, wie das zweite Beispiel zeigt. Die Definiton von *Domains* werden wir uns in Kapitel 4.1 noch näher ansehen.

NULL

Ein Ausdruck, der bei Einsteigern immer wieder für Verwirrung sorgt, ist der Wert NULL. NULL ist eben nicht gleich *null*. Vielleicht hätte man eine andere Bezeichnung dafür finden sollen (beispielweise UNK für *unknown, unbekannt*), jedenfalls heißt der Wert nun NULL und steht für unbekannte oder nicht zutreffende Werte.

Während unbekannte Werte leicht vorstellbar sind, mag man sich zunächst fragen, was man sich unter nicht zutreffenden Werten eigentlich vorzustellen hat. Dazu ein Beispiel: Nehmen wir einmal an, in einer *Relation* (Tabelle) seien die Plätze von Konferenzräumen aufgelistet, dazu die Teilnehmernummer der Person, für die der Platz reserviert ist. Nun hat aber der Konferenzraum mehr Plätze als Teilnehmer, und so gibt es Plätze, zu deren *Attribut* (Spalte) *Teilnehmer* es keinen zutreffenden Wert gibt. Auf diesen Plätzen sitzt auch nicht der Teilnehmer *0* oder der Teilnehmer *x*, sondern für diese Spalte gibt es einfach keinen zutreffenden Wert.

Dieser Wert NULL macht übrigens aus einer zweiwertigen Logik eine dreiwertige, was einigermaßen verwirrend sein kann.

Degree und Kardinalität

Die Zahl der *Attributes* (Spalten) einer *Relation* (Tabelle) nennt man *Degree* (Ausdehnungsgrad). Relationen mit nur einer Spalte nennt man *unär*. So etwas kann durchaus sinnvoll sein, beispielsweise als Liste der gesetzlichen Feiertage – in der Regel wird (den Rechner) nur interessieren, an welchem Datum der Feiertag ist, und nicht, wie dieser genannt wird. Eine *Relation* mit einem *Degree* von *zwei* nennt man dementsprechend *binär*.

Die Zahl der *Tuples* (Datensätze) wird *Kardinalität* genannt. Während ein *Degree* von null keinen Sinn hat, kann es durchaus Relationen mit null Tuples, also leere Tabellen geben. Als Beispiel sei die Tabelle der momentan offenen Posten genannt – wenn alle Kunden ihre Rechnungen bezahlt haben.

1.2.2 Keys (Schlüssel)

Im Zuge der sogenannten „Normalisierung" (wir werden das später klären) werden viele Tabellen entstehen. Um diese Tabellen wieder richtig zusammensetzen zu können, aber auch, um die gewünschten Datensätze überhaupt finden zu können, werden sog. *Keys*, also Schlüssel, verwendet.

Candidate Key

Prinzipiell ist es ein sehr triviales Problem, Daten irgendwo zu speichern – interessant wird es erst, wenn man versucht, an diese Daten wieder heranzukommen, insbesondere dann, wenn man nicht an allen *Tuples* (Datensätzen) interessiert ist, sondern an einem ganz bestimmten.

Die Tabellen einer relationalen Datenbank sind nicht sequentiell organisiert (intern manchmal schon, aber nicht aus Sicht des Benutzers), es gibt also nicht den ersten, den letzten, den 385. Datensatz. Um einen Datensatz eindeutig zu bestimmen (und ihn damit suchen, besser gesagt, finden zu können), ist ein *Candidate Key*, ein „eindeutiger Schlüssel" nötig.

Unter einem *Candidate Key* versteht man eine *Attribut*-Menge (also eine Menge von einer oder mehreren Spalten), die *unique* (eindeutig) ist. So ein *Candidate Key* ist im einfachsten Fall eine fortlaufende Nummer, beispielsweise eine Kundennummer oder eine Bestellnummer. Zwingend notwendig ist das (zumindest theoretisch) nicht. Eine Person könnte man auch durch die Kombination mehrerer Personendaten eindeutig identifizieren – es würden allerdings viele Personendaten sein.

Die Kombination von Vor- und Nachnamen reicht da bei weitem nicht: Wir hatten schon in der Schule (bei einer Klassengröße von vielleicht 30 Schülern) zwei *Peter Glöckler*, bei größeren Datenmengen treten diese Probleme dann verstärkt auf. Die Adresse eignet sich kaum, weil sie sich schnell ändern kann. Besser ist schon eine Kombination von Vor- und Nachnamen, Geburtsdatum und Geburtsort – die Übereinstimmung zweier Personen in allen vier Spalten ist recht unwahrscheinlich. Andererseits: Wenn eine Übereinstimmung auftritt, dann wird sich die Datenbank weigern, den zweiten Datensatz anzunehmen, da können Sie sich „auf den Kopf stellen und mit den Füßen wackeln".

Außerdem gibt es bei zusammengesetzten Schlüsseln ein zweites Problem: Solche Schlüssel werden zur Herstellung einer Referenz verwendet. Im Normalfall wird also in die Rechnungsdatei die Kundennummer aufgenommen, um die Kundenadresse mit den Rechnungsdaten zu verbinden. Die Alternative wäre, Vor- und Zunamen, Geburtsdatum und Geburtsort in die Rechnungsdatei aufzunehmen, der Speicherplatzbedarf für diesen Schlüssel wäre rund zehnmal so groß.

Außerdem dürfen solche *Candidate Keys* nicht geändert werden. Wenn die betreffende Person mit dem Familienstand auch ihren Nachnamen wechselt, dann kann dies in der Kundendatei nicht einfach geändert werden, weil dann die Rechnungen nicht mehr zugeordnet werden könnten – ein brauchbares DBS würde in einem solchen Fall von sich aus die Veränderung der Daten verhindern.

Candidate Keys sollten sich also aus *Attributes* (Spalten) zusammensetzen, deren Werte sich garantiert nie ändern. Also nicht *höchstwahrscheinlich nicht*, sondern *garantiert nicht*. Und hier gibt es eindeutig mehr unbrauchbare als brauchbare Eigenschaften. Geschlecht von Personen? Transsexuelle nach der Umwandlung. Namen von Nationalstaaten? Ein Blick in die jüngere Geschichte. Namen von Städten? Die Gemeindereform läßt grüßen. Einzig bei unären Relationen (Tabellen mit einer Spalte, im Prinzip Listen) mag man auf durchlaufende Nummern verzichten können, solange alle Werte wirklich nur einmal aufgenommen werden. (In einer Liste der gesetzlichen Feiertage wird der 3. Oktober nur einmal benötigt.)

An dieser Stelle möchte ich nochmals darauf hinweisen, daß Datenbanken – im Gegensatz zu Karteikarten – extrem unflexible Gebilde sind. Methoden wie „das notieren wir auf der Rückseite und machen vorne links unten ein dickes Kreuz, damit man auch nachsieht" lassen sich hier nicht anwenden.

Von daher gilt: Alle Tabellen haben eine durchlaufende oder von anderen Spalten unabhängige Nummer als *Candidate Key*, Ausnahmen bestätigen die Regel!

Primary Key

Jede Relation besitzt einen *Primary Key* (Primärschlüssel, manchmal auch Primärindex genannt), um einen Datensatz eindeutig zu identifizieren, der *Primary Key* muß also ein *Candidate Key* sein. Es ist aber durchaus möglich, daß es in der Relation einen zweiten (dritten, vierten ...) *Candidate Key* gibt, der nicht Primärschlüssel ist.

Denkbar wäre beispielsweise, daß nach einer Firmen-Fusion in einer Tabelle die Kundennummern von Firma A den Kundennummern der Firma B zugeordnet würden. Jeder Kunde läßt sich sowohl anhand der einen als auch der anderen Kundennummer zweifelsfrei identifizieren, aber *Primary Key* kann nur eine sein.

Es gilt auch zwischen Schlüsseln zu unterscheiden, die momentan (noch) *Candidate Key* sind (Vor- und Nachnamen, Geburtsdatum und Geburtsort), und solchen, die garantiert immer *Candidate Key* sein werden (also den durchlaufenden Nummern beispielsweise). Als *Primary Key* eignen sich nur letztere.

Alternate Key

Zusätzlich zu den Primärschlüsseln lassen sich auch *Alternate Keys*, auch *Secondary Keys* (Sekundärschlüssel, manchmal auch Sekundärindizes genannt) definieren. Dafür gibt es zwei Gründe: Zum einen kann dadurch die Performance steigen. Die Datensätze werden intern nicht sequentiell verwaltet, sondern baumartig. Nehmen wir an, das DBS bekommt folgende Anweisung:

```
SELECT * FROM testadr
   WHERE nummer = 12345
```

Es soll der Datensatz mit der Kundennummer (Primärschlüssel) *12345* ausgegeben werden. Würde hier eine sequentielle Suche gestartet, dann würde das RDBMS den ersten Datensatz suchen, vergleichen, ob die Nummer paßt, dann den nächsten, wieder vergleichen, und so weiter.

Man darf sich die Tabelle nicht als ein großes Array vorstellen, bei dem die 12345. Zeile auch dem Datensatz mit der Kundennummer 12345 entspricht. Es ist ohne weiteres möglich, daß die Hälfte der Datensätze schon wieder gelöscht worden ist. Außerdem muß die Kundennummer ja nicht eine fortlaufende Nummer sein; sie kann von Karteikarten übertragen und daher völlig durcheinandergeraten sein. Es bleibt zunächst nichts anderes als die sequentielle Suche.

Nun wird aber anhand des Schlüssels eine Art Suchbaum aufgebaut (das ist eine Extra-Tabelle, bei Desktop-Datenbanken wie *dBase* oder *Paradox* eine separate Datei). Hier müssen dann nicht 12345 Datensätze gelesen und verglichen werden, sondern die Suche geht in etwa folgendermaßen vor sich (bei der höchsten Kundennummer von 100 000):

- Ist die Kundennummer größer oder kleiner als 50 000?
  Sie ist kleiner.
- Ist die Kundennummer größer oder kleiner als 25 000?
  Sie ist kleiner.
- Ist die Kundennummer größer oder kleiner als 12 500?
  Sie ist kleiner.
- Ist die Kundennummer größer oder kleiner als 6250?
  Sie ist größer.
- Ist die Kundennummer größer oder kleiner als 9375?
  Sie ist größer.

Und so weiter und so fort. Nach weiteren ähnlichen Vergleichen (die ich Ihnen jetzt ersparen möchte) hat man die physikalische Adresse des Datensatzes 12345, sucht anhand der Adresse diesen auf der Platte und gibt ihn aus. Dies alles erledigt das RDBMS selbstständig, für den Anwender spielt sich der Vorgang also „unsichtbar" ab. Ob eine Suche sequentiell oder nach einem Schlüssel erfolgt, läßt sich nur daraus erahnen, wie schnell das Ergebnis bereitsteht.

Um nach anderen Attribut-Mengen (also Spalten oder Zusammenfassungen von Spalten) beschleunigt zu suchen, lassen sich auch für diese Attribut-Mengen solche Suchbäume erstellen. Diese werden *Alternate Key* (Sekundärschlüssel) genannt, belegen zusätzlichen Platz auf der Festplatte und beschleunigen in der Regel das Zustandekommen des Abfrageergebnisses.

Noch ein Hinweis: Bei manchen Datenbanksystemen sind Indizes und Schlüssel dasselbe. Bei anderen Systemen kann anhand des Schlüssels ein Datensatz eindeutig bestimmt werden (Candidate Key), während ein Index ein Suchbaum ist, der auch für Spalten oder Kombinationen von Spalten eingesetzt werden kann, die kein Schlüssel sind.

Bei manchen Systemen (beispielsweise InterBase, mit dem wir später arbeiten werden), wird bei Schlüsseln automatisch ein Index eingerichtet, wobei das umgekehrt nicht gilt.

Foreign Key

Gerade bei relationalen Datenbanken werden sehr viele Master-Detail-Verknüpfungen erstellt. Ein Beispiel dafür wäre die Rechnungstabelle und die Kundentabelle einer Firma (Abbildung 1.3):

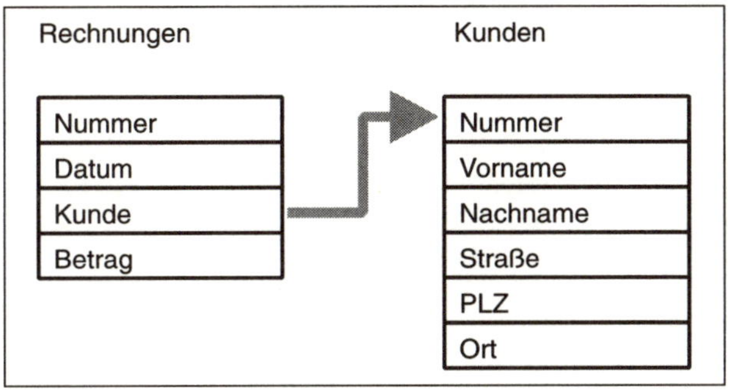

Abbildung 1.3: Einsatz eines Fremdschlüssels bei einer Master-Detail-Verknüpfung

In der Rechnungstabelle finden sich Rechnungsnummer, Datum und Betrag, außerdem interessiert die Adresse des Kunden. Es wird jedoch nicht die komplette Adresse des Kunden in der Rechnungstabelle gespeichert, sondern nur die Kundennummer – mit dieser kann dann in der Kundentabelle die Adresse ermittelt werden.

Die Kundennummer, also die Spalte *Kunde*, wäre hier ein *Foreign Key*, also ein Fremdschlüssel. Dieser verweist auf den Primärschlüssel einer anderen Tabelle und stellt über ihn die Verbindung zu dieser her. Der SQL-Befehl zur Erstellung der Tabelle *Rechnungen* würde folgendermaßen lauten:

```
CREATE TABLE rechnungen
      (nummer INTEGER NOT NULL,
      datum DATE NOT NULL,
      kunde INTEGER,
      betrag MONEY NOT NULL,
      PRIMARY KEY (nummer),
      FOREIGN KEY (kunde) REFERENCES kunden (nummer))
```

Beachten Sie bitte, daß der *Foreign Key* und der dazugehörende *Primary Key* der gleichen *Domain* unterliegen müssen.

Referentielle Integrität

Eine wesentliche Aufgabe der DBS ist die Sicherstellung der *referentiellen Integrität*. Darunter versteht man, daß für jeden Wert einer Spalte, die als *Foreign Key* definiert ist, ein entsprechender Wert in der damit verbundenen Tabelle vorhanden sein muß. Es darf also nicht vorkommen, daß in der Tabelle *Rechnungen* ein Kunde *2345* angegeben ist, der in der Tabelle *Kunden* nicht existiert. Dazu sind zwei Sicherheitsmechanismen erforderlich:

- Wird in die Tabelle *Rechnungen* ein neuer Datensatz eingefügt (oder ein bestehender geändert), dann muß sichergestellt werden, daß für den Wert in *Kunde* ein Datensatz in *Kunden* vorhanden ist.
- Wird in der Tabelle *Kunden* ein Datensatz gelöscht (oder entsprechend geändert), dann muß das DBS prüfen, ob es in der Tabelle *Rechnungen*, Spalte *Kunde* Einträge gibt, welche auf diesen Datensatz verweisen. Ist dies der Fall, dann ist eine der drei folgenden Maßnahmen zu treffen:

    1. Die Aktion (Löschen oder Ändern) ist zu verweigern. Dies ist das naheliegendste, aber nicht in allen Fällen zweckmäßig.
    2. Alle Werte der Spalte *Kunde* (in der Tabelle *Rechnungen*) werden auf NULL gesetzt. Dies geht allerdings nur, wenn bei der Erstellung der Tabelle nicht die Vorgabe NOT NULL getätigt worden ist. Es wäre auch möglich, den Wert der Spalten *Kunde* auf einen bestimmten Wert zu setzen, der für gelöschte Kunden steht.

       In jedem Fall bleibt das Problem, daß der Kunde nicht mehr zu ermitteln ist. Das kann unter Umständen böse Folgen haben: Nehmen wir an, ein Kunde tätigt eine Bestellung und „bezahlt" per Einzugsermächtigung; kurz darauf weist er die Firma an, seine Adresse aus der EDV zu löschen, und diese kommt dem Wunsch nach. Nun geht dieser Kunde zu seiner Bank und widerspricht dem Einzug, die Firma erhält eine Rücklastschrift und möchte eine Mahnung schreiben, aber es fehlt die Adresse des Kunden ... (mögliche Rettung: Backup-Bänder).
    3. Als dritte Möglichkeit bleibt, gleich auch noch alle damit verbundenen Rechnungen zu löschen. Die referentielle Integrität wäre damit sichergestellt, aber im gerade erwähnten Beispiel könnte man dann noch nicht einmal nachvollziehen, welche Rechnung da nicht bezahlt wurde. (Vor Gericht könnte es dann so aussehen, als ob man ungerechtfertigt willkürliche Beträge einzöge.)

Fazit: Es gibt mehrere Möglichkeiten, im Falle des Löschens oder Änderns von Datensätzen die referentielle Integrität zu erhalten. Welche dieser Möglichkeiten geeignet ist, hängt sehr von den Umständen ab.

1.2.2 Normalisierung

Unter *Normalisierung* versteht man die schrittweise Optimierung der Datenbank durch Veränderung der Tabellendefinition. Dazu werden mehrere *Normalformen* mit jeweils zusätzlichen Bedingungen definiert.

Eine Datenbank befindet sich beispielsweise in der dritten Normalform, wenn sie den Bedingungen der ersten, zweiten und dritten, nicht aber der vierten Normalform genügt. Würde sie beispielsweise den Bedingungen der ersten, dritten, vierten und fünften, nicht aber der zweiten Normalform genügen, dann befände sie sich in der ersten Normalform.

- Bedingungen der ersten Normalform:
  1. Keine doppelten Datensätze.
  2. Die Tupelreihenfolge und Attributreihenfolge muß beliebig sein dürfen. Die Funktionalität der Datenbank darf also nicht davon abhängen, daß auf eine Zeile oder eine Spalte eine bestimmte nächste Zeile bzw. Spalte folgt. Die Zeilen werden ausschließlich über den Primärschlüssel, die Spalten ausschließlich über den Spaltennamen angesprochen.
  3. Alle Attributwerte unterliegen einer Domäne und sind somit atomar.
- (Zusätzliche) Bedingung der zweiten Normalform ist, daß jedes Schlüssel-Attribut funktional abhängig ist vom Gesamtschlüssel, nicht aber von Teilen desselben.
- Bedingung der dritten Normalform ist, daß es keine funktionalen Abhängigkeiten zwischen Attributen gibt, die nicht als Schlüssel definiert sind.

Es gibt noch weitere Normalformen, die wir allerdings hier ignorieren wollen (ab der dritten Normalform ist eine Datenbank schon sehr brauchbar). Wer sich näher für die Normalisierung interesstiert, dem sei das Buch *Relationale Datenbanken* von Hermann Sauer empfohlen (Addison-Wesley, ISBN 3-8273-1381-3).

Wenn Sie bislang nur Bahnhof verstanden haben, dann ist dies nicht weiter tragisch, denn wir werden die Problematik zum besseren Verständnis an einem Beispiel erläutern. Betrachten Sie zunächst Abbildung 1.4.

Nummer	Name	Durchwahl	A-Nummer	A-Name	A-Chef	P-Nummer	P-Name
123	Müller	56	7	Konstruktion	Maier	8, 9	Zündmaschinen, Multiplexer

Abbildung 1.4: Relation genügt nicht der ersten Normalform

Der Datensatzaufbau könnte der Mitarbeiter-Datei einer Firma entnommen worden sein: Diese Tabelle entspricht noch nicht einmal der ersten Normalform, da hier zwei Spalten Werte haben, die nicht atomar sind (*P-Nummer, P-Namen*). Auch wenn man mit einigen Tricks solche Daten in eine Tabelle zwängt (bei der Nummer eine *VarChar-Domain*), handelt man sich dabei nichts als Ärger ein; beispielsweise stehen Sie dann vor einem Problem, wenn Sie über solche Spalten eine Referenz bilden möchten.

Es gibt noch zwei weitere Möglichkeiten, die erste Normalform nicht zu erfüllen: Zum einen wären das Konstruktionen, die eine bestimmte Anordnung der Datensätze (oder Spalten) erfordern. So könnte man zum Beispiel auf die Idee kommen, daß der Datensatz, welcher als erster in der Tabelle steht, die Abteilung darstellt, welche für den Mitarbeiter „disziplinarisch" zuständig ist (also dort, wo er zuerst erfaßt wurde). Es gibt allerdings bei relationalen Datenbanken keine Reihenfolge der Datensätze (und der Attribute), so daß solche Konstruktionen gewagt sind (auch wenn man es meistens hinbekommt, daß die Sache in der Regel funktioniert).

Zum anderen gibt es das Problem der doppelten Datensätze. Sie kennen vielleicht auch, daß man von einer Firma stets zwei Anschreiben, zwei Kataloge, zwei Weihnachtsgrüße bekommt. Liegen dabei unterschiedliche Kundennummern vor, dann sind es strenggenommen verschiedene Datensätze (und somit liegt kein Verstoß gegen die erste Normalform vor).

Erst recht problematisch wird es, wenn keine Kundennummer definiert ist und die Tabelle dadurch keinen *Candidate Key* besitzt. Nehmen wir einmal an, *Michael Mustermann* bekäme alles doppelt und würde der Firma schreiben, daß es zukünftig auch einmal reicht. Dort überprüft man das zunächst. Die entsprechende SQL-Anweisung lautet (auf Straße, PLZ und Wohnort verzichten wir hier der Kürze wegen):

```
SELECT * FROM kundenadressen
   WHERE (vornamen = "Michael")
      AND (nachnamen = "Mustermann")
```

Tatsächlich werden zwei Datensätze ausgegeben. Die Möglichkeit, einen von beiden zu löschen, gibt es allerdings nicht. Denn mit der SQL-Anweisung

```
DELETE FROM kundenadressen
   WHERE (vornamen = "Michael")
      AND (nachnamen = "Mustermann")
```

löscht man nun einmal beide Datensätze. Wenn der Anwender dieses Problem nicht kennt, dann gibt es für Herrn Mustermann zukünftig keinen Katalog mehr.

Wenn er es kennt, dann wird er auf einem Blatt Papier die Mustermannschen Daten notieren, beide Datensätze löschen und den Datensatz erneut eingeben. (Gemäß Murphys Gesetz hat das Programm ein Feature, das Neukunden automatisch den Katalog zukommen läßt. Auf seine Bitte, künftig nur noch einen Katalog zu bekommen, wird ihm somit kommentarlos ein dritter zugeschickt). Wieder bestätigt sich die Regel, daß alle Tabellen als Primärindex eine (durchlaufende) Nummer bekommen sollten.

Die erste Normalform

Die Tabelle in Abbildung 1.5 genügt der ersten Normalform. Die Reihenfolge der Datensätze ist also beliebig, doppelte Datensätze gibt es auch nicht, und die Werte aller Spalten sind atomar.

Nummer	Name	Durchwahl	A-Nummer	A-Name	A-Chef	P-Nummer	P-Name
123	Müller	56	7	Konstruktion	Maier	8	Zündmaschinen
123	Müller	56	7	Konstruktion	Maier	9	Multiplexer

Abbildung 1.5: Relation genügt der ersten Normalform

Gegen die zweite Normalform kann nur verstoßen werden, wenn der Primärschlüssel aus mehreren Spalten zusammengesetzt ist, was hier nicht der Fall ist (zumindest nicht, solange (sinnvollerweise) nur *Nummer* Primärschlüssel ist).

Sinn der Sache ist es, keine unnötig zusammengesetzten Primärschlüssel zu erhalten. Wäre beispielsweise der Primärschlüssel aus *Nummer* und *Name* zusammengesetzt, dann wären nicht nur alle übrigen Spalten vom Gesamtschlüssel abhängig, sondern auch vom Feld *Nummer* (*Müller* könnte es mehrere geben).

Wenn Sie sich an die Regel halten, alle Datensätze mit einer (durchlaufenden) Nummer als Primärschlüssel zu versehen, dann werden Sie auch nie gegen die Regeln der zweiten Normalform verstoßen.

Die Dritte Normalform

Nach den Regeln der dritten Normalform sind keine funktionalen Abhängigkeiten zwischen Spalten erlaubt, die nicht als Primärschlüssel definiert sind.

In Abbildung 1.5 finden sich solche Abhängigkeiten:

- Abteilungsnummer, Abteilungsname und Abteilungsleiter sind voneinander funktional abhängig. Abteilung *sieben* ist immer *Konstruktion* und hat immer den Chef *Maier* (umgekehrt ist das nicht zwingend; es könnte eine weitere Konstruktionsabteilung geben, welche dann auch eine andere Nummer hätte).
- Projektnummer und Projektnamen sind auch voneinander abhängig.

Was stören diese Abhängigkeiten? Normalerweise sind in einer solchen Tabelle mehrere, beispielsweise 80 Datensätze aus der Abteilung *sieben* und jedesmal wird wiederholt, daß die Abteilung *Konstruktion* und der Chef *Maier* heißt.

Eine solche Redundanz ist nicht nur ein großzügiger Umgang mit Speicherplatz, wenn der Abteilungsleiter wechselt, dann sind auch 80 Datensätze anstatt eines Datensatzes zu ändern. Dabei steigt dann auch die Gefahr, daß ein Teil der Datensätze eben nicht geändert wird, und daß somit die Integrität der Datenbank aufgehoben wird, daß also widersprüchliche Angaben in der Datenbank zu finden sind.

Um diese funktionalen Abhängigkeiten zu reduzieren, wird die ursprüngliche Tabelle einfach in mehrere kleinere Tabellen aufgeteilt, wie dies Abbildung 1.6 zeigt.

Um die Daten aus den verschiedenen Tabellen wieder zusammenzuführen, verwendet man einen JOIN, siehe Kapitel 2. Soll es für den Anwender so aussehen, als ob die Daten in einer einzigen Tabelle gespeichert sind, dann kann man eine entsprechende VIEW oder STORED PROCEDURE definieren.

Nummer	Name	Durchwahl	A-Nummer
123	Müller	56	7

A-Nummer	A-Name	A-Chef
7	Konstruktion	Maier

Nummer	P-Nummer
123	8
123	9

P-Nummer	P-Name
8	Zündmaschinen
9	Multiplexer

Abbildung 1.6: Aufteilung in mehrere Tabellen

1.2.3 Das erweiterte Entity-Relationship-Modell

Mit den Normalisierungsregeln läßt sich ein System vorhandener Tabellen in ein System optimierter Tabellen umwandeln. Bisweilen muß aber eine sehr komplexe und vielschichtige „Realität" in Tabellen gepreßt werden, ohne daß dabei Eigenschaften und Zusammenhänge verloren gehen.

Um das Erstellen der Tabellen zu erleichtern und zu systematisieren, wurde das Entity-Relationship-Modell geschaffen. Dadurch, daß hier nur drei Grade der Entity-Beziehung und die obligatorische Mitgliedschaft als zusätzliches Kriterium definiert werden, ist dieses Modell komplizierter als eigentlich erforderlich. Wir werden deshalb die Zahl der Entity-Grade etwas erweitern und so die Notwendigkeit beseitigen, die obligatorische Mitgliedschaft als zusätzliches Kriterium zu sehen.

Das Entity-Relationship-Modell

Das Entity-Relationship-Modell gliedert die „Realität" in *Entities* (Objekte, Hauptgruppen, also beispielsweise Kunden, Aufträge, Rechnungen...) und *Relationships* (Beziehungen zwischen den Objekten).

Das ER-Modell kennt dabei drei Grade von Beziehungen:

- 1:1 die Eins-zu-eins-Beziehung (Beispiel: eine Hauptstadt in einem Land)
- 1:N die Eins-zu-viele-Beziehung (Beispiel: ein Land, in dem es viele Städte gibt)
- N:M die Viele-zu-viele-Beziehung (Beispiel: Flüsse, die durch mehrere Städte fließen und Städte, durch die mehrere Flüsse fließen)

Als zusätzliches Kriterium gibt es die *obligatorische Mitgliedschaft*. Darunter versteht man, daß der entsprechende Spaltenwert nicht NULL sein darf. Beim gerade erwähnten Beispiel der 1:1-Beziehung besteht bei beiden Attributen obligatorische Mitgliedschaft. Es gibt weder ein Land ohne Hauptstadt, noch gibt es eine Hauptstadt ohne Land.

Es sind durchaus auch *Entities* vorstellbar, bei denen die Mitgliedschaft nur bei einem Attribut obligatorisch (NOT NULL) ist, genauso wie es *Entities* geben kann, bei denen die Mitgliedschaft bei keinem der Attribute obligatorisch ist. (Beispiel: Mitarbeiter arbeiten an Projekten, manche Mitarbeiter – z.B. die Reinigungskräfte – arbeiten an keinem Projekt, an manchen Projekten arbeitet kein Mitarbeiter, weil sie derzeit ruhen.)

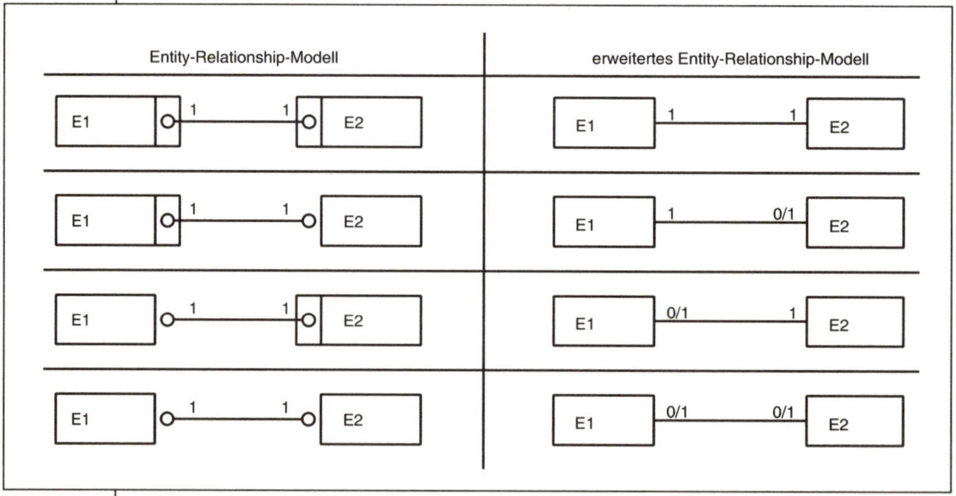

Abbildung 1.7: Konventionelles und erweitertes ER-Modell

Das erweiterte ER-Modell

Ob eine obligatorische Mitgliedschaft besteht, wurde beim herkömmlichen ER-Modell in Blockdiagrammen dargestellt, siehe Abbildung 1.7. Es ist nun aber anschaulicher, diese Information in die Bezeichnung der Beziehung aufzunehmen, so daß aus einer *1:1*-Beziehung je nach obligatorischer Mitgliedschaft *0/1 : 0/1-*, *1 : 0/1-*, *0/1 : 1-* oder *1 : 1*-Beziehungen entstehen. Hier besteht nun nicht mehr die Gefahr, daß man die Darstellungsformen von obligatorischer und nicht obligatorischer Mitgliedschaft durcheinanderbringt. Zudem läßt sich diese Information auch außerhalb von Blockdiagrammen darstellen.

Aus *1:N-* und *N:M*-Beziehungen werden dann beispielsweise *0/1 : 0/1/ N-* oder auch *1/N : 0/1/M*-Beziehungen. Theoretisch denkbar wären hier beispielsweise auch 1 : N-Beziehungen, wenn zu einem Entity mehrere andere gehören (Gemarkung : Grundstücke). Um hier das EER-Modell vom ER-Modell zu unterscheiden, könnte man die jeweiligen Werte unterstreichen (1 : 1, 1 : N).

Transformation von Relationships in Attribute oder Relationen

Die Verknüpfungen (*Relationships*) der einzelnen Objekte (*Entities*) geschehen durch das Einfügen zusätzlicher Attribute (Spalten) oder durch Erstellung neuer Relationen (Tabellen).

- Bei der 1 : 1-Beziehung besteht grundsätzlich kein Grund, verschiedene Tabellen zu verwenden, Haupstädte und Länder sind einfach verschiedene Spalten derselben Tabelle. Ausnahmen sind eigentlich nur bei Desktop-Datenbanken sinnvoll:

  1) wenn die Tabelle sonst zu groß wird

  2) wenn zur Realisierung unterschiedlicher Zugriffsrechte nicht auf VIEWS zurückgegriffen werden kann

  Die 1 : 1-Verknüpfung wird dann dadurch hergestellt, daß die „zweite" Tabelle auf den Primärschlüssel der ersten referenziert wird.

- Bei der 0/1 : 1- (oder 1 : 0/1-) Beziehung hängt die Vorgehensweise davon ab, wie das Verhältnis der Zahl der *null*-Werte zur Zahl der *eins*-Werte ist:

  1) Ist der *eins*-Wert die Regel (die meisten Lehrer sind Klassenlehrer irgendeiner Klasse), dann wird die Verknüpfung über eine weitere Spalte hergestellt, die ggf. NULL-Werte enthält.

2) Ist der *null*-Wert die Regel (die wenigsten Mitarbeiter fahren einen Dienstwagen), dann wird eine zusätzliche Tabelle erstellt.

Abbildung 1.8 zeigt die beiden Möglichkeiten.

Nummer	Name
1	Maier
2	Müller
3	Schulze
4	Lehmann
5	Schütz
6	Jansen
7	Goedecke
8	Anton

L-Nummer	L-Name	L-Klasse
1	Schneider	NULL
2	Poncelet	9
3	Will	8
4	Kowalski	10
5	Beck	5a

Die meisten Lehrer sind Klassenlehrer

0/1

1

Die wenigsten Mitarbeiter fahren einen Dienstwagen

Nummer	Fahrer	Fahrzeug	Kennzeichen
1	7	VW-Bus	B-UM 123
2	8	Opel Corsa	B-AB 456

Abbildung 1.8: Die Herstellung der 0 /1:1-Beziehung

- Die beiden vorhin genannten Möglichkeiten gibt es auch bei der 0/1 : 0/1-Beziehung. Nun kann es allerdings auch vorkommen, daß bei beiden *Entities* die Zahl der *null*-Werte überwiegt. Als Beispiel seien die Professoren einer Uni und die Preisträger eines Wissenschaftspreises genannt. Nur sehr wenige Dozenten haben den Preis erhalten, und auch nur wenige Preisträger stammen von dieser Uni.

  Hier wird man dann eine zusätzliche Tabelle zur Herstellung der Verknüpfung erstellen, wie dies Abbildung 1.9 zeigt (die Namen sind hier frei erfunden). In diesem Fall ist es nicht unbedingt erforderlich, als Primärschlüssel für diese Tabelle eine durchlaufende Nummer zu verwenden – eine Kombination aus den beiden Spalten reicht hier völlig aus.

An diesem Beispiel wird auch noch einmal deutlich, welchen Vorteil die Verwendung von (durchlaufenden) Nummern als Primärindex hat: Prinzipiell hätte man für die Preisträger-Tabelle auch Jahreszahl und Fachbereich verwenden können (solange der Preis immer nur an eine Person vergeben wird), damit wäre der Datensatz eindeutig zu identifizieren gewesen. Bei der Verknüpfungstabelle hätte man dann aber statt einer einzelnen Nummer Jahreszahl und Fachbereich als Fremdschlüssel benötigt.

Nummer	Name	Fachbereich
1	Maier	Physik
2	Müller	Physik
3	Schulze	Physik
4	Lehmann	Physik
5	Schütz	Maschinenbau
6	Jansen	Maschinenbau
7	Goedecke	Chemie
8	Anton	Chemie

Nummer	Jahr	Name	Fachbereich
1	2011	Lehn	Physik
2	2011	Kolb	Mathematik
3	2011	Goedecke	Chemie
4	2011	Smith	Literatur
5	2012	Schulze	Physik

0/1 0/1

Dozent	Preis
7	3
3	5

Abbildung 1.9: Dritte Möglichkeit einer 0/1 : 0/1-Verknüpfung

- Bleiben wir bei der Uni: Die Dozenten schreiben auch Fachbücher, die (neben Werken anderer Autoren) in der Bibliothek stehen. Hier haben wir dann die *0/1 : 0/1/N*-Beziehung: Die einzelnen Dozenten haben keins, eins oder mehrere Werke geschrieben, aber längst nicht alle Bücher der Bibliothek sind von einem Dozenten dieser Uni geschrieben worden. Hier wird dann die Verknüpfung über eine eigene Relation hergestellt, wie dies in Abbildung 1.10 gezeigt wird.

  Auf dieselbe Weise werden auch *0/1 : 1/N*- und *0/1 : N*-Beziehungen aufgebaut. Eine Ausnahme machen die *Relationships*, bei denen kaum *null*-Werte auf der *0/1*-Seite vorhanden sind; diese können auch nach dem Muster der 1 : 0/1/N-Beziehung aufgebaut werden.

Nummer	Name	Fachbereich
1	Maier	Physik
2	Müller	Physik
3	Schulze	Physik
4	Lehmann	Physik
5	Schütz	Maschinenbau
6	Jansen	Maschinenbau
7	Goedecke	Chemie
8	Anton	Chemie

Nummer	Autor	Titel
1	Lichtenstern	Witz und Aphorismus
2	Ebner	Programmieren in Delphi
3	Müller	Einführung in die Optik
4	Müller	Wellen- und Strahlenoptik
5	Schulze	Quantenmechanik

Dozent	Buch
2	3
2	4
3	5
5	27

Abbildung 1.10: Die 0/1 - 0/1/N-Verknüpfung

- Als nächstes Beispiel sei die Auftrags-Kunden-Beziehung einer Firma genannt, wobei es sich strenggenommen um eine *1 : 1/N*-Beziehung handelt: Ein Auftrag kann nur von einem Kunden stammen (von wem sonst), und Kunde ist, wer mindestens einen Auftrag erteilt hat. Nun wird die Kundentabelle meist aber auch als Grundlage für den Katalogversand verwendet, so daß sich darin auch potentielle Kunden befinden, also Personen, die um einen Katalog gebeten, aber noch keinen Auftrag erteilt haben. Hier würde es sich dann um eine *1 : 0/1/N*-Beziehung handeln, was aber bei der Ausgestaltung keinen Unterschied macht: Da so oder so jeder Auftrag einen Kunden hat, wird in die Auftragstabelle eine Spalte eingefügt, die auf den Kunden verweist (siehe Abbildung 1.11).
- Recht übersichtlich wird es dann wieder bei der *(0)/(1)/N : (0)/(1)/M*-Beziehung. Als Beispiel sollen hier – wie bereits erwähnt – die Städte und Flüsse dienen: Durch manche Städte fließen mehrere Flüsse und die meisten Flüsse fließen durch mehrere Städte. Hier wird man wohl stets auf eine extra Beziehungs-Relation zurückgreifen (also auf eine Tabelle, deren eine Spalte auf die erste Tabelle und deren zweite Spalte auf die zweite Tabelle verweist). Auf ein

Bild wurde hier verzichtet, inzwischen werden Sie das selbst hinbekommen.

Eine Ausnahme könnte dann sinnvoll sein, wenn auf einer Seite die *null*- oder *eins*-Werte sehr deutlich überwiegen, der *n*-Wert dagegen höchst selten ist; ein passendes Beispiel fällt mir aber dazu nicht ein.

Nummer	Kunde	Datum	Betrag
1	3	1. 1. 96	100,00
2	3	2. 3. 96	200,00
3	3	4. 5. 96	123,45
4	4	2. 2. 96	234,56
5	4	1. 3. 98	345,67

Nummer	Name	Ort
1	Lichtenstern	Bad Buchau
2	Ebner	Berlin
3	Müller	Hamburg
4	Maier	Hamburg
5	Schulze	München

Abbildung 1.11: Die 1 : (0)/1/N-Beziehung

1.3 Kleine SQL-Geschichte

Bevor wir uns (ab Kapitel 2) in die Praxis „stürzen", soll für diejenigen, die daran interessiert sind, noch ein kleiner geschichtlicher Abriß von SQL erfolgen. Für das Verständnis der kommenden Kapitel ist die Kenntnis des hier Dargestellten nicht erforderlich.

SEQUEL

Anfang der 70er Jahre, also etwa 10 Jahre vor dem Beginn des PC-Zeitalters, hat man bei IBM die Bedeutung des relationalen Datenbankmodells erkannt und im Rahmen des *System/R-Projektes* mit der Umsetzung begonnen. In diesem Zusammenhang wurde die Sprache SEQUEL („Structured English Query Language") entwickelt. Später wurde die Sprache dann in SQL („Structured Query Language", in der Literatur manchmal auch („Standard Query Language") umbenannt.

SQL1

Zu Beginn der 80er Jahre begann das *American National Standards Institute* (ANSI) mit der Standardisierung dieser Sprache. 1986 wurde der Standard *SQL1* (auch *SQL86*) verabschiedet.

SQL1 implementierte bereits alle DML (Data Manipulation Language)-Anweisungen (SELECT, INSERT, UPDATE und DELETE). Auch waren bereits die SELECT-Klauseln WHERE, GROUP BY und HAVING implementiert, ebenso die Aggregatfunktions (COUNT, SUM, MIN, MAX, AVG). Außerdem kannte man Unterabfragen und in diesem Zusammenhang die Operatoren ALL, ANY und EXISTS. Auch den INNER JOIN kannte man schon, wenn man ihn damals auch noch nicht so genannt hat.

Die Gruppe der DDL (Data Definition Language)-Anweisungen war allerdings noch recht übersichtlich (CREATE TABLE, CREATE VIEW und GRANT sowie die dazugehörenden DROP-Befehle).

SQL89

Mit der am 3. Oktober 1989 veröffentlichten Norm ANSI X3.135-1989 wurde der SQL-Standard um die Möglichkeit von Integritätsprüfungen erweitert, der neue Standard wird allgemein SQL89 genannt.

SQL89 implementiert unter anderem die CHECK-Klausel, also die Möglichkeit, Gültigkeitsprüfungen für einzufügende Werte vorzunehmen, des weiteren Primär-, Sekundär- und Fremdschlüssel.

SQL2

Mit dem Standard SQL2 wurde der Sprachumfang deutlich erweitert (das „Normblatt" besteht aus etwa 500 Seiten...). Unter den Neuerungen befinden sich:

- Domänen, also vordefinierte Typen. Außerdem wurden einige neue Datentypen eingeführt.
- Die Möglichkeit, mit ALTER TABLE Tabellendefinitionen zu ändern.
- Der OUTER JOIN sowie die Möglichkeit, den INNER JOIN auch so zu nennen.
- Transaktionen.

Die meisten Datenbanksysteme unterstützen noch nicht vollständig den SQL2-Standard, gehen andererseits mit ihren Möglichkeiten meist aber auch über diesen Standard hinaus.

SQL3

Mit dem (Frühjahr 1999) noch nicht verabschiedeten Standard SQL3 wird der Sprachumfang nochmals erweitert. Neu hinzukommen soll unter anderem die Möglichkeit, mit SQL auch objektorientiert zu programmieren.

Zu den wohl eher problematischen Neuerungen gehört die Möglichkeit, STORED PROCEDURES zu definieren. Nachdem viele Hersteller hier bereits eigene Lösungen entwickelt haben, ist damit zu rechnen, daß entweder dieser Teil des Standards nicht unterstützt werden wird, oder daß erhebliche Kompatibilitätsprobleme zu bestehenden Datenbanken auftreten werden.

2 Der SELECT-Befehl

Mit dem SELECT-Befehl werden die Daten aus der Datenbank abgefragt. Weil das Einfügen, Ändern und Löschen von Daten meist über eine Datenbank-Applikation erfolgt, dürfte der SELECT-Befehl derjenige Befehl sein, der am meisten verwendet wird. Grund genug, diesem Befehl ein ganzes Kapitel zu widmen.

Der vollständig abstrakte SELECT-Befehl lautet wie folgt:

```
SELECT DISTINCT [columns]
   FROM [tables]
   WHERE [search_conditions]
   GROUP BY [columns] HAVING [search_conditions]
   ORDER BY [sort_orders]
```

Erschrecken Sie nicht über dieses „Ungetüm“, Sie müssen nicht alle diese Optionen auch tatsächlich verwenden. Gewöhnen Sie sich aber schon mal an den Gedanken, daß SQL-Anweisungen manchmal etwas komplizierter werden können.

2.1 Spalten

Wir wollen nun gleich die erste Beispielanweisung erstellen. Dabei gehe ich davon aus, daß Sie ISQL so weit beherrschen, daß Sie zumindest einfache SQL-Anweisungen durchführen können. Die Schritte dazu sind in Angang A aufgeführt.

Die erste Anweisung

Unsere erste SELECT-Anweisung soll folgendermaßen lauten:

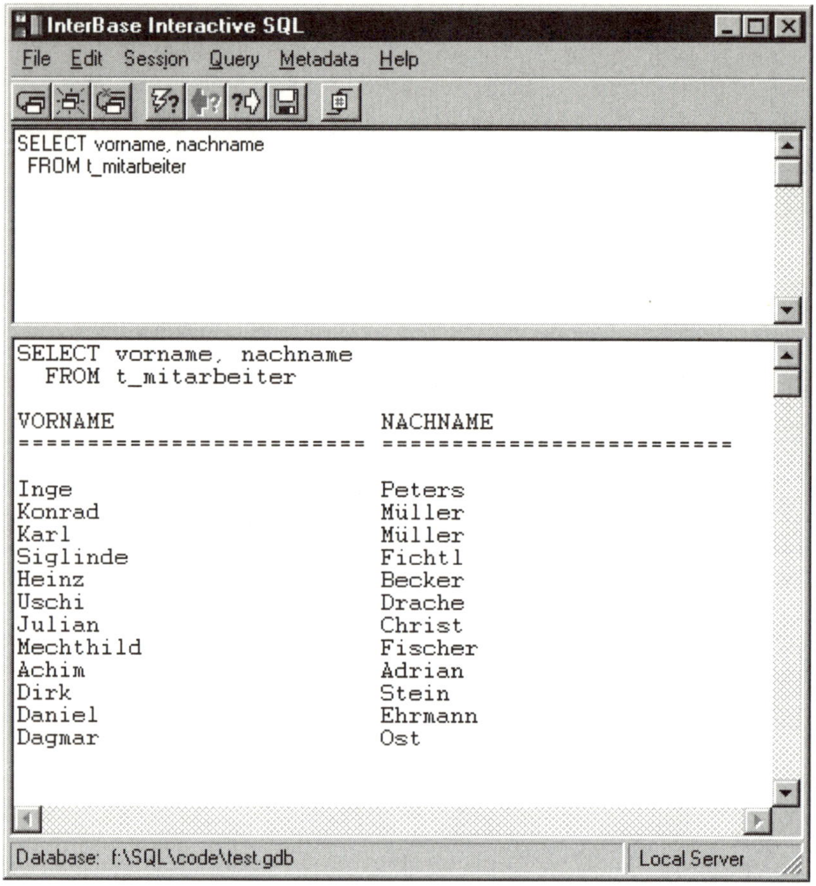

Abbildung2.1: Die erste SELECT-Anweisung

```
SELECT vorname, nachname
  FROM t_mitarbeiter
```

Wenn Sie diese Anweisung eingeben und mit CTRL+ENTER (oder dem betreffenden Speed-Button) starten, dann erhalten Sie ein Ergebnis ähnlich Abbildung 2.1. Was sind nun die Elemente dieser SELECT-Anweisung?

- Zunächst einmal das Schlüsselwort SELECT. Damit tun wir kund, daß wir Daten abfragen möchten.
- Dann nennen wir die Spaltennamen der beiden Spalten, deren Daten wir haben möchten.
- Anschließend folgt das Schlüsselwort FROM. Der Rechner weiß nun, daß wir die Tabelle(n) nennen werden, aus denen wir die Daten haben möchten. Das tun wir dann auch.

Ins Deutsche übersetzt heißt diese Anweisung: Zeige mir die Daten der Spalten *vorname* und *nachname* an, beide in der Tabelle *t_mitarbeiter* zu finden.

Schauen Sie sich noch einmal genau die Anweisung an:

```
SELECT vorname, nachname
   FROM t_mitarbeiter
```

- Vielleicht ist Ihnen aufgefallen, daß zwei Wörter durchgehen mit Großbuchstaben geschrieben worden sind, nämlich SELECT und FROM. Dabei handelt es sich um sogenannte SQL-Schlüsselwörter. Alle Tätigkeiten, die ein Datenbank-Management-System beherrscht, werden über solche Schlüsselwörter aufgerufen. Derer werden wir noch viele kennenlernen.

  Diese Schlüsselwörter sollten Sie tunlichst vermeiden, wenn Sie selbst Spalten, Tabellen oder was auch immer benennen, das DBS kommt sonst ganz fürchterlich durcheinander.

  Die Großschreibung der SQL-Schlüsselwörter ist freiwillig. Man erkennt aber viel einfacher die Syntax einer Anweisung und findet so auch viel schneller eventuelle Fehler. Bei komplizierten Anweisungen werden Sie dafür dankbar sein. Ebenso können Zeilenumbrüche und Einrückungen nach Belieben vorgenommen werden.

- Klein geschrieben werden dagegen alle Bezeichner, also alles, was irgendein Benutzer selbst benannt hat: Spalten und Tabellen, VIEWS, STORED PROCEDURES und noch vieles anderes mehr. Bei der Vergabe der Verzeichner sind Sie relativ frei. Lediglich SQL-Schlüsselwörter sowie Leer- und Sonderzeichen sollten Sie vermeiden.

  Wie Ihnen sicher schon aufgefallen ist, lautet der Tabellenname *t_mitarbeiter*. Das vorangestellt *t_* zeigt an, daß es sich um eine Tabelle handelt. Auch diese Maßnahme ist freiwillig und soll lediglich die Übersicht erhöhen.

- Vielleicht haben Sie sich auch schon gefragt, welche Datensätze denn aus der Tabelle *t_mitarbeiter* angezeigt werden. Nun, solange Sie das nicht irgendwie beschränken, werden alle Datensätze angezeigt. Wenn es sich dabei um einige wenige Datensätze handelt – hier sind es zwölf – dann ist das nicht weiter problematisch. Bei großen Tabellen können es aber leicht einige tausend Datensätze sein, dann würden Sie eben eine Weile warten, bis das System fertig ist. (Sie können das mit *SELECT vorname, nachname FROM t_kunde* gerne einmal ausprobieren.)

Übung 2.1 Apropos ausprobieren: Um den Lerneffekt zu erhöhen, werden Sie nun selbst eine SQL-Anweisung erstellen. Dazu sei verraten, daß es in *t_mitarbeiter* (unter anderem) noch die Spalte *plz* gibt. Erstellen Sie nun eine Anweisung, welche die Nachnamen und die Postleitzahlen anzeigt. Die Lösung finden Sie in Anhang D.

Alle Spalten anzeigen

Als nächstes sollen alle Spalten der Tabelle *t_mitarbeiter* angezeigt werden. Dazu könnte man wie folgt vorgehen:

```
SELECT vorname, nachname, strasse,
       plz, ort, vorgesetzter
   FROM t_mitarbeiter
```

Jokerzeichen

Nun ist das etwas viel Schreibarbeit. Das haben auch die Entwickler von SQL eingesehen und ein Joker-Zeichen definiert:

```
SELECT *
   FROM t_mitarbeiter
```

Allerdings haben Sie dann keinen Einfluß mehr auf die Reihenfolge, in welcher die Spalten angezeigt werden.

Keine doppelten Datensätze

Als nächstes tun wir so, als ob es uns interessiert, welche Postleitzahlen denn die Mitarbeiter haben:

```
SELECT plz
   FROM t_mitarbeiter
```

Bei genauer Betrachtung des Ergebnisses stellen wir fest, daß einige Postleitzahlen mehrmals auftreten. (Später werden Sie lernen, die Häufigkeit des jeweiligen Auftretens zu zählen.)

Nun interessiert uns hier eher, in welchem Bereich die Postleitzahlen überhaupt liegen. Hier hilf uns dann das Schlüsselwort DISTINCT weiter.

```
SELECT DISTINCT plz
  FROM t_mitarbeiter
```

DISTINCT erkennt schon bei einem Unterschied in nur einer Spalte, daß unterschiedliche Datensätze vorliegen. Die folgenden beiden Anweisungen würden also eine identische Ergebnismenge liefern:

```
SELECT nachname, plz
   FROM t_mitarbeiter

SELECT DISTINCT nachname, plz
   FROM t_mitarbeiter
```

Datensätze zählen

Um Datensätze zu zählen, um die Summe, das Maximum, das Minimum oder den Durchschnitt von Spalten zu ermitteln, werden die Aggregatfunktionen verwendet. Diese sollen später noch ausführlich besprochen werden. Vorläufig interessiert uns nur die Funktion COUNT, mit deren Hilfe man Datensätze zählt.

```
SELECT COUNT(*)
   FROM t_mitarbeiter
```

Bei einer Aggregatfunktion muß als Parameter in Klammern angegeben werden, von welcher Spalte die Funktion gebildet werden soll. Beim Zählen der Datensätze in *t_mitarbeiter* ist das reichlich irrelevant, weil alle Spalten vollständig mit Werten belegt sind. Mit *COUNT(*)* wird die Zahl der Datensätze überhaupt ermittelt. Bei dieser Tabelle hätte man beispielsweise auch *COUNT(vorname)* verwenden können – man wäre zu demselben Ergebnis gelangt.

Bei anderen Tabellen macht es durchaus einen Unterschied, welche Spalte man verwendet. Schauen Sie sich zunächst mit *SELECT * FROM t_artikel* die Tabelle *t_artikel* an. In dieser Tabelle sind die Produkte unserer fiktiven Firma aufgeführt. In der Spalte Hersteller gibt es einige Datensätze mit dem Inhalt *<null>*, es ist also dort kein Hersteller angegeben.

Mit der folgenden Anweisung würde man nun die Zahl der Artikel ermitteln:

```
SELECT COUNT(*)
   FROM t_artikel
```

Um die Zahl der Artikel zu ermitteln, bei denen der Hersteller angegeben ist, geht man wie folgt vor:

```
SELECT COUNT(hersteller)
   FROM t_artikel
```

Übung 2.2 Nun etwas zum Knobeln: Ermitteln Sie (mit Hilfe einer SQL-Anweisung) die Zahl der unterschiedlichen Postleitzahlen in *t_mitarbeiter.*

Konstanten

Wir können der Ergebnismenge einer SELECT-Anweisung auch Konstanten hinzufügen. Diese sind in Anführungszeichen zu setzen, damit sie von den Spaltennamen unterschieden werden können.

```
SELECT vorname, "Mitarbeiter"
  FROM t_mitarbeiter
```

Sie werden sich nun sicher fragen, was das bezwecken soll. Warten Sie noch einen Abschnitt.

Spalten zusammenfügen

Angenommen, wir wollten ein Rundschreiben an alle Mitarbeiter versenden und zu diesem Zweck Adreßetiketten drucken. In der ersten Zeile wären Vorname und Nachname, in der zweiten die Straße und in der dritten die Postleitzahl und der Ort zu drucken.

Nun, den Ausdruck auf Etiketten können wir von ISQL nicht erwarten, aber das Zusammenfassen von zwei oder mehr Spalten gehört zum Funktionsumfang von SQL:

```
SELECT vorname || nachname,
       strasse,
       plz || ort
   FROM t_mitarbeiter
```

Einen senkrechten Strich fügen Sie mit ALT GR + < ein.

Übung 2.3 Wenn Sie die Ergebnismenge betrachten, dann werden Sie feststellen, daß zwischen den zusammengefügten Werten der beiden Spalten kein Leerzeichen eingefügt wurde. Ändern Sie die Anweisung so ab, daß ein solches Leerzeichen eingefügt wird.

Übung 2.4 Erstellen Sie noch eine SELECT-Anweisung, welche die Spalten *hersteller*, *bezeichnung* und *preis* der Tabelle *t_artikel* anzeigt.

Der Preis soll mit dem Währungszeichen DM versehen werden. (Leser in anderen Staaten verwenden entsprechend andere Währungszeichen, und wer schon ein Euro-Zeichen auf dem Rechner hat, verwendet natürlich dieses.)

Spalten benennen

Vielleicht ist Ihnen schon aufgefallen, daß in ISQL die Spalten nicht mehr benannt werden, sobald Spalten zusammengefügt oder Konstanten verwendet werden. Bei anderen Programmen, beispielsweise bei Report-Generatoren, werden dann sehr „unschöne" Spaltennamen verwendet, beispielsweise *vorname || " " || nachname*. Es gibt jedoch die Möglichkeit, (nicht nur) in solchen Fällen die Spalte explizit zu benennen.

```
SELECT vorname || " " || nachname AS Name,
       strasse,
       plz || " " || ort AS Ort
   FROM t_mitarbeiter
```

Übung 2.5 Es ist auch möglich, „ganz normale" Spalten umzubenennen. Verwenden Sie die Anweisung aus Übung 2.4 und benennen Sie die Spalte *bezeichnung* in *produkt* um.

Berechnungen ausführen

Innerhalb von SQL-Statements können Sie auch Berechnungen ausführen. Wir wollen nun wieder die Tabelle *t_artikel* anzeigen, neben dem gespeicherten Preis, der inklusive Mehrwertsteuer zu verstehen ist, soll auch der Netto-Preis angegeben werden. Dabei wird ein Mehrwertsteuersatz von 16% zugrunde gelegt.

```
SELECT hersteller, bezeichnung,
       preis || " DM" AS brutto,
       (preis / 1.16) || " DM" AS netto
   FROM t_artikel
```

Eine Klammersetzung ist bei Berechnungen nicht generell erforderlich. Würde die Klammern hier jedoch entfernt, würde die betreffende Zeile wie folgt interpretiert:

```
preis / (1.16 || " DM") AS netto
```

Einen String als Divisor akzeptiert das DMS nun einmal nicht und gibt eine entsprechende Fehlermeldung aus. In anderen Fällen würde die Eingabe akzeptiert, aber ein „falsches“ Ergebnis berechnet. Deshalb sollte man im Zweifelsfall lieber ein paar Klammern zu viel als zu wenig setzen.

Unter SQL stehen Rechenoperatoren für die vier Grundrechenarten zur Verfügung:

Operator	Funktion
+	Addition
-	Subtraktion
*	Multiplikation
/	Division

Tabelle2.1: Die Rechenoperatoren

Beachten Sie bitte auch, daß ein Dezimalpunkt und kein Dezimalkomma verwendet wird.

Übung 2.6 Anläßlich des dreijährigen Bestehens unserer fiktiven Firma sollen alle Produkte um drei DM billiger verkauft werden. Erstellen Sie die entsprechende Preisliste und benennen Sie die Preisspalte mit *Sonderpreis*.

Anzeigen mit zwei Nachkommastellen

Bei der Berechnung des Nettopreises im vorangegangenen Abschnitt ist Ihnen sicher aufgefallen, daß das Ergebnis auf etwa 13 Stellen genau angezeigt wurde. Angenehmer wäre hier eine Darstellung, die auf den Pfennig genau – sprich auf zwei Nachkommastellen – gerundet ist.

Eine dafür geeignete Funktion kennt *InterBase* leider nicht. Selbstverständlich wäre es möglich, eine entsprechende UDF (*User Defined Function*) zu programmieren, aber dazu wären eine entsprechende Entwicklungsumgebung und einige Programmierkenntnisse erforderlich.

Somit bleibt uns nur der „Griff in die Trick-Kiste“: Mit der Anweisung CAST wandelt man einen Datentyp in einen anderen um. Wir wandeln nun unsere Gleitkommazahl in einen numerischen Wert mit zwei Nachkommastellen um, und schon erfolgt die Anzeige in der gewünschten Weise.

```
SELECT hersteller, bezeichnung,
      CAST(preis AS NUMERIC(15,2)) AS brutto,
      CAST((preis / 1.16) AS NUMERIC (15,2))  AS netto
   FROM t_artikel
```

Leider erfolgt hier eine kleine Einschränkung: Wenn Sie jetzt noch versuchen würden, die Konstante *DM* anzuhängen, dann werden die Werte wieder mit allen Nachkommastellen angezeigt. Schade aber auch.

Übrigens: Wenn ich die Spalte nicht als FLOAT, sondern als NUMERIC (15,2) definiert hätte, würde das Problem gar nicht erst auftreten. Als „gelernter Delphi-Programmierer" weiß ich allerdings, daß grundsätzlich alle Nachkommastellen abgeschnitten werden, wenn ich Felder des Typs NUMERIC über die BDE importiere.

2.2 Joins

Wie Sie spätestens seit Kapitel 1 wissen, wird bei relationalen Datenbanken der Datenbestand auf viele Tabellen aufgeteilt. Um die Daten in einer brauchbaren Form zu erhalten, müssen diese Tabellen bei den Abfragen dann wieder zusammengefügt werden. Zu diesem Zweck verwendet man ein JOIN.

Es gibt mehrere Arten von JOINS, die wir nun nacheinander kennenlernen werden.

2.2.1 FULL JOIN

Der FULL JOIN ist in der Praxis weitgehend bedeutungslos – wir sehen gleich, warum – und wird hier nur der Vollständigkeit halber erwähnt. Der FULL JOIN ist vom Namen her recht leicht zu verwechseln mit dem FULL OUTER JOIN, den wir später kennenlernen werden.

Wie Ihnen vielleicht schon aufgefallen ist, enthält die Tabelle *t_mitarbeiter* keine Telefonnummern. Diese sind in der Tabelle *t_tele* enthalten. Verschaffen Sie sich mit *SELECT * FROM t_tele* einen Überblick über diese Tabelle.

Um diese Tabelle mit *t_mitarbeiter* zu verknüpfen, erstellen wir zunächst einen (hier völlig ungeeigneten) FULL JOIN:

```
SELECT
    t_mitarbeiter.vorname, t_mitarbeiter.nachname,
      t_tele.bezeichnung
  FROM t_mitarbeiter, t_tele
```

Schauen wir uns den Anfang der Ergebnismenge an:

```
VORNAME   NACHNAME        BEZEICHNUNG
========= ==============  ====================
Inge      Peters          40
Inge      Peters          030 / 222 27 88
Inge      Peters          0177 / 412 76 41
Inge      Peters          2
Inge      Peters          030 / 182 22 86
Inge      Peters          0177 / 771 33 43
Inge      Peters          5
Inge      Peters          030 / 724 25 73
Inge      Peters          0177 / 422 35 35
Inge      Peters          12
Inge      Peters          030 / 124 56 45
Inge      Peters          0177 / 778 53 17
Inge      Peters          60
Inge      Peters          030 / 732 15 45
Inge      Peters          0177 / 315 61 32
Inge      Peters          52
Inge      Peters          030 / 181 63 55
Inge      Peters          0177 / 863 64 42
Konrad    Müller          40
Konrad    Müller          030 / 222 27 88
Konrad    Müller          0177 / 412 76 41
Konrad    Müller          2
```

Wie Sie sehen, wird jeder Datensatz der einen Tabelle mit jedem Datensatz der anderen Tabelle verknüpft – jeder Mitarbeiter erhält somit alle Telefonnummern der ganzen Belegschaft. Ein FULL JOIN ist also nicht ganz das, was hier benötigt wird.

2.2.2 INNER JOIN

Der INNER JOIN – auch EQUI-JOIN genannt – ordnet jedem Datensatz der einen Tabellen nur die „dazugehörenden“ Datensätze der anderen Tabelle zu. Nun beschäftigt das DMS keinen Hellseher: Die Information darüber, was denn unter „dazugehörend“ zu verstehen ist, muß somit in der SQL-Anweisung erfolgen.

```
SELECT
     t_mitarbeiter.vorname, t_mitarbeiter.nachname,
       t_tele.bezeichnung
  FROM t_mitarbeiter, t_tele
  WHERE t_mitarbeiter.nummer = t_tele.mitarbeiter
```

Die Information darüber, wie denn die Tabellen zu verknüpfen sind, wird in der WHERE-Klausel gegeben. In unserem Beispiel geht das wie folgt vor sich: Jeder Datensatz in der Tabelle *t_tele* enthält eine Information darüber, zu welchem Mitarbeiter die Telefonnummer gehört, nämlich die Datensatznummer des betreffenden Mitarbeiters in der Tabelle *t_mitarbeiter*. Über diese beiden Spalten wird mit Hilfe der WHERE-Klausel die Verknüpfung hergestellt.

Übrigens: Mit Hilfe der WHERE-Klausel werden wir ab Kapitel 2.3 Datensätze filtern. (Beispielsweise: Zeige mir alle Kunden an, die aus Berlin kommen.) Bei sehr umfangreichen SQL-Anweisungen kann man dann leicht ein wenig durcheinanderkommen, was denn nun Verknüpfung für einen INNER JOIN und was denn nun Filtern der Datenmenge ist.

Deshalb ist auch eine Schreibweise möglich, die auf die WHERE-Klausel verzichtet und statt dessen eine ON-Klausel verwendet. Diese Schreibweise ist an den OUTER JOIN angelehnt, den wir ab Kapitel 2.2.3 besprechen.

```
SELECT
     t_mitarbeiter.vorname, t_mitarbeiter.nachname,
       t_tele.bezeichnung
  FROM t_mitarbeiter
     INNER JOIN t_tele
       ON t_mitarbeiter.nummer = t_tele.mitarbeiter
```

Nun noch mal zurück zu unserem INNER JOIN: Ihnen ist sicher aufgefallen, daß vor jeden Spaltenbezeichner der dazugehörende Tabellenbezeichner gesetzt worden ist, getrennt durch einen Punkt.

Damit weisen wir das DMS darauf hin, in welcher Tabelle die betreffende Spalte zu suchen ist. Bei der Aufzählung der anzuzeigenden Spalten wäre das noch nicht erforderlich gewesen, die Anweisung hätte auch wie folgt funktioniert:

```
SELECT
    vorname, nachname, bezeichnung
  FROM t_mitarbeiter
    INNER JOIN t_tele
      ON t_mitarbeiter.nummer = mitarbeiter
```

Das funktioniert aber auch nur so lange, als die verwendeten Spaltenbezeichner nur in einer der beiden Tabellen vorkommen. Die Tabellen *t_mitarbeiter* und *t_tele* enthalten dagegen beide die Spalte *nummer*, und das zwingt uns, in der ON- oder der WHERE-Klausel bei dieser Spalte die Tabelle explizit anzugeben.

Tabellen-Alias

Nun ist es allerdings müßig, jedesmal den kompletten Tabellennamen zu nennen, und die Übersichtlichkeit fördert das auch nicht besonders. Deshalb besteht die Möglichkeit, Tabellen-Aliase zu verwenden.

```
SELECT
    m.vorname, m.nachname, t.bezeichnung
  FROM t_mitarbeiter m
    INNER JOIN t_tele t
      ON m.nummer = t.mitarbeiter
```

Bei der Nennung der verwendeten Tabellen wird dem Tabellennamen jeweils der Tabellen-Alias nachgestellt. Beide werden durch ein Leerzeichen getrennt. Der Alias ist nicht auf einen Buchstaben beschränkt, in der Regel ist es aber zu empfehlen, möglichst kurze Aliase zu verwenden. Selbstverständlich ist es auch möglich, nur einen Teil der beteiligten Tabellennamen durch Aliase zu ersetzen.

Im Rest der Anweisung ersetzt der Alias dann den Tabellennamen. Statt beispielweise *t_mitarbeiter.vorname* schreiben Sie dann nur noch *t.vorname*.

Übung 2.7 Schreiben Sie die eben genannte SQL-Anweisung in einen JOIN mit WHERE-Klausel um. Verwenden Sie dabei die Tabellen-Aliase *mit* und *te*.

JOINs über mehrere Tabellen

Mit Hilfe eines JOINs können nicht nur zwei, sondern auch sehr viel mehr Tabellen zusammengefügt werden. In der Praxis sind JOINs über 20 oder mehr Tabellen gar keine Seltenheit.

Zurück zu unserer Mitarbeiter-Telefonliste. Sie fragen sich sicher schon längst, warum denn manche Telefonnummern nur zwei Stellen umfassen. Nun, dabei handelt es sich um die interne Durchwahl in der Firma.

Wenn man das weiß, ist es ja sofort einsichtig. Wir wollen die Information darüber, was denn hinter den einzelnen Telefonnummern steckt, nun aber auch in die Telefonliste aufnehmen. Wenn Sie sich noch an die Tabelle *t_tele* erinnern, dann wissen Sie auch um die Spalte *art*. (Kleiner Tip am Rande: Mit *SELECT * FROM t_tele* können Sie Ihr Gedächtnis auffrischen.)

Da in der Spalte *art* nur Nummern zu finden sind, ahnen Sie sicher auch schon, daß hier wieder die Verknüpfung zu einer weiteren Tabelle erfolgt. Dabei handelt es sich um die Tabelle *t_art*.

```
NUMMER     BEZEICHNUNG
========   =========================

1          Durchwahl in Firma
2          Telefon privat
3          Fax privat
4          Handy
5          e-Mail in Firma
6          e-Mail privat
7          Telefon bei Mutti
```

Um nun die gewünschte Liste zu erstellen, verwenden Sie die folgende Anweisung:

```
SELECT
     m.vorname, m.nachname,
     a.bezeichnung, t.bezeichnung
  FROM t_mitarbeiter m, t_tele t, t_art a
  WHERE (m.nummer = t.mitarbeiter)
     AND (a.nummer = t.art)
```

Erwartungsgemäß sind bei drei Tabellen zwei Verknüpfungsbedingungen erforderlich. Da das DMS aber nur eine WHERE-Klausel erwartet, müssen die beiden Bedingungen mit AND verknüpft werden.

Übung 2.8 Nun wieder etwas zum Knobeln: Erstellen Sie den JOIN über die drei Tabellen mit Hilfe von ON-Klauseln. Beachten Sie, daß – im Gegensatz zur WHERE-Klausel – mehrere ON-Klauseln erlaubt sind.

2.2.3 OUTER JOIN

Vielleicht ist Ihnen schon aufgefallen, daß wir bei unserer Telefonliste ein paar Mitarbeiter „verloren" haben, nämlich alle, zu denen keine Telefonnummern gespeichert sind; diese würden ja auf einer Telefonliste auch keinen Sinn machen.

Kennzeichen des INNER JOIN / EQUI JOIN ist es, daß nur diejenigen Datensätze aufgenommen werden, bei denen zu allem beteiligten Tabellen Datensätze vorhanden sind.

Nun wollen wir jedoch eine Mitarbeiterliste erstellen, in der auch die Telefonnummer (soweit bekannt) der Mitarbeiter aufgenommen werden. Da eine Mitarbeiterliste für gewöhnlich aber alle Mitarbeiter umfaßt, können wir hier keinen INNER JOIN verwenden.

```
SELECT
     m.vorname, m.nachname, t.bezeichnung
  FROM t_mitarbeiter m
     LEFT OUTER JOIN t_tele t
        ON m.nummer = t.mitarbeiter
```

Bei einem LEFT OUTER JOIN werden alle Datensätze der Tabelle „auf der linken Seite" verwendet, hier im Beispiel also *t_mitarbeiter*. Diese werden dann – soweit möglich – mit den Datensätzen der rechten Seite, hier im Beispiel also *t_tele*, verknüpft.

Beachten Sie bitte auch, daß bei einem OUTER JOIN die Verknüpfung nur über die ON-, nicht aber über die WHERE-Klausel erfolgen kann.

Die Existenz eines LEFT OUTER JOIN legt die Vermutung nahe, daß es auch einen RIGHT OUTER JOIN gibt.

```
SELECT
      m.vorname, m.nachname, t.bezeichnung
   FROM t_mitarbeiter m
      RIGHT OUTER JOIN t_tele t
         ON m.nummer = t.mitarbeiter
```

Hier würden nun Telefonnummen angezeigt und den Mitarbeitern zugeordnet. Es würden auch Telefonnummern angezeigt, zu denen kein passender Mitarbeiter-Datensatz existiert. Solche Datensätze sind allerdings in *t_tele* nicht vorhanden, so daß die Ergebnismenge der eines INNER JOINs gleichen würde.

Prinzipiell kann man auch INNER und OUTER JOINs mischen. Man muß allerdings damit rechnen, nicht das gewünschte Ergebnis zu erhalten, beispielsweise, wenn man in der Mitarbeiterliste anzeigen wollte, welcher Art die angegebenen Telefonnummern sind:

```
SELECT
      m.vorname, m.nachname,
      t.bezeichnung, a.bezeichnung
   FROM t_mitarbeiter m
      LEFT OUTER JOIN t_tele t
         ON m.nummer = t.mitarbeiter
      INNER JOIN t_art a
         ON t.art = a.nummer
```

Die Verwendung des INNER JOINs würde dazu führen, daß nur die Mitarbeiter mit Telefon angezeigt würden.

Abhilfe schafft hier ein Verändern der Tabellenreihenfolge:

```
SELECT
      m.vorname, m.nachname,
      t.bezeichnung, a.bezeichnung
   FROM t_tele t
      INNER JOIN t_art a
         ON t.art = a.nummer
      RIGHT OUTER JOIN t_mitarbeiter m
         ON m.nummer = t.mitarbeiter
```

Sie können sich folgende Regel merken: Ein JOIN ist immer eine Verbindung der vorherigen Ergebnismenge (Tabelle oder JOIN) und der dazugefügten Tabelle.

Um die Reihenfolge zu steuern, in welcher die JOINs erstellt werden, kann man Klammern setzen:

```
SELECT
     m.vorname, m.nachname,
     t.bezeichnung, a.bezeichnung
  FROM t_mitarbeiter m
     LEFT OUTER JOIN (t_tele t
          INNER JOIN t_art a
             ON t.art = a.nummer)
        ON m.nummer = t.mitarbeiter
```

Man kann auch bei der zweiten Verknüpfung ein LEFT OUTER JOIN verwenden:

```
SELECT
     m.vorname, m.nachname,
     t.bezeichnung, a.bezeichnung
  FROM t_mitarbeiter m
     LEFT OUTER JOIN t_tele t
        ON m.nummer = t.mitarbeiter
     LEFT OUTER JOIN t_art a
        ON t.art = a.nummer
```

Übung 2.9 Stellen Sie diese SQL-Anweisung so um, daß lauter RIGHT OUTER JOINS verwendet werden.

FULL OUTER JOIN

Bei einem FULL OUTER JOIN werden alle Datensätze der beteiligten Tabellen angezeigt. Wo es möglich ist, werden Verknüpfungen vorgenommen.

Ein sinnvolles Beispiel gibt es in unserer Datenbank nicht. Die folgende Anweisung würde nicht nur Mitarbeiter ohne Telefon, sondern auch Telefonnummern ohne dazugehörenden Mitarbeiter auflisten:

```
SELECT
     m.vorname, m.nachname,
     t.bezeichnung
  FROM t_mitarbeiter m
     FULL OUTER JOIN t_tele t
        ON m.nummer = t.mitarbeiter
```

Nun wird jedoch in der Tabelle *t_tele* per Referenz dafür gesorgt, daß es eben keine Einträge gibt, die nicht auf einen vorhandenen Mitarbeiter-Datensatz verweisen.

Wenn Sie irgendwo einen FULL OUTER JOIN sinnvoll einsetzen können, dann könnte das ein Hinweis darauf sein, daß die Datenbank etwas schlampig konzipiert wurde.

2.2.4 SELF JOIN

Ein SELF JOIN ist ein JOIN, bei dem die Tabelle mit sich selbst verknüpft wird. Das setzt dann auch voraus, daß für ein und dieselbe Tabelle zwei verschiedene Aliase verwendet werden.

Wozu das gut sein soll? Ein Beispiel: In unserer Tabelle *t_mitarbeiter* gibt es die Spalte *vorgesetzter*, in welchem die Personennummer des jeweils direkten Vorgesetzten gespeichert ist. Wer sich hinter dieser Nummer verbirgt, wird wieder anhand der Tabelle *t_mitarbeiter* ermittelt.

```
SELECT m.vorname, m.nachname,
     v.vorname || " " || v.nachname  AS vorgesetzter
  FROM t_mitarbeiter m, t_mitarbeiter v
  WHERE m.vorgesetzter = v.nummer
```

Übung 2.10 Handelt es sich bei diesem SELF JOIN um einen INNER JOIN, einen LEFT OUTER JOIN, einen RIGHT OUTER JOIN oder um einen FULL OUTER JOIN? Schreiben Sie den SELF JOIN so um, daß keine WHERE-, sondern eine ON-Klausel verwendet wird.

2.3 WHERE

Die WHERE-Klausel haben wir schon beim INNER JOIN verwendet. Viel häufiger wird sie jedoch zum Filtern des Datenbestandes verwendet.

Das Filtern von Datenbeständen wird erst bei sehr großen Datenbeständen so richtig interessant. Deshalb werden wir dafür vor allem die Tabelle *t_kunde* verwenden – die Kundenkartei unserer fiktiven Firma.

Bei dieser Tabelle sollten Sie eine Anweisung wie *SELECT * FROM t_kunde* vermeiden, weil das System dann eine ganze Weile lang beschäftigt wäre.

Übung 2.11 Ermitteln Sie die Zahl der Datensätze in *t_kunde*.

Mit der folgenden Anweisung ermitteln wir den Datensatz mit der Nummer 100:

```
SELECT *
   FROM t_kunde
   WHERE nummer = 100
```

Mit der Anweisung *WHERE nummer = 100* beschränken wir die Anzeige auf diejenigen Datensätze, bei denen das Feld *nummer* den Wert 100 hat. Da in *nummer* eine durchlaufende Nummer gespeichert ist, wird maximal ein Datensatz angezeigt.

Mit der eben genannten SELECT-Anweisung wird übrigens nicht unbedingt der hundertste Datensatz angezeigt. Dies wäre nur dann der Fall, wenn in der Tabelle Datensätze mit den Nummern eins bis hundert gespeichert wären. Genausogut kann es sein, daß in einer Tabelle von mehr als hundert Datensätzen keiner die Bedingung *nummer = 100* erfüllt, sei es, daß die Zählung nicht mit eins begonnen wurde, sei es, daß ein betreffender Datensatz bereits gelöscht wurde.

Weil SQL mengen- und nicht satzorientiert arbeitet, gibt es übrigens keine Möglichkeit, den hundertsten (ersten, letzten) Datensatz zu ermitteln.

Suche nach Strings

Selbstverständlich kann in SQL nicht nur nach Nummern, sondern auch nach Strings gefiltert werden. Beachten Sie bitte, daß String-Konstanten in Anführungszeichen zu setzen sind, damit sie das DMS von Bezeichnern unterscheiden kann.

```
SELECT *
   FROM t_kunde
   WHERE nachname = "Weber"
```

Übung 2.12 Ermitteln Sie die Zahl der Datensätze in der Tabelle *t_kunde* mit dem Vornamen *Doris*.

2.3.1 Logische Verknüpfungen

So richtig interessant wird die WHERE-Klausel erst dann, wenn man mehrere Filter-Bedingungen miteinander logisch verknüpft. Wir haben das beim INNER JOIN schon einmal kurz kennengelernt.

Die AND-Verknüpfung

Bei einer AND-Verknüpfung müssen alle Bedingungen erfüllt sein, damit ein Datensatz in die Ergebnismenge aufgenommen wird.

```
SELECT *
    FROM t_kunde
    WHERE (vorname = "Michael")
        AND (nachname = "Weber")
```

In dieser Anweisung wird nach den Kunden namens *Michael Weber* gesucht. Beachten Sie, daß die einzelnen Filterbedingungen in Klammern zu setzen sind.

Übung 2.13 Suchen Sie die Telefonnummern aller Damen namens *Stefanie*, die in *Hamburg* wohnen.

Die OR-Verknüpfung

Bei einer OR-Verknüpfung muß eine der Bedingungen erfüllt sein, damit ein Datensatz in die Ergebnismenge aufgenommen wird.

```
SELECT *
    FROM t_kunde
    WHERE (vorname = "Leonore")
        OR (vorname = "Ernst")
```

Mit dieser Anweisung werden alle Datensätze ermittelt, deren Feld *vorname* die Werte *Leonore* oder *Ernst* enthalten.

Übung 2.14 Suchen Sie aller Kunden mit den Namen *Maier*, *Meier*, *Meyer* und *Meyr*.

Die NOT-Verknüpfung

Mit Hilfe des Schlüsselwortes NOT wird eine Suchbedingung negiert.

```
SELECT vorname, nachname
  FROM t_mitarbeiter
  WHERE NOT (nummer = vorgesetzter)
```

Mit dieser Anweisung werden alle Mitarbeiter ermittelt, die einem anderen untergeben sind, bei denen also nicht die Felder *nummer* und *vorgesetzter* denselben Wert enthalten.

Übung 2.15 Erstellen Sie die Telefonliste (Liste der Mitarbeiter mit Telefon) mit Vor- und Nachname, Art der Nummer und der Nummer selbst, ignorieren Sie dabei alle Handy-Nummern. Verwenden Sie einen JOIN mit ON-Klausel.

Kombination logischer Verknüpfung

Sie können AND-, OR- und NOT-Klauseln beliebig miteinander kombinieren. Achten Sie auf korrekte Klammersetzung, damit das DMS die Anweisung auch so interpretiert, wie Sie es beabsichtigen.

```
SELECT vorname, nachname, ort
  FROM t_kunde
  WHERE (((vorname = "Daniel")
            AND (nachname = "Ost"))
        OR ((vorname = "Stefanie")
            AND (nachname = "Busch")))
    AND NOT (ort = "Berlin")
```

Diese Anweisung ermittelt alle Kunden namens *Daniel Ost* und *Stefanie Busch*, deren Wohnsitz nicht in Berlin liegt.

Übrigens: Die folgende Anweisung geht nicht, weil das DMS den Spalten-Alias *name* in der WHERE-Klausel noch nicht kennt:

```
SELECT vorname || " " || nachname AS name,
    ort
  FROM t_kunde
  WHERE ((name = "Daniel Ost")
        OR (name = "Stefanie Busch"))
    AND NOT (ort = "Berlin")
/* geht nicht ! */
```

Hier sehen Sie dann auch, wie man in SQL-Statements Kommentare einfügt. Kommentare sind Texte, die vom DMS ignoriert werden. Sie sind dazu gedacht, SQL-Anweisungen zu erläutern. Man kann sie auch dazu verwenden, einen Teil einer SQL-Anweisung außer Kraft zu setzen, ohne den entsprechenden Text gleich löschen zu müssen:

```
SELECT vorname, nachname, ort
   FROM t_kunde
   WHERE (((vorname = "Daniel")
            AND (nachname = "Ost"))
         OR ((vorname = "Stefanie")
            AND (nachname = "Busch")))
/*    AND NOT (ort = "Berlin") */
```

Übrigens: Wenn Sie einmal in die Verlegenheit gelangen sollten, nach kompletten Namen zu suchen, dann können Sie folgendermaßen vorgehen:

```
SELECT vorname || " " || nachname AS name,
      ort
   FROM t_kunde
   WHERE ((vorname || " " || nachname = "Daniel Ost")
         OR (vorname||" "||nachname = "Stefanie Busch"))
      AND NOT (ort = "Berlin")
```

Übung 2.16 Ermitteln Sie alle Kunden mit den Namen *Sigmund Maier* und *Tina Maier*, die weder in *Altshausen* noch in *Mainz* wohnen.

2.3.2 Die Vergleichs-Operatoren

Wenn wir bislang Datenmengen mit WHERE gefiltern haben, dann haben wir immer den Gleichheitsoperator eingesetzt. SQL kennt jedoch eine ganze Reihe von anderen Operatoren, die wir nun besprechen wollen.

Beachten Sie bitte, daß nicht alle der hier vorgestellten Operatoren in allen SQL-Dialekten verfügbar sind.

Die <- und >-Operatoren

Mit den <- und >-Operatoren beschränkt man die Anzeige auf diejenigen Datensätze, die größer oder kleiner als ein bestimmtes Kriterium sind.

```
SELECT *
  FROM t_kunde
  WHERE (nummer < 100)
```

Diese Anweisung ermittelt alle Kunden, deren Nummer unter 100 liegt. Der Datensatz mit der Nummer 100 wird dabei nicht angezeigt. Wenn wir auch den Datensatz mit der Nummer 100 angezeigt haben möchten, dann müssen wir eine der drei folgenden Anweisungen nehmen:

```
SELECT *
  FROM t_kunde
  WHERE (nummer <= 100)

SELECT *
  FROM t_kunde
  WHERE (nummer < 101)

SELECT *
  FROM t_kunde
  WHERE (nummer < 100)
    OR (nummer = 100)
```

Wie an der letzten der drei Anweisungen zu sehen ist, gibt es in SQL immer die Möglichkeit, es ein wenig komplizierter als nötig zu machen. Die zweite Anweisung hätte man übrigens auch folgendermaßen umschreiben können:

```
SELECT *
  FROM t_kunde
  WHERE (101 > nummer)
```

Und die erste so:

```
SELECT *
  FROM t_kunde
  WHERE (100 >= nummer)
```

Beachten Sie jedoch, daß bei *kleiner/gleich*- und *größer/gleich*-Operatoren das Gleichheitszeichen immer an zweiter Stelle steht.

Übung 2.17 Nun gleich zwei Übungen: Zunächst alle Kunden-Datensätze über (einschließlich) 10000. Und dann alle Kunden-Datensätze zwischen (einschließlich) 500 und 600.

Übrigens: Die <- und >-Operatoren sind nicht auf Zahlen beschränkt, sondern funktionieren eigentlich mit allem, was sich (vernünftig) sortieren läßt, beispielsweise auch mit Strings:

```
SELECT *
   FROM t_kunde
   WHERE (nachname > "M")
      AND (nachname < "N")
      AND (ort = "Berlin")
```

Diese Anweisung liefert alle Berliner Kunden, deren Nachnamen mit *M* beginnen. (Hinweis: *Ma* ist für den Computer größer als *M*.) Für das Filtern nach String-Feldern gibt es aber geeignetere Funktionen, die wir auch gleich kennenlernen werden.

Der BETWEEN-Operator

Aus Übung 2.17 kennen Sie das Problem, alle Datensätze zwischen 500 und 600 (einschließlich) zu ermitteln. Wir sind vermutlich derselben Ansicht, daß man das eigentlich etwas prägnanter formulieren können müßte. Dazu dient der Operator BETWEEN.

```
SELECT *
   FROM t_kunde
   WHERE (nummer BETWEEN 500 AND 600)
```

Beim Operator BETWEEN zählen die beiden Grenzen immer noch mit zum Bereich.

Übung 2.18 Stellen Sie auch die Suche aller Berliner Kunden, deren Nachname mit *M* beginnt, auf den Operator BETWEEN um.

Der LIKE-Operator

Zu den flexibelsten Operatoren zählt der LIKE-Operator. Er erlaubt die Verwendung von sogenannten Joker-Zeichen, also Zeichen, die für beliebige andere Zeichen stehen können. Das verwenden wir hier wieder für die Suche nach Berliner Kunden, deren Nachname mit *M* beginnt.

```
SELECT *
  FROM t_kunde
  WHERE (nachname LIKE "M%")
    AND (ort = "Berlin")
```

Das Joker-Zeichen % steht für keins, eins oder mehrere andere Zeichen. Es werden also alle Berliner Datensätze ermittelt, deren Nachname mit einem *M* beginnt, dem beliebig viele Zeichen beliebigen Inhalts folgen.

Übung 2.19 Ermitteln Sie alle in der Kundentabelle vorkommenden Nachnamen, die mit *er* enden.

Neben dem Joker-Zeichen % gibt es auch noch das Joker-Zeichen _, das für exakt ein beliebiges anderes Zeichen steht. Mit der folgenden Anweisung suchen wir nach Kunden in Berlin, deren Nachnamen *Müller, Miller, Möller* oder so ähnlich lauten.

```
SELECT *
  FROM t_kunde
  WHERE (nachname LIKE "M_ller")
    AND (ort = "Berlin")
```

Übrigens: Wenn Sie bei WHERE-Klauseln wie *WHERE (nachname = "Müller")* eine Fehlermeldung ob nicht konvertierbarer Zeichensätze erhalten, dann müssen Sie unter SESSION | ADVANCES SETTINGS den Zeichensatz einstellen, auf den die Datenbank aufbaut, bei unserer Beispieldatenbank *ISO8859_1*.

Das Thema „Ausführungsgeschwindigkeit von Abfragen“ wollen wir hier nicht ausführlicher behandeln. Ich möchte Sie aber darauf hinweisen, daß bei der Suche nach dem oder den Anfangsbuchstaben eine Konstruktion mit LIKE langsamer ist als mit anderen Operatoren. Besehen Sie sich in diesem Zusammenhang besonders den Operator STARTING WITH.

Übung 2.20 Ermitteln Sie alle Berliner Kunden, deren zweiter Buchstabe im Vornamen ein *u* ist.

Die Funktion UPPER

Die Funktion UPPER wandelt alle Zeichen des ihr übergebenen Parameters in Großbuchstaben um. Das hat nur indirekt mit der WHERE-

Klausel zu tun: Wie Sie inzwischen sicher festgestellt haben, ist bei den Vergleichen die Groß- und Kleinschreibung zu beachten.

Bisweilen möchte man die Groß- und Kleinschreibung allerdings ignorieren, beispielsweise auch diejenigen Datensätze erhalten, bei denen der erste Buchstabe versehentlich klein oder der zweite versehentlich groß geschrieben wurde. Dies erreich man dadurch, daß man die Suchspalte und das Suchkriterium einheitlich in Großbuchstaben umwandelt.

```
SELECT *
   FROM t_kunde
   WHERE (UPPER(nachname) = UPPER("fUCHS"))
      AND (ort = "Berlin")
```

Der Haken an der Sache: Bei Umlauten funktioniert das Ganze nicht, auch nicht bei korrekt eingestelltem Zeichensatz:

```
SELECT nummer, nachname
   FROM t_kunde
   WHERE (UPPER(nachname) = UPPER("müLLER"))
      AND (ort = "Berlin")
/* geht nicht */
```

Und auch der Trick mit den Joker-Zeichen versagt hier:

```
SELECT nummer, UPPER(nachname)
   FROM t_kunde
   WHERE (UPPER(nachname) = UPPER("m_LLER"))
      AND (ort = "Berlin")
/* geht nicht */
```

Das Problem liegt daran, daß Konstanten nicht entsprechend dem eingestellten Zeichensatz umgewandelt werden:

```
SELECT nummer, UPPER(nachname), UPPER("müller")
   FROM t_kunde
   WHERE (UPPER(nachname) = "MÜLLER")
      AND (ort = "Berlin")

...
```

```
1020 MÜLLER     MüLLER
1415 MÜLLER     MüLLER
3229 MÜLLER     MüLLER
```

Übrigens: Seltsamerweise funktioniert folgende Konstruktion:

```
WHERE (UPPER(nachname)
    = UPPER("m") || "Ü" || UPPER("ller"))
```

nicht aber folgende:

```
WHERE (UPPER(nachname)
    = UPPER("m") || "_" || UPPER("ller"))
WHERE (UPPER(nachname)
    = UPPER("m") || "%" || UPPER("ller"))
```

Sie werden sich nun sicher fragen, warum ich so auf diesem Thema herumreite, wo es doch auch die Möglichkeit gibt, die Sache in Großbuchstaben einzugeben. Das ist im Moment richtig, aber es gibt durchaus Situationen, in denen Sie sich „dumm und dämlich" suchen können, wenn Sie den Fehler nicht bei der Funktion UPPER suchen.

Suche nach Zahlen

Der Operator LIKE läßt sich übrigens auch bei der Suche nach Zahlen verwenden. Dabei werden Felder, die nicht im String-Format vorliegen, automatisch umgewandelt.

```
SELECT *
    FROM t_kunde
    WHERE nummer LIKE "233%"
```

Übung 2.21 Bei wie vielen Kunden endet die Kundennummer mit 99?

Der STARTING WITH-Operator

Bei vielen WHERE-Klauseln wird nach dem Anfang eines Strings gesucht. Wie Sie inzwischen wissen, ist das mit Hilfe des LIKE-Operators problemlos möglich.

Allerdings fordert die Flexibilität des LIKE-Operators ihren Preis in Form längerer Ausführungszeiten. Schneller arbeitet der Operator STARTING WITH. Wie groß die Unterschiede sind, hängt vom Datenbestand und vom DMS ab: Bei InterBase sind die Unterschiede deutlich, aber nicht weltbewegend (beispielsweise 1,7 s statt 2,6 s). Bei anderen DMS mag das anders aussehen.

```
SELECT *
    FROM t_kunde
    WHERE nachname STARTING WITH "Ma"
```

Diese Anweisung ermittelt alle Kunden, deren Nachnamen mit *Ma* beginnen. Beachten Sie, daß auch STARTING WITH zwischen Groß- und Kleinschreibung unterscheidet.

Übung 2.22 Ein Kunde aus Berlin, der seinen Namen mit E.M. abkürzt, hat geschrieben. Welche Kunden kommen in Frage? Tragen Sie dem Umstand Rechnung, daß Sie nicht genau wissen, ob der erste Buchstabe für den Vor- oder für den Nachnamen steht.

Der CONTAINING-Operator

Mit Hilfe des Containing-Operators kann ein String auf das beliebige Vorkommen eines anderen Strings untersucht werden.

```
SELECT *
    FROM t_kunde
    WHERE (nachname CONTAINING "ä")
        AND (ort = "Berlin")
```

Diese Anweisung ermittelt alle Berliner Kunden, deren Nachname den Buchstaben *ä* enthält. Die Länge des zu suchenden Strings ist nicht auf ein Zeichen beschränkt.

Übung 2.23 Jetzt mal wieder zwei Übungen: Schreiben Sie die eben erwähnte SQL-Anweisung so um, daß ein LIKE-Operator anstatt des CONTAINING-Operators verwendet wird.

Ermitteln Sie (mit Hilfe des CONTAINING-Operators) alle Kunden, deren Kundennumer drei aufeinanderfolgende 9-Zeichen enthält.

Der IS NULL-Operator

Der Wert NULL steht in SQL für nicht zugewiesene Werte. Um zu prüfen, ob ein Datensatz in einer Spalte leere Felder hat, muß der Operator IS NULL verwendet werden.

```
SELECT *
  FROM t_artikel
  WHERE hersteller IS NULL
```

Diese Anweisung zeigt alle Artikel an, bei denen keine Herstellerangabe vorhanden ist.

Wie die folgende Anweisung zeigt, sind ein leerer String und der Wert NULL etwas Verschiedenes:

```
SELECT *
  FROM t_artikel
  WHERE (hersteller IS NULL)
    OR (hersteller = "")
```

Für die Negation von IS NULL gibt es zwei Möglichkeiten:

```
SELECT *
  FROM t_artikel
  WHERE NOT (hersteller IS NULL)
```

```
SELECT *
  FROM t_artikel
  WHERE hersteller IS NOT NULL
```

Der Operator IS NOT NULL erspart das Setzen einer Klammer und hält – zumindest nach meinem Empfinden – die Anweisung übersichtlicher.

Übung 2.24 Nun wieder etwas zum Knobeln: Erstellen Sie die Liste aller Mitarbeiter mit den Spalten Vorname, Nachname, Telefonnummer, Art des Anschlusses und Vorgesetzter mit vollem Namen. Die Anzeige der Telefonnummer soll auf Durchwahl und Handy beschränkt werden. Selbstverständlich sollen auch diejenigen Mitarbeiter aufgenommen werden, zu denen keine Telefonnummern gespeichert sind. Viel Vergnügen ;-)

Der IN-Operator

Übung 2.25 Damit Sie die Erleichterung des IN-Operators so richtig schätzen werden, wollen wir das nächste Problem zunächst ohne ihn bearbeiten: Ermitteln Sie alle Berliner Kunden namens *Regina Müller, Hans Müller* und *Petra Müller.*

Sie werden mir sicher zustimmen, daß man dieses noch ein wenig einfacher formulieren können sollte – mit Hilfe des IN-Operators ist das möglich.

```
SELECT *
   FROM t_kunde
   WHERE (vorname IN ("Regina", "Hans", "Petra"))
      AND(nachname = "Müller")
      AND (ort = "Berlin")
```

Nach dem IN-Operator folgt in Klammern die Menge der Elemente, die das Suchkriterium definieren.

Übung 2.26 Zeigen Sie die Kunden mit den Nummern 15, 647 und 3456 an.

2.4 GROUP BY

Die GROUP-Klausel dient zum Zusammenfassen von Datensätzen für die Auswertung durch statistische Funktionen.

Die statistischen Funktionen

In SQL sind die in Tabelle 2.2 aufgeführten statistischen Funktionen definiert.

Name	Funktion
COUNT	Anzahl
SUM	Summe
MIN	Minimum
MAX	Maximum
AVG	Durchschnitt

Tabelle 2.2: Die statistischen Funktionen in SQL

Die Funktion COUNT kennen Sie ja bereits, nun wollen wir auch die anderen Funktionen verwenden.

```
SELECT
     COUNT(preis) AS Preis,
     SUM(preis) AS Summe,
     MIN(preis) AS minimaler_Preis,
     Max(preis) AS maximaler_Preis,
     AVG(preis) AS durchschnittlicher_Preis
  FROM t_artikel
```

Wir erfahren also, wie viele Artikel wir führen, wieviel es kosten würde, jeden Artikel exakt einmal zu kaufen, wieviel der billigste und wieviel der teuerste Artikel kosten würde und was der durchschnittliche Preis unserer Waren ist.

Übrigens: Die Anzahl der Nachkommastellen hängt offensichtlich von der Spaltenbreite und diese wiederum von der Spaltenüberschrift ab:

```
SELECT
     AVG(preis) AS durchschnittlicher_Preis
  FROM t_artikel

DURCHSCHNITTLICHER_PREIS
========================

      425.96429443359375


SELECT
     AVG(preis)
  FROM t_artikel

             AVG
===============

      425.96429
```

Übung 2.27 Lassen Sie die statistischen Werte von allen Artikeln berechnen, die vom Hersteller *ELSA* stammen.

2.4.1 Daten gruppieren

Wie Sie den durchschnittlichen Preis aller Artikel berechnen, ist Ihnen inzwischen bekannt. Wenn Sie den durchschnittlichen Preis aller Artikel eines Herstellers wissen wollen, dann setzen Sie eine WHERE-Klausel ein, das kennen Sie ja aus Übung 2.27.

Nun wollen wir aber die Hersteller in diesem Punkt vergleichen, und da wäre es ein wenig aufwendig, viele einzelne SQL-Anweisungen einzugeben und das Ergebnis auf einem Blatt Papier zu notieren. Deshalb gibt es die GROUP BY-Klausel.

```
SELECT
    hersteller, AVG(preis)
  FROM t_artikel
  GROUP BY hersteller
```

Bei der GROUP BY-Klausel gibt es folgendes zu beachten: Alle Spalten, die angezeigt werden, aber keine statistischen Funktionen sind, müssen in die GROUP BY-Klausel aufgenommen werden!

Dies ist bei genauer Betrachtung auch leicht einzusehen: Was würde es beispielsweise für einen Sinn machen, auch noch die Artikelbezeichnungen anzuzeigen, wenn nicht nach diesen gruppiert werden soll? Wie soll das angezeigt werden?

Übung 2.28 Wie viele Artikel liefern uns die einzelnen Hersteller?

Gruppieren nach mehreren Kriterien

Die Tabelle *t_artikel* enthält in der Spalte *gruppe* eine Referenz auf die Tabelle *t_gruppe*. Auf diese Weise kann angezeigt werden, ob es sich bei einem Artikel um Speicher, um eine Festplatte oder was auch immer handelt.

Übung 2.29 Erstellen Sie eine Liste aller Artikel mit Angabe der Produktgruppe. Verwenden Sie dabei einen JOIN mit einer ON-Klausel. Stellen Sie den Preis mit zwei Nachkommastellen dar.

Nun wollen wir wieder wissen, wie viele Artikel wir von den einzelnen Herstellern beziehen, die Liste soll aber zusätzlich nach den Gruppenbezeichnungen gruppiert werden.

```
SELECT
    a.hersteller, g.bezeichnung, COUNT(a.preis)
  FROM t_artikel a
    INNER JOIN t_gruppe g
      ON a.gruppe = g.nummer
  GROUP BY a.hersteller, g.bezeichnung
```

Beachten Sie noch einmal, daß alle anzuzeigenden Spalten, die nicht auf statistischen Funktionen beruhen, explizit in der GROUP BY-Klausel angegeben werden müssen.

Übung 2.30 Nun wieder zwei Übungen: Ermitteln Sie, wie viele Artikel in den einzelnen Produktgruppen vorhanden sind. Ermitteln Sie, wieviel das billigste und das teuerste Produkt der einzelnen Hersteller kostet.

2.4.2 Die HAVING-Klausel

Beim zweiten Teil der Übung 2.30 werden Sie feststellen, daß bei manchen Herstellern das billigste genauso viel wie das teuerste Produkt kostet – von diesen Herstellern vertreiben wir nur ein Produkt.

Nun wollen wir diese Hersteller von der Anzeige ausschließen. Die Verwendung der WHERE-Klausel scheidet dabei aus, weil in dieser keine Aggregat-Funktionen erlaubt sind. Zum Einsatz kommt hier die HAVING-Klausel.

```
SELECT
        a.hersteller,
        MIN(a.preis),
        MAX(a.preis)
    FROM t_artikel a
    GROUP BY a.hersteller
        HAVING COUNT(preis) > 1
```

Mit dieser HAVING-Klausel wird die Anzeige auf diejenigen Hersteller beschränkt, von denen wir mehr als einen Artikel vertreiben.

Übung 2.31 Mit der eben erwähnten HAVING-Klausel würden wir nicht diejenigen Fälle erfassen, bei denen wir von einem Hersteller mehrere Artikel, diese aber zum selben Preis vertreiben. Ändern Sie die Anweisung so ab, daß auch diese Hersteller von der Anzeige ausgeschlossen werden.

Im übrigen sei darauf hingewiesen, daß es egal ist, ob die Aggregat-Funktion der HAVING-Klausel in die Anzeige aufgenommen ist oder nicht.

HAVING ohne Aggregat-Funktionen

Die HAVING-Klausel ist nicht auf Aggregat-Funktionen beschränkt. Mit ihr kann auch – ähnlich der WHERE-Klausel – der Datenbestand gefiltert werden.

Mit der folgenden Anweisung schließen wir den Hersteller *Elsa* aus der Anzeige aus.

```
SELECT
      a.hersteller,
      MIN(a.preis),
      MAX(a.preis)
   FROM t_artikel a
   GROUP BY a.hersteller
      HAVING a.hersteller <> "Elsa"
```

Übung 2.32 Ändern Sie die Anweisung so ab, daß Sie eine WHERE-Klausel statt einer HAVING-Klausel verwenden.

2.5 ORDER BY

Es ist Ihnen sicher schon aufgefallen, daß die Zeilen einer Abfrage mal nach der einen, mal nach der anderen und manchmal nach gar keiner der Spalten sortiert gewesen sind. Solange keine explizite Anweisung erfolgt, ist es dem DMS auch freigestellt, in welcher Reihenfolge die Zeilen übermittelt werden.

Wir wollen nun die Namen der Berliner Kunden mit den Vornamen *Eugen* und *Stefanie* nach dem Nachnamen sortieren:

```
SELECT vorname, nachname
   FROM t_kunde
   WHERE ort = "Berlin"
      AND vorname IN ("Eugen", "Stefanie")
   ORDER BY nachname
```

Übung 2.33 Erstellen Sie eine Liste mit Hersteller, Produkt, Gruppe und Preis (mit zwei Nachkommastellen). Sortieren Sie die Liste nach dem Hersteller.

Absteigend sortieren

Bislang haben wir die Reihen aufsteigend, also von *a* nach *z* sortiert. Mit Hilfe des Schlüsselwortes DESC können wir absteigend sortieren.

```
SELECT
      nummer, vorname, nachname
   FROM t_kunde k
   WHERE ort = "Bonn"
      AND nachname = "Maier"
   ORDER BY vorname DESC
```

Beachten Sie, daß *DESC* dem Spaltenbezeichner nachgestellt wird. Mit der WHERE-Klausel schränken wir die Anzeige auf die Bonner Kunden namens *Maier* ein.

Sie werden sich vielleicht fragen, warum ich den Datenbestand in den Beispielen immer einschränke: Zum einen wird dadurch die Anzeige schneller, weil nicht mehr so viel Zeilen übertragen werden müssen, zum anderen besteht dann noch die Chance, daß sich alle Zeilen anzeigen lassen. Und außerdem lernen Sie auf diese Weise, wie man die verschiedenen Klauseln der SELECT-Anweisung kombiniert.

Nach mehreren Spalten sortieren

Bei einem umfangreicheren Datenbestand kann es gewünscht sein, daß nach mehreren Spalten sortiert wird.

```
SELECT
      nummer, nachname, vorname
   FROM t_kunde k
   WHERE ort = "Bonn"
      AND nachname < "D"
   ORDER BY nachname, vorname
```

Übung 2.34 Ermitteln Sie die Namen aller Berliner Kunden, deren Nachname mit den Buchstaben *N* und *M* beginnen. Fügen Sie dabei Vor- und Nachname zu einer Spalte zusammen. Sortieren Sie absteigend nach dem Nachnamen und dann aufsteigend nach dem Vornamen.

Nach Aggregatfunktionen sortieren

Nach den Ergebnisspalten von Aggregatfunktionen kann eine Abfrage nicht sortiert werden. In einigen wenigen Fällen erreicht man das gewünschte Ergebnis, indem man die darunterliegende Spalte sortiert:

```
SELECT
      a.hersteller,
      MIN(a.preis) AS Minimum,
      MAX(a.preis) AS Maximum
   FROM t_artikel a
   GROUP BY a.hersteller
   ORDER BY preis
```

Konstruktionen wie

```
   ORDER BY minimum
```

oder

```
   ORDER BY MIN(preis)
```

werden leider nicht akzeptiert.

Ansonsten kann man eine STORED PROCEDURE erstellen. Das werden wir später besprechen, an dieser Stelle schon einmal unkommentiert die Vorgehensweise:

```
CREATE PROCEDURE p_art_anzahl
RETURNS
   (hersteller VARCHAR(25),
   anzahl INTEGER)
AS
BEGIN
   FOR SELECT
         hersteller,
         COUNT(preis)
      FROM t_artikel
      GROUP BY hersteller
      INTO :hersteller, :anzahl
   DO SUSPEND;
END
```

Diese STORED PROCEDURE können Sie dann wie eine Tabelle behandeln:

```
SELECT *
   FROM p_art_anzahl
   WHERE anzahl > 1
   ORDER BY anzahl DESC
```

2.6 UNION

Mit UNION haben Sie die Möglichkeit, zwei Abfragen zusammenzufügen. Nehmen wir einmal an, Sie möchten an alle Mitarbeiter und Kunden im Postleitzahlenbereich 10 319 ein Schreiben senden. Mit UNION können Sie dafür die Adressen aus zwei Tabellen zu einem gemeinsamen Bestand zusammenfügen:

```
SELECT
      nummer, vorname, nachname
   FROM t_mitarbeiter
   WHERE plz = "10 319"
UNION SELECT
      nummer, vorname, nachname
   FROM t_kunde
   WHERE plz = "10 319"
```

Beachten Sie, daß dafür die Spalten beider Abfragen exakt vom selben Typ sein müssen. Dies führt dazu, daß die folgende Abfrage nicht funktioniert:

```
SELECT
      nummer, vorname, nachname, "Mitarbeiter"
   FROM t_mitarbeiter
   WHERE nachname = "Müller"
UNION SELECT
      nummer, vorname, nachname, "Kunde"
   FROM t_kunde
   WHERE nachname = "Müller"

/* geht nicht */
```

Die Konstante *Mitarbeiter* hat den Typ VARCHAR(11), während *Kunde* den Typ VARCHAR(5) hat. Mit einer Typenumwandlung bekommt man das Problem allerdings in den Griff:

```
SELECT
      nummer, vorname, nachname,
      CAST("Mitarbeiter" AS VARCHAR(12))
   FROM t_mitarbeiter
   WHERE nachname = "Müller"
UNION SELECT
      nummer, vorname, nachname,
         CAST("Kunde" AS VARCHAR(12))
   FROM t_kunde
   WHERE nachname = "Müller"
```

Übung 2.35 Erstellen Sie eine Liste aller Kunden mit dem Namen Ost, welche die Nummer, Vor- und Nachname sowie die Bezeichnung *Kunde* umfaßt. Fügen Sie dieser Liste den Datensatz der Mitarbeiterin *Frau Ost* hinzu. Der Vorname soll hier nicht genannt werden, in die Spalte ist der Wert *Frau* einzutragen, die Bezeichnung lautet *Mitarbeiterin*.

2.7 Unterabfragen

Wenden wir uns mal wieder der Tabelle *t_mitarbeiter* zu. Wie Sie sicher noch wissen, wird in der Spalte *vorgesetzter* die Mitarbeiter-Nummer des direkten Vorgesetzten gespeichert.

Übung 2.36 Ermitteln Sie (mit Hilfe einer SQL-Anweisung) die Mitarbeiter-Nummer des Chefs.

Nun wollen wir ermitteln, welche Mitarbeiter dem Chef direkt unterstellt sind. Man könnte dazu zunächst die SELECT-Anweisung aus Übung 2.36 starten, das Ergebnis auf einem Blatt Papier notieren, und dann die folgende Anweisung starten:

```
SELECT vorname, nachname
   FROM t_mitarbeiter
   WHERE (vorgesetzter <> nummer)
      AND vorgesetzter = 6
```

Eleganter ist es, die erste Anweisung gleich in die zweite einzubauen:

```
SELECT vorname, nachname
   FROM t_mitarbeiter
   WHERE (vorgesetzter <> nummer)
      AND (vorgesetzter = (SELECT nummer
         FROM t_mitarbeiter
         WHERE vorgesetzter = nummer))
```

Übung 2.37 Zeigen Sie Hersteller, Artikelbezeichnung und Preis (mit zwei Nachkommastellen) von allen Artikeln an, die überdurchschnittlich teuer sind.

Unterabfragen in der Spaltenliste

Unterabfragen sind nicht auf die WHERE-Klausel beschränkt, man kann sie beispielsweise auch in die Liste der anzuzeigenden Spalten aufnehmen. Die folgende Abfrage erstellt die Liste der Mitarbeiter mit den Durchwahlen in der Firma.

```
SELECT
      nummer,
      vorname,
      nachname,
      (SELECT bezeichnung FROM t_tele
         WHERE (mitarbeiter = t_mitarbeiter.nummer)
            AND art = 1)
   FROM t_mitarbeiter
```

Beachten Sie, daß eine solche Unterabfrage immer nur einen einzelnen Wert ermitteln darf. Deshalb ist die Beschränkung auf die Durchwahlen hier zwingend erforderlich.

Aufgabenstellungen wie die hier gelöste lassen sich in der Regel einfacher durch einen JOIN erledigen. Diesen bearbeitet das DMS meist auch schneller als eine Unterabfrage. Eine Ausnahme kann die Bildung von Aggregatfunktionen sein. Hier ist es manchmal effektiver, eine Unterabfrage zu verwenden, als nach vielen Spalten zu gruppieren.

Übung 2.38 Formulieren Sie die Anweisung so um, daß ein JOIN anstatt der Unterabfrage verwendet wird.

2.7.1 Funktionen für Unterabfragen

Für die Arbeit mit Unterabfragen gibt es die Funktionen ALL, ANY, SOME, EXISTS und SINGULAR, die ich alle für nicht besonders erforderlich halte, weil der gewünschte Zweck meist auch anders erreicht werden kann. Es ist jedoch nicht auszuschließen, daß Sie einmal mit SELECT-Statements konfrontiert werden, die eine dieser Funktionen enthalten. Deshalb sollen diese Funktionen kurz besprochen werden.

ALL

Mit der Funktion ALL wird bestimmt, daß der gemachte Vergleich für alle Datensätze zutreffen muß, welche von der Unterabfrage ermittelt werden.

```
SELECT * FROM t_artikel
   WHERE preis > ALL (SELECT preis
      FROM t_artikel
      WHERE gruppe = 1)
```

Diese Abfrage ermittelt alle diejenigen Datensätze der Tabelle *t_artikel*, deren Preis höher liegt als jeder Preis, der von der Unterabfrage ermittelt wird. Die Datensätze der Gruppe eins sind die Prozessoren.

Anders formuliert: Die Abfrage ermittelt alle Artikel, die teurer sind als der teuerste Prozessor.

Übung 2.39 Formulieren Sie die Abfrage so um, daß auf die Funktion ALL verzichtet werden kann.

ANY und SOME

Die Funktionen ANY und SOME bewirken exakt dasselbe und können synonym verwendet werden. Die Funktionen ANY und SOME bestimmen, daß der gemachte Vergleich für mindestens einen Datensatz zutreffen muß, der von der Unterabfrage ermittelt wird.

```
SELECT * FROM t_artikel
   WHERE preis > ANY (SELECT preis
      FROM t_artikel
      WHERE gruppe = 1)
```

Diese Abfrage ermittelt alle diejenigen Datensätze der Tabelle *t_artikel*, deren Preis höher liegt als ein beliebiger Preis, der von der Unterabfrage ermittelt wird. Anders formuliert: Die Abfrage ermittelt alle Artikel, die teurer sind als der billigste Prozessor.

Übung 2.40 Formulieren Sie die Abfrage so um, daß auf die Funktion ANY verzichtet werden kann. (Ersetzen Sie ANY nicht durch SOME!)

EXISTS

Die Funktion EXISTS wird nicht in Zusammenarbeit mit einem Operator eingesetzt, sondern bildet selbst eine Suchbedingung. Diese Suchbedingung ist immer dann erfüllt, wenn es mindestens einen Datensatz in der Unterabfrage gibt.

```
SELECT * FROM t_art a
   WHERE EXISTS (SELECT *
      FROM t_tele  t
      WHERE t.art = a.nummer)
```

Diese Abfrage ermittelt nun all diejenigen Datensätze aus der Tabelle *t_art*, auf die in der Tabelle *t_tele* Referenzen gebildet werden.

Übung 2.41 Das geht auch ohne EXISTS.

Man könnte die Funktion EXISTS beispielsweise dazu verwenden, um alle Einträge aus *t_art* zu löschen, welche ohnehin nicht von *t_tele* referenziert werden.

```
DELETE FROM t_art a
   WHERE NOT EXISTS (SELECT *
      FROM t_tele  t
      WHERE art = a.nummer)
```

Wenn Sie diese Anweisung ausgeführt haben, dann nehmen Sie bitte mit FILE | ROLLBACK WORK die Transaktion zurück.

Übung 2.42 Auch das – Sie ahnen es sicher schon – läßt sich ohne die Verwendung von EXISTS formulieren.

SINGULAR

Auch die Funktion SINGULAR wird ohne zusätzlichen Operator verwendet. Sie ist dann erfüllt, wenn von der Unterabfrage exakt ein Datensatz ermittelt wird.

Um das experimentell nachzuvollziehen, fügen wir zunächst einen Datensatz in die Tabelle *t_tele* ein, der den Datensatz sieben von *t_art* referenziert.

```
INSERT INTO t_tele
      (mitarbeiter, art, bezeichnung)
   VALUES (14, 7, "030 / 123 45 67")
```

Dieser Datensatz referenziert nun als einziger den Datensatz sieben von *t_art*. Nun wollen wir ermitteln, welche Datensätze von *t_art* exakt einmal referenziert werden.

```
SELECT * FROM t_art a
   WHERE SINGULAR (SELECT *
      FROM t_tele  t
      WHERE t.art = a.nummer)
```

Übung 2.43 Erstellen Sie eine SQL-Anweisung, die zur selben Ergebnismenge kommt, jedoch nicht SINGULAR verwendet.

2.8 Übungen

Wir wollen das Gelernte mit ein paar Übungen vertiefen. Dazu werden wir die Tabellen *t_bestellung* und *t_posten* verwenden, welche die Bestellungen bei unserer fiktiven Firma und die einzelnen Posten dieser Bestellungen enthalten.

Übung 2.44 Ermitteln Sie die Zahl der Datensätze in diesen beiden Tabellen. Was folgern Sie aus diesen Zahlen?

Übung 2.45 Damit Sie einen Überblick über den Aufbau der Datenbank bekommen, lassen Sie sich jeweils den ersten Datensatz anzeigen (den Datensatz mit dem geringsten Wert in der Spalte *nummer*). Was fällt Ihnen auf?

Übung 2.46 Zeigen Sie Vor- und Nachname des Kunden mit der Nummer 1234 an. Fügen Sie die Datumsangaben seiner Bestellungen hinzu. Sortieren Sie die Anzeige nach dem Datum.

Übung 2.47 Fügen Sie zur Abfrage in Übung 2.41 auch noch den Gesamtpreis der Bestellung hinzu. Beachten Sie dabei, daß der Gesamtpreis eines Postens als Stückzahl mal Einzelpreis gebildet werden muß. Verwenden Sie zur Ermittlung des Gesamtpreises eine Unterabfrage.

Übung 2.48 Stellen Sie die SELECT-Anweisung aus Übung 2.42 so um, daß anstatt einer Unterabfrage ein JOIN verwendet wird.

Übung 2.49 Welcher Mitarbeiter hat 1998 wieviel Umsatz gemacht? Denken Sie zunächst über eine effektive Vorgehensweise nach.

3 INSERT, UPDATE, DELETE

Die Befehle INSERT, UPDATE und DELETE dienen dem Einfügen, Ändern und Löschen von Daten. Die Daten werden im Regelfall nicht per SQL-Statement eingegeben (das wäre etwas umständlich), sondern über eine entsprechende Datenbankapplikation. Wenn Sie nicht als Programmierer arbeiten, werden Sie nur in Ausnahmefällen in die Verlegenheit geraten, entsprechende SQL-Statements selbst formulieren zu müssen.

3.1 INSERT

Die vollständig abstrakte INSERT-Anweisung lautet wie folgt:

```
INSERT INTO tabellenname
     (spalte1, spalte2...)
  VALUES
     (wert1, wert2...)
```

Das wollen wir gleich verwenden, um die Tabelle *t_art* zu ergänzen. Verschaffen wir uns zunächst einmal mit *SELECT * FROM t_art* einen Überblick über die Tabelle. Anschließend fügen wir als achten Datensatz *Telefon bei Partner(in)* ein.

```
INSERT INTO t_art
     (nummer, bezeichnung)
  VALUES
     (8, "Telefon bei Partner(in)")
```

Wenn Sie sich nun mit *SELECT * FROM t_art* die Daten anzeigen lassen, dann werden Sie sehen, daß ein achter Datensatz vorhanden ist.

Nun werden wir ein wenig auf den DELETE-Befehl vorgreifen: Damit wir nicht allzuviel „Müll“ in die Tabelle *t_art* schreiben, wollen wir die Daten nach jeder INSERT-Anweisung wieder löschen:

```
DELETE FROM t_art
   WHERE nummer = 8
```

Damit werden alle Datensätze aus der Tabelle *t_art* gelöscht, deren Spalte *nummer* den Wert acht aufweist.

Nun zurück zum SQL-Statement INSERT: Die Reihenfolge, in welcher wir die Werte angeben, ist beliebig, allerdings müssen Werte- und Spaltenliste zusammenpassen. Wir wollen nun zunächst die Bezeichnung und dann die Nummer eingeben:

```
INSERT INTO t_art
      (bezeichnung, nummer)
   VALUES
      ("Telefon bei Partner(in)", 8)
```

Wie Sie sehen, funktioniert auch das. Löschen Sie wieder den Eintrag.

Im übrigen ist es gar nicht erforderlich, daß alle Spalten mit Werten belegt werden.

```
INSERT INTO t_art
      (nummer)
   VALUES
      (8)
```

Wie Sie sehen, wird hier für die Spalte *bezeichung* der Wert NULL eingefügt. Löschen Sie auch diesen Eintrag und versuchen Sie, nur eine Bezeichnung einzugeben:

```
INSERT INTO t_art
      (bezeichnung)
   VALUES
      ("Telefon bei Partner(in)")
```

Wie Sie sehen, wird dabei automatisch eine Nummer eingefügt. Hier sind die Zusammenhänge etwas verzwickter: Eigentlich wurde die Spalte nummer als NOT NULL definiert. Die Eingabe eines Datensatzes, dessen Feld *nummer* nicht belegt ist, müßte also zu einer Fehlermeldung führen.

```
SHOW TABLE t_art
NUMMER          (LN) INTEGER Not Null
BEZEICHNUNG     (ST) VARCHAR(25) CHARACTER SET
                      ISO8859_1 COLLATE DE_DE Nullable
CONSTRAINT INTEG_8:
  Primary key (NUMMER)

Triggers on Table T_ART:
TRIG_ART, Sequence: 0, Type: BEFORE INSERT, Active
```

Nun ist jedoch auch ein Generator und ein Trigger definiert, der immer vor einer INSERT-Aktion ausgelöst wird. Dieser Trigger prüft, ob in der Spalte *nummer* der Wert NULL vorhanden ist und fügt gegebenenfalls einen neuen Generatorwert ein.

```
SHOW TRIGGER trig_art

Triggers on Table T_ART:
TRIG_ART, Sequence: 0, Type: BEFORE INSERT, Active
AS
BEGIN
  IF(NEW.nummer IS NULL)
    THEN NEW.nummer = GEN_ID(g_art, 1);
END
```

Mehr zu den Themen Tabellendefinition, Generatoren und Trigger in den folgenden Kapiteln.

Nun wieder zurück zu der Anweisung INSERT: Wenn Sie alle Felder mit Werten belegen und die Werteliste in der Reihenfolge der Spalten bei der Tabellendefinition übergeben, dann können Sie die Spaltenliste weglassen:

```
INSERT INTO t_art
  VALUES
    (8, "Telefon bei Partner(in)")
```

Übung 3.1 Fügen Sie in die Tabelle *t_kunde* Ihre Adresse ein, zeigen Sie die Adresse an und löschen Sie dann wieder den Datensatz. Beachten Sie, daß auch für die Tabelle *t_kunde* ein Trigger besteht, der automatisch Werte für die Spalte *nummer* einfügt.

Daten aus einer Unterabfrage

Bislang haben wir bei INSERT eine Werteliste mit Konstanten übergeben. Es ist aber auch möglich, die einzufügenden Werte von einer Unterabfrage zu übernehmen. Statt dem Schlüsselwort VALUES und der Werteliste wird dann die Unterabfrage eingefügt.

```
INSERT INTO t_kunde
      (vorname, nachname)
   SELECT vorname, nachname
      FROM t_kunde
      WHERE nummer = 10780
```

Diese Anweisung kopiert *vorname* und *nachname* von Datensatz 10780 als weiteren Datensatz in die Tabelle.

Dabei kann die Tabelle, aus der die Unterabfrage ihre Daten bezieht, durchaus von der Tabelle abweichen, in welcher die INSERT-Anweisung die Daten einfügt.

```
INSERT INTO t_kunde
      (vorname, nachname)
   SELECT vorname, nachname
      FROM t_mitarbeiter
```

Diese Anweisung fügt alle (!) Mitarbeiter der Kundentabelle hinzu, beschränkt auf die Spalten *vorname* und *nachname*.

Um die letzten eingefügten Datensätze anzuzeigen, kann die folgende SELECT-Anweisung verwendet werden:

```
SELECT *
   FROM t_kunde
   WHERE nummer + 50 > (SELECT MAX(nummer)
      FROM t_kunde)
```

Zum Löschen dieser Datensätze verwendet man dann die folgende Anweisung:

```
DELETE FROM t_kunde
   WHERE nummer > 10780
```

Wie Sie an den letzten Anweisungen sehr deutlich sehen, arbeitet SQL mengenorientiert und nicht satzorientiert.

Übung 3.2 Fügen Sie wieder alle Mitarbeiter der Kundentabelle hinzu, diesmal aber mit vollständiger Adresse. Bei denjenigen Mitarbeitern, bei denen eine private Telefonnummer angegeben ist, soll diese in der Spalte *tel* gespeichert werden.

3.2 UPDATE

Die vollständig abstrakte UPDATE-Anweisung lautet wie folgt:

```
UPDATE tabellenname
   SET spalte1 = wert1, spalte2 = wert2, ...
   WHERE bedingung
```

Unsere Experimente wollen wir wieder an der Tabelle *t_art* vornehmen. Dabei gehe ich davon aus, daß der Datensatz mit *8 | Telefon bei Partner(in)* noch in der Tabelle steht. Wenn Sie ihn schon gelöscht haben, dann wissen Sie ja, wie Sie ihn wieder einfügen.

```
UPDATE t_art
   SET bezeichnung = "Test"
   WHERE nummer = 8
```

Diese Anweisung ändert nun den Wert in der Spalte *bezeichnung* auf *Test*.

Wie Sie bei der abstrakten UPDATE-Anweisung gesehen haben, kann man auch mehr als eine Spalte ändern:

```
UPDATE t_art
   SET nummer = 9,
      bezeichnung = "Telefon bei Partner(in)"
   WHERE nummer = 8
```

Hier wird die Spalte *bezeichnung* wieder auf *Telefon bei Parter(in)* gesetzt, der Wert in der Spalte *nummer* wird auf neun geändert.

Übung 3.3 Ändern Sie in der Tabelle *t_mitarbeiter* den Nachnamen aller Personen namens *Müller* in *Mueller* und machen Sie anschließend diese Änderung wieder rückgängig.

UPDATE ohne WHERE-Klausel

Die Verwendung einer WHERE-Klausel ist bei UPDATE-Anweisungen nicht zwingend, es werden dann aber alle Reihen der Tabelle geändert.

Damit wir bei unseren Experimenten unseren Datenbestand nicht ernsthaft beschädigen, wollen wir der Tabelle *t_art* eine neue Spalte hinzufügen:

```
ALTER TABLE t_art
   ADD murks VARCHAR(30)
```

Den Befehl ALTER TABLE werden wir später noch sehr genau besprechen. Hier sei soviel verraten, daß der Tabelle *t_art* eine neue Spalte namens *murks* hinzugefügt würde, welche 30 Zeichen aufnehmen kann.

Wenn Sie sich nun mit *SELECT * FROM t_art* die Tabelle ansehen, dann werden Sie feststellen, daß die *murks*-Spalte mit NULL-Werten gefüllt ist. Dies wollen wir sogleich ändern:

```
UPDATE t_art
   SET murks = "Test"
```

Nun haben alle Zellen der Spalte *murks* den Wert *Test.*

Übung 3.4 Ändern Sie die Spalte *murks* so, daß die ersten vier Einträge den Wert *Test* behalten und die zweiten vier Einträge auf NULL zurückgesetzt werden.

Nun wollen wir die Werte der Spalte *bezeichnung* in die Spalte *murks* kopieren:

```
UPDATE t_art
   SET murks = bezeichnung
```

Erfreulicherweise ist dabei noch nicht einmal eine Unterabfrage erforderlich.

Übung 3.5 Es sollen wieder die Werte der Spalte *bezeichnung* nach *murks* kopiert werden, es sind aber die Nummer, ein Doppelpunkt und ein Leerzeichen voranzustellen. (Der erste Eintrag würde dann lauten: *1: Durchwahl in Firma.*)

UPDATE mit Unterabfrage

In einer UPDATE-Anweisung sind auch Unterabfragen möglich. Sollen über solche Unterabfragen die neuen Werte ermittelt werden, dann sind sie so zu gestalten, daß sie jeweils nur einen Datensatz ermitteln:

```
UPDATE t_art a
   SET murks = (SELECT nachname
      FROM t_kunde k
      WHERE k.nummer = a.nummer + 1000)
```

Diese UPDATE-Anweisung fügt einige Nachnamen aus der Tabelle *t_kunde* in die Spalte *murks* ein, beginnen mit dem Datensatz 1001.

Anschließend wollen wir uns von der Spalte *murks* wieder trennen:

```
ALTER TABLE t_art
   DROP murks
```

Auch die Anweisung ALTER TABLE werden wir noch genauer behandeln.

Unterabfragen sind nicht nur zur Ermittlung der neuen Werte erlaubt, sondern auch in der WHERE-Klausel. Um dies zu demonstrieren, soll in die Tabelle *t_mitarbeiter* eine Spalte *bemerkung* aufgenommen werden, in welcher angezeigt wird, ob der betreffende Mitarbeiter ein Handy hat.

Dazu wird zunächst die Tabelle *t_mitarbeiter* ergänzt:

```
ALTER TABLE t_mitarbeiter
   ADD bemerkung VARCHAR(50)
```

Nun wird bei den betreffenden Mitarbeitern in die Spalte *bemerkung* der Text *Über Handy erreichbar* aufgenommen:

```
UPDATE t_mitarbeiter m
   SET m.bemerkung = "Über Handy erreichbar"
   WHERE m.nummer IN (SELECT t.mitarbeiter
      FROM t_tele t
      WHERE t.art = 4)
```

Übung 3.6 Fügen Sie der Bemerkung *Über Handy erreichbar* noch die Handy-Nummer hinzu.

3.3 DELETE

Die vollständig abstrakte DELETE-Anweisung lautet wie folgt:

```
DELETE FROM tabellenname
  WHERE bedingung
```

Wir haben die DELETE-Anweisung schon verwendet, um neu eingefügte Datensätze wieder zu löschen:

```
DELETE FROM t_art
  WHERE nummer = 8
```

Selbstverständlich können Sie die WHERE-Klausel so formulieren, daß mehrere Datensätze gelöscht werden:

```
DELETE FROM t_art
  WHERE nummer > 10
```

In diesem Fall würden alle Datensätze gelöscht, deren Nummer größer als zehn ist.

Übung 3.7 Fügen Sie Ihren Vor- und Nachnamen in die Tabelle *t_mitarbeiter* ein und löschen Sie ihn dann wieder.

DELETE ohne WHERE-Klausel

Sie können auch eine DELETE-Anweisung ohne WHERE-Klausel formulieren – dann werden eben alle Datensätze gelöscht.

```
DELETE FROM t_art
```

Die Anweisung ist syntaktisch korrekt, die Ausführung wird aber trotzdem verweigert, weil ein Fremdschlüssel die Tabelle referenziert. Die einzigen Tabellen, die Sie vollständig löschen könnten, wären die Tabellen *t_tele* und *t_posten*. Nachdem das Löschen der etwa 200 000 Datensätze von *t_posten* zu lange dauern würde, trennen wir uns jetzt vom Inhalt der Tabelle *t_tele* (keine Sorge, wir machen das gleich wieder rückgängig):

```
DELETE FROM t_tele
```

Hin und wieder kommt es vor, daß man eine Tabelle versehentlich vollständig löscht. Solange Sie mit ISQL arbeiten, ist das nicht weiter schlimm: Mit File | Rollback Work können Sie die komplette Transaktion, somit auch das Löschen der Tabelle rückgängig machen.

Rollback

Der Nachteil dabei: Sie machen dabei auch alle anderen Aktionen seit Beginn der Transaktion rückgängig, im ungünstigsten Fall seit dem Programmstart von ISQL. Allerdings können Sie sich mit File | Save Session to a File alle bisherigen SQL-Anweisungen in eine Datei speichern lassen. Aus dieser Datei löschen Sie dann die unbeabsichtigten Anweisungen und führen sie als SQL-Script aus.

DELETE mit Unterabfrage

Auch bei der DELETE-Anweisung sind Unterabfragen erlaubt. Dazu gleich ein praktisches Beispiel: Um die Telefonrechnung unserer Firma zu senken, sollen die Handy-Nummern aller Mitarbeiter gelöscht werden:

```
DELETE FROM t_tele
  WHERE art = (SELECT nummer
    FROM t_art
    WHERE bezeichnung = "Handy")
```

Machen Sie auch diese Anweisung mit ROLLBACK rückgängig.

4 Definition der Metadaten

Unter den Metadaten versteht man die Daten, welche den Aufbau einer Datenbank beschreiben: Welche Tabellen gibt es, welche Spalten enthalten diese, wer darf darauf zugreifen und so weiter.

4.1 Domänen

Typen

Domänen sind Wertebereiche, auf denen dann die einzelnen Tabellenspalten beruhen; sie entsprechen den Typen bei C oder Pascal. Hier wie dort sind einige Typen /DOMÄNEN vordefiniert, andere lassen sich vom Programmierer definieren. Neben der Angabe eines Wertebereichs ist es bei SQL auch möglich, Gültigkeitsprüfungen durchführen zu lassen oder Standardwerte vorzugeben.

Warum Domänen verwenden?

Für den Einsteiger ist es oft nicht ersichtlich, warum in diesem oder jenem Fall eine DOMÄNE definiert wird, die lediglich auf einen Standard-Typ verweist. Für eine Liste mit Namen könnte man einfach formulieren:

```
CREATE TABLE t_namen
  (nummer INTEGER NOT NULL,
  vornamen VARCHAR(20),
  nachnamen VARCHAR(30)
  PRIMARY KEY (nummer))
```

Mit dem Einsatz von DOMÄNEN wird alles zunächst komplizierter, da zunächst die DOMAINS zu definieren sind:

```
CREATE DOMAIN d_nummer AS INTEGER NOT NULL;
CREATE DOMAIN d_vornamen AS VARCHAR(20);
CREATE DOMAIN d_nachnamen AS VARCHAR(30);

CREATE TABLE t_namen
  (nummer d_nummer,
  vornamen d_vornamen,
  nachnamen d_nachnamen,
  PRIMARY KEY (nummer))
```

Was soll nun in diesem Fall der Vorteil von Domänen sein? Im hier gezeigten Beispiel gibt es keinen. Nun bestehen Datenbanken aber in der Regel aus vielen Tabellen mit einer meist schon unübersichtlichen Zahl von Spalten. Und da fangen dann die Probleme an:

Nehmen wir einmal an, wir haben mehrere Tabellen, in denen Namen gespeichert sind, ähnlich wie in *t_namen*. Um Probleme der später geschilderten Art zu vermeiden, wurden diese bei der Definition der Datenbank alle einheitlich als VARCHAR(30) gespeichert.

Nun muß in eine der Tabellen ein Name eingegeben werden, der länger als 30 Zeichen ist. Wenn so etwas im laufenden Betrieb vorkommt, ist das recht ärgerlich: Man kann zwar neue Spalten hinzufügen und alte löschen, aber man kann bestehende Spalten nicht einfach verlängern.

Spalten lassen sich aber auch nicht so einfach löschen, wenn sie auf die Tabellen VIEWS oder STORED PROCEDURES aufbauen. Wenn man dann anfängt, diese zu löschen, baut man meistens die halbe Datenbank ab. In der Regel ist es einfacher, wenn man per SQL-Script die Datenbank neu aufbaut und anschließend die Daten kopiert – im SQL-Script hat man dann natürlich vorher die Tabellendefinition geändert.

Nun sollte man tunlichst darauf achtgeben, daß man auch wirklich alle Tabellendefinitionen ändert. Nehmen wir einmal an, es wird eine vergessen. Das fällt vermutlich erst einmal überhaupt nicht auf. Irgendwann möchte man dann aber Daten von der einen Tabelle in die andere kopieren, und darunter ist leider auch ein Datensatz, der dafür ein wenig zu lang ist. Die Ausführung einer solchen UPDATE-Anweisung wird vom DBS komplett verweigert (und das mit einer Fehlermeldung, die interpretationsbedürftig ist).

Nach dem „Gesetz der größten Gemeinheit" tritt das Problem gerade dann auf, wenn man keine Zeit hat, auf den Datenbankadministrator zu warten, und erst recht nicht auf seine Versuche, das Problem zu beheben – denn auch hier ist wieder die Datenbank per SQL-Script neu aufzubauen, und beim Kopieren der Daten „steht“ erst einmal das System.

Bei der Verwendung einer Domäne wäre das Problem gar nicht erst aufgetreten – man hätte mit der Änderung der DOMAIN alle Tabellen entsprechend geändert. Außerdem ist es „psychologisch“ hilfreich, wenn man sich vor der ersten Tabellendefinition erst einmal mit den benötigten Typen beschäftigt.

Im nicht englischsprachigen Raum gibt es einen weiteren Grund für den Einsatz von Domänen: Die Angabe von Zeichensatz und Sortierreihenfolge bei jeder VARCHAR-Spalte würde andernfalls erhebliche Schreibarbeit nach sich ziehen. Bei einer DOMAIN muß das nur einmal eingegeben werden:

```
CREATE DOMAIN st AS VARCHAR(25)
  CHARACTER SET ISO8859_1 COLLATE DE_DE;
```

4.1.1 Datentypen

Bei der Definition einer Domäne muß zwingend ein Datentyp angegeben werden. Tabelle 4.1 bietet eine Übersicht über alle relevanten InterBase-Typen:

Typ	Inhalt	Dateigröße	Bereich
CHAR(n)	n Zeichen	i.d.R. n Byte	bis zu 32 767 Zeichen
VARCHAR(n)	n Zeichen	i.d.R. n Byte	bis zu 32 767 Zeichen
DATE	Datum	8 Byte	1. Jan. 100 bis 11. Dez. 5941
SMALLINT	Ganzzahl	4 Byte	-32768 bis 32767
INTEGER	Ganzzahl	4 Byte	-2147483648 bis 2147483647
FLOAT	Gleitkommazahl	4 Byte	+/- $3,4 * 10^{-38}$ bis $3,4 * 10^{38}$
DOUBLE PRECISION	Gleitkommazahl	8 byte	+/- $1,7 * 10^{-308}$ bis $1,7^{308}$
BLOB	Binärdaten		bis zu 64 kByte

Tabelle 4.1: Die relevanten InterBase-Datentypen

Die Datentypen CHAR und VARCHAR unterscheiden sich nur dann, wenn über InterBase-API-Anwendungen auf die Daten zugegriffen werden. Beim Zugriff mit ISQL ist kein Unterschied feststellbar. Wird ein 1-Byte-Zeichensatz verwendet, dann beträgt der Speicherplatzbedarf soviel Bytes wie Zeichen vorhanden sind. Bei Mehr-Byte-Zeichensätze erhöht sich der Speicherplatzbedarf entsprechend.

Im Typ DATE kann neben dem Datum auch die Uhrzeit gespeichert werden. Der Datentyp BLOB steht für *binary large object*. Mit BLOB können beispielsweise Bilder, Videos oder Audiodaten gespeichert werden. Für die Umsetzung ist die jeweilige Datenbankanwendung zuständig – mit ISQL kommen Sie hier nicht weiter.

Datenkonvertierung

InterBase verhält sich bei „Daten-Mischmasch" ziemlich gutmütig, die folgende Anweisung beispielsweise bereitet keine Probleme:

```
SELECT *
    FROM t_mitarbeiter
    WHERE nummer BETWEEN 1 AND "10"
```

Sollte die Umwandlung einmal nicht automatisch passieren, kann die Funktion CAST verwendet werden, welche die Typen DATE, CHARACTER und NUMERIC ineinander umwandelt:

```
... WHERE hire_date = CAST(interview_date AS DATE)
```

Arrays

Zu den Forderungen der ersten Normalform (siehe Kapitel 1) gehört, daß alle Spaltenwerte *atomar* sind, sich also nicht sinnvoll weiter unterteilen lassen – Spalten, die auf Arrays beruhen, erfüllen diese Bedingungen nicht.

Der Wunsch nach Arrays ist in der Regel ein Zeichen für eine nicht optimal entworfene Datenbank. Es gibt allerdings Spezialfälle, in der Regel aus der Technik oder der Wissenschaft, in denen sich eine Aufgabe mit einem Array deutlich einfacher lösen läßt. Für solche Aufgabenstellungen besteht die Möglichkeit, auch Arrays zu definieren.

Da Arrays recht selten verwendet werden, soll dieses Thema hier nicht vertieft werden. Im Bedarfsfall informieren Sie sich aus den InterBase-Handbüchern.

Übung 4.1 Erstellen Sie eine Domäne, in der Ganzzahlen von drei bis 750 gespeichert werden können. Verwenden Sie dafür einen Datentyp, der möglichst wenig Speicherplatz benötigt. Nennen Sie die DOMAIN *d_ganzzahl*.

4.1.2 DEFAULT-Werte

Bei der Definition von Domänen haben Sie die Möglichkeit, Werte vorzugeben, die immer dann eingefügt werden, wenn der Anwender keine Eingabe macht. Hier gibt es grundsätzlich vier Möglichkeiten:

- einen explizit angegebenen Wert
- den Wert NULL
- die Variable USER
- das heutige Datum mit "NOW"

Den Wert NULL als DEFAULT-Wert zu definieren, macht nicht viel Sinn, schließlich fügt die Datenbank immer NULL-Werte ein, wenn der Anwender keine Eingabe macht. Die Variable USER beinhaltet den Wert des Benutzernamens, mit dem der Anwender sich beim Server eingeloggt hat.

Mit Hilfe von DEFAULT-Werten ist es sogar möglich, Spaltenwerte ganz automatisch einzufügen. Als Beispiel sei hier die Möglichkeit genannt, bei jedem Datensatz mitzuspeichern, wer ihn denn eingegeben hat:

```
CREATE DOMAIN d_username
   AS VARCHAR(15)
   DEFAULT USER

CREATE TABLE namen
   (vornamen VARCHAR(20),
    nachnamen VARCHAR(30),
    eingegeben d_username)

INSERT INTO namen (vornamen, nachnamen)
   VALUES ("Michael", "Mustermann")


SELECT * FROM namen

Michael    Mustermann      SYSDBA
```

Dagegen macht die automatische Eingabe von Festwerten meist nicht viel Sinn – hier würde man dann die Möglichkeit benötigen, den DEFAULT-Wert zu überschreiben. Nehmen wir hier einmal die Adressendatenbank einer Schule. Für gewöhnlich werden die eingegebenen Adressen die von Schülern sein, nur manchmal muß ein Lehrer, ein Hausmeister, eine Reinigungskraft eingegeben werden:

```
CREATE DOMAIN dberuf AS VARCHAR(15) DEFAULT "Schüler"

CREATE TABLE tadressen
  (vornamen VARCHAR(20),
     nachnamen VARCHAR(30),
     beruf dberuf)

INSERT INTO tadressen (vornamen, nachnamen)
  VALUES ("Adam", "Amsel")

INSERT INTO tadressen (vornamen, nachnamen)
  VALUES ("Berta", "Borst")

INSERT INTO tadressen (vornamen, nachnamen, beruf)
  VALUES ("Cäsar", "Conradi", "Rektor")

SELECT * FROM tadressen

VORNAMEN      NACHNAMEN                      BERUF
============= ============================== =========

Adam          Amsel                           Schüler
Berta         Borst                           Schüler
Cäsar         Conradi                         Rektor
```

Ich möchte noch darauf hinweisen, daß ich diese Tabelle nur als Beispiel für DEFAULT-Werte entworfen habe. In der Praxis würde man selbstverständlich eine zweite Tabelle mit den verschiedenen Berufen anlegen und eine Referenz darauf bilden.

(Das Feld *beruf* benötigt jeweils 15 Bytes, bei angenommenen 500 Datensätzen sind dies rund 7,5 kByte. Ein Referenzfeld kommt mit zwei Bytes aus, das wären hier 1 kByte, und außerdem wäre die Änderung einfacher, wenn es statt *Schüler* nun „politisch korrekt" *SchülerIn* oder *Schüler(in)* heißen müßte.)

Übung 4.2 Erstellen Sie die DOMAIN *d_datum* mit dem DEFAULT-Wert "NOW".

4.1.3 Eingabe erzwingen

In manchen Feldern dürfen keine NULL-Werte vorhanden sein, weil beispielsweise darauf eine Referenz gebildet wird oder eine Eingabe ohne diese Angabe nicht sinnvoll wäre. Hier kann dann der Befehl NOT NULL gegeben werden:

```
CREATE DOMAIN d_test AS VARCHAR(15) NOT NULL
```

Beachten Sie, daß Sie alle Felder, die Sie als Primär- oder Sekundärschlüssel verwenden wollen, als NOT NULL definieren müssen.

4.1.4 Gültigkeitsprüfungen

Es kommt immer mal wieder vor, daß Personen eine Datenbankanwendung bedienen, die nicht genau wissen, was sie tun müssen, oder die sich bei der Eingabe vertippen. Auf diese Weise wäre es möglich, daß Daten in die Datenbank gelangen, die nicht richtig sind. Vielfach läßt sich das nicht vermeiden, doch für einige Fälle kann man Gültigkeitsprüfungen implementieren, welche dafür sorgen, daß die Aufnahme unsinniger Daten mit einer Fehlermeldung verweigert wird.

Das Gehalt eines Angestellten kann beispielsweise nie negativ sein:

```
CREATE DOMAIN d_gehalt
   AS FLOAT
   CHECK (VALUE > 0)
```

In der CHECK-Klausel wird der eingegebene Wert stets VALUE genannt. Beachten Sie auch, daß die CHECK-Klausel stets in Klammern zu setzen ist.

An dieser Stelle gleich eine Warnung: Bedenken Sie immer, daß die Datenbank sich weigern wird, einen Datensatz anzunehmen, der die CHECK-Bedingung(en) nicht erfüllt. Von daher ist es nicht sinnvoll, hier beispielsweise den tariflichen Mindestlohn einzutragen – sobald eine Aushilfskraft für ein paar Stunden eingestellt wird, müßte diese sehr großzügig bezahlt werden, damit das Gehalt eingegeben werden kann.

Bei der Gültigkeitsprüfung sind auch AND- und OR-Verknüpfungen erlaubt.

```
CREATE DOMAIN d_gehalt
   AS NUMERIC(7,2)
   CHECK ((VALUE > 0)
      AND (VALUE < 12000))
```

Des weiteren gibt es die Möglichkeit, über die CHECK-Bedingung Mengentypen zu definieren:

```
CREATE DOMAIN dberuf AS VARCHAR(15)
   DEFAULT "Schüler"
   CHECK (VALUE IN
      ("Schüler", "Lehrer", "Rektor", "Hausmeister"))
```

Was ich davon halte, hier keine Extra-Tabelle zu erstellen und eine Referenz darauf zu bilden, habe ich vorhin bereits erwähnt. Hier kommt noch erschwerend hinzu, daß es extrem aufwendig wäre, während des Betriebs der Datenbank diese Menge beispielsweise um den Eintrag *Reinigungskraft* zu ergänzen.

Übung 4.3 Erstellen Sie eine Domäne namens *d_namen*, die Strings bis 22 Zeichen Länge aufnimmt. Die Eingabe eines Wertes soll erzwungen werden, er darf aber nicht mit dem Buchstaben *r* (groß oder klein geschrieben) beginnen.

Unterabfragen in der CHECK-Klausel

In der CHECK-Klausel sind auch Unterabfragen möglich. Bei der folgenden Domäne würde verhindert, daß auf *d_test* beruhende Spalten Werte annehmen, die nicht größer als die höchste Mitarbeiternummer sind.

```
CREATE DOMAIN d_test
   AS INTEGER
   CHECK (VALUE > (SELECT MAX(nummer)
      FROM t_mitarbeiter))
```

Konstruktionen wie die eben gezeigte sind mit Vorsicht zu genießen, da die Erfüllung der CHECK-Klausel nur zum Zeitpunkt der Eingabe oder des Änderns der Daten garantiert ist. Es wäre ohne weiteres möglich, anschließend Datensätze mit höherer Nummer in die Tabelle *t_mitarbeiter* einzugeben.

4.1.5 Zeichensatz und Sortierreihenfolge

Allen Domänen, die Texte enthalten, kann ein Zeichensatz und/oder eine Sortierreihenfolge zugewiesen werden.

```
CREATE DOMAIN st
   AS VARCHAR(25)
   CHARACTER SET ISO8859_1
   COLLATE DE_DE;
```

Der Zeichensatz *ISO8859_1* und die Sortierreihenfolge *DE_DE* eignen sich für die Anwendung im deutschsprachigen Raum, sie erlauben also die deutschen Umlaute und sortieren Sie auch richtig ein.

4.1.6 DOMÄNEN ändern

Auf der Domänen-Definition beruhen die Tabellenspalten, von daher muß man nicht erwarten, daß sich der zugrundeliegende Datentyp ändern läßt – hier würde nur die Möglichkeit bleiben, eine neue DOMAIN zu erstellen und die alte zu löschen; und selbst das geht nicht, solange noch eine Tabellenspalte auf dieser Domäne beruht.

Was sich dagegen zur Laufzeit ändern läßt, das sind die Gültigkeitsprüfung und der DEFAULT-Wert:

```
CREATE DOMAIN d_test
   AS VARCHAR(15)
```

Zunächst wollen wir den DEFAULT-Wert *Schüler* hinzufügen. Zum Ändern einer Tabelle wird die Anweisung ALTER DOMAIN verwendet.

```
ALTER DOMAIN d_test
   SET DEFAULT "Schüler"
```

Nun soll auch noch eine CHECK-Klausel eingefügt werden. In diesem Beispiel sollen nur solche Werte erlaubt sein, die den Buchstaben *ü* (in Kleinschreibung) enthalten.

```
ALTER DOMAIN d_test
   ADD CHECK (VALUE LIKE "%ü%")
```

So wie sich Vorgabewert und CHECK-Klausel einzeln setzen lassen, so kann man sie auch einzeln wieder entfernen. Um die CHECK-Klausel zu entfernen, verwenden Sie die Anweisung DROP CONSTRAINT.

```
ALTER DOMAIN d_test
   DROP CONSTRAINT
```

Der Vorgabewert wird mit DROP DEFAULT entfernt.

```
ALTER DOMAIN d_test
   DROP DEFAULT
```

Beachten Sie auch, daß Sie keine CHECK-Klausel „ergänzen" können. Wird eine weitere CHECK-Klausel gewünscht, dann löschen Sie die bestehende und fügen Sie die alte und die neue CHECK-Klausel wieder hinzu, die Sie mit dem AND-Operator verknüpfen.

Übung 4.4 Erstellen Sie eine Domäne namens *d_ueb*, die 25 Zeichen aufnehmen kann, auf dem Zeichensatz *ISO8859_1* und der Sortierreihenfolge *DE_DE* beruht.

Ändern Sie diese DOMAIN dann so ab, daß der Vorgabewert *test* verwendet wird und keine Werte erlaubt sind, welche den Buchstaben *ö* (in Kleinschreibung) enthalten. Verwenden Sie für diese Änderung eine einzige Anweisung.

4.1.7 DOMÄNEN löschen

Sehr einfach ist dann die Anweisung, um eine Domäne zu löschen (beispielsweise um sie danach mit einem anderen Datentyp neu zu erstellen).

```
DROP DOMAIN dtest
```

Beachten Sie bitte, daß die Domäne nicht in irgendeiner Spaltendefinition verwendet werden darf, um gelöscht werden zu können. Dies hat weitreichende Folgen: Bevor eine Tabelle gelöscht werden kann, müssen zunächst darauf beruhende VIEWS, TRIGGER und STORED PROCEDURES entfernt werden.

Bei weit verbreiteten Domänen muß man tatsächlich die komplette Datenbank „abbauen", um sie löschen zu können. Hier ist es in der Regel dann einfacher, die Datenbank per SQL-Script komplett neu zu erstellen und anschließend die Daten zu kopieren.

4.1.8 Generatoren

AUTOINC

Eigentlich gehört das Thema GENERATOR nicht zum Thema DOMAIN. Einige SQL-Dialekte kennen jedoch den Feldtyp AUTOINC, mit dessen Hilfe selbstinkrementierende Felder möglich sind, als Felder, die automatisch eine fortlaufende Nummer erhalten.

Mit einem GENERATOR ist es möglich, solche selbstinkrementierenden Felder zu konstruieren. Dies ist insbesondere dann vorteilhaft, wenn man einen eindeutigen Primärschlüssel benötigt, beispielsweise eine Personalnummer, eine Kundennummer, eine Rechnungsnummer. Sie können in einer Datenbank mehrere Generatoren erstellen, welche allerdings unterschiedliche Namen haben müssen.

Wie man hier vorgeht, soll gleich anhand eines Beispiels erläutert werden:

```
CREATE TABLE test_1
   (nummer INTEGER,
    namen VARCHAR(15))

CREATE GENERATOR nummer_gen

SET GENERATOR nummer_gen TO 234
```

Zunächst wird eine kleine Tabelle für unser Beispiel erstellt, für die Spalte *Nummer* soll dann eine fortlaufende Nummer vergeben werden. Um einen Generator zu erstellen, muß einfach nur der Befehl CREATE GENERATOR gegeben werden, dem der Name des Generators folgt. Weitere Optionen gibt es hier nicht. Ein GENERATOR ist nicht an eine bestimmte Tabelle oder Spalte gebunden.

Ein Generator wird mit dem Zahlenwert null initialisiert. Mit der Anweisung SET GENERATOR kann der GENERATOR auf einen anderen Wert gestellt werden. Dies ist beispielsweise dann nötig, wenn auf ein anderes System umgestellt wird und die neuen Rechnungsnummern (oder was auch immer) nahtlos an die alten anschließen sollen.

Bisweilen möchte eine Firma auch kaschieren, daß sie neu auf dem Markt ist und beginnt bei einer willkürlich gewählten Rechnungsnummer. Ob das sinnvoll ist oder eher peinlich wirkt, soll an dieser Stelle nicht diskutiert werden, auf jeden Fall ist es möglich.

```
INSERT INTO test_1 (nummer, namen)
  VALUES (GEN_ID(nummer_gen, 3), "Eins")

INSERT INTO test_1 (nummer, namen)
  VALUES (GEN_ID(nummer_gen, 3), "Zwei")

INSERT INTO test_1 (nummer, namen)
  VALUES (GEN_ID(nummer_gen, 3), "Drei")


SET GENERATOR nummer_gen TO 100


INSERT INTO test_1 (nummer, namen)
  VALUES (GEN_ID(nummer_gen, -1), "Vier")

INSERT INTO test_1 (nummer, namen)
  VALUES (GEN_ID(nummer_gen, -1), "Fünf")


SELECT * FROM test_1

     NUMMER NAMEN
=========== ===============

        237 Eins
        240 Zwei
        243 Drei
         99 Vier
         98 Fünf
```

Um einen Generatorwert einzufügen, wird in einer INSERT- oder UPDATE-Anweisung die Funktion GEN_ID verwendet, als Parameter werden der Name der Generators sowie der Wert, um den er erhöht werden soll, übergeben.

Wie das Ergebnis der Abfrage zeigt, wird zuerst die Generatorzahl verändert, erst dann wird die (geänderte) Zahl in die Tabellenspalte eingefügt. Wollte man, daß der erste Datensatz den Generatorwert null erhält, dann müßte man vorher den Generatorwert mit SET GENERATOR entsprechend negativ setzen.

Wie das Beispiel zeigt, muß der Generator nicht zwangsweise immer um eins erhöht werden, hier im Beispiel wird einmal *drei*, ein andermal *minus eins* verwendet, bei letzterem wird also rückwärts gezählt. Auf diese Weise wäre es beispielsweise möglich, den Mitgliederstand eines Vereins etwas freundlicher aussehen zu lassen, als er es tatsächlich ist.

Des weiteren ist es erlaubt, während des Betriebs mit SET GENERATOR einen neuen Wert zuzuweisen – es sollte dann aber sichergestellt sein, daß nicht plötzlich doppelte Werte ausgegeben werden, womöglich noch für einem Primärschlüssel (deren Annahme die Datenbank verweigern würde).

Mit Hilfe eines Triggers kann man dafür sorgen, daß beim Einfügen eines Datensatzes automatisch ein Generatorwert verwendet wird.

```
CREATE TRIGGER trig_bestellung FOR t_bestellung
ACTIVE BEFORE INSERT POSITION 0
AS
BEGIN
  NEW.nummer = GEN_ID(g_bestellung, 1);
END
```

Mit dem Thema TRIGGER werden wir uns in Kapitel 6.2 noch ausführlich beschäftigen.

4.2 Tabellen

Tabellen sind die Grundlage jeder relationalen Datenbank. Nicht nur die Daten, die der Benutzer eingibt, sondern auch die Systemdaten – die *Metadaten* – werden in Tabellen gespeichert.

4.2.1 CREATE TABLE

Um neue Tabellen zu erstellen, wird die Anweisung CREATE TABLE verwendet. Bei dieser Anweisung sind recht viele Optionen möglich, die wir nun nach und nach behandeln werden.

Spalten erstellen

Mit der folgenden Anweisung wird eine Tabelle erstellt, die zwei Spalten (*nummer* und *bezeichnung*) besitzt:

```
CREATE TABLE t_test
  (nummer INTEGER,
  bezeichnung VARCHAR(20))
```

Nach der Anweisung CREATE TABLE wird der Tabellenname genannt, in diesem Fall *t_test*. Der Tabellenname muß ein gültiger Bezeichner sein, vermeiden Sie also deutsche Umlaute und SQL-Schlüsselwörter. Wenn Sie das Prefix *t_* voranstellen, dann können Sie Tabellenbezeichner leicht von anderen Bezeichnern unterscheiden. Außerdem besteht dann nicht die Gefahr, versehentlich ein SQL-Schlüsselwort zu verwenden.

In Klammern folgt nun die Tabellendefinition. In unserem Beispiel werden zwei Spalten erstellt: Die Spalte *nummer* speichert Ganzzahlen, die Spalte *bezeichnung* Zeichen mit maximal 20 Zeichen Länge.

Damit wir den Tabellenbezeichner *t_test* auch für die folgenden Übungen verwenden können, wollen wir uns gleich wieder von dieser Tabelle trennen.

```
DROP TABLE t_test
```

Mit der Anweisung DROP TABLE wird eine Tabelle gelöscht. Was dabei noch zu beachten ist, werden wir später besprechen.

Übung 4.5 Erzeugen Sie eine Tabelle namens *t_test*, welche die Spalte *nummer*, *datum* und *preis* enthält.

Optionen der Spaltendefinition

Wir können bei der Spaltendefinition alle Optionen verwenden, die wir von den Domänen her kennen:

```
CREATE TABLE t_test
   (nummer INTEGER
      NOT NULL,
   datum DATE
      DEFAULT "NOW",
   preis FLOAT
      NOT NULL
      CHECK (preis >0.01),
   bemerkung VARCHAR(20)
      CHARACTER SET ISO8859_1
      COLLATE DE_DE)
```

- Mit NOT NULL kann eine Eingabe erzwungen werden. Dies ist insbesondere dann erforderlich, wenn für diese Spalte ein Schlüssel erstellt werden soll.
- Sie können DEFAULT-Werte definieren.

- Mit einer CHECK-Klausel kann eine Gültigkeitsprüfung vorgenommen werden. Beachten Sie bitte, daß hier nicht mehr das Spalten-Synonym VALUE verwenden wird, sondern der Spaltenbezeichner.
- Um einen Zeichensatz und eine Sortierreihenfolge festzulegen, verwenden Sie CHARACTER SET und COLLATE.

Übung 4.6 Erzeugen Sie eine Tabelle namens *t_test* mit den Spalten *nummer* und *bezeichnung*. Stellen Sie sicher, daß die Spalte *nummer* belegt werden muß und daß die Spalte *bezeichnung* keine Werte mit dem Buchstaben *ä* (in Groß- oder Kleinschreibung) enthält. Für die Spalte *bezeichnung* sollt der Zeichensatz *ISO8859_1* und die Sortierreihenfolge *DE_DE* verwendet werden. Kleiner Tip: Sie müssen gegebenfalls die Reihenfolge der einzelnen Optionen ein wenig variieren.

Domänenbasierte Spaltendefinition

Statt eines Spaltentyps kann auch eine Domäne verwendet werden. Diese wird dann mit allen Optionen Grundlage der Spaltendefinition. Das folgende Beispiel entstammt unserer Testdatenbank, zu der Anweisung PRIMARY KEY kommen wir später:

```
CREATE DOMAIN ln AS INTEGER NOT NULL;

CREATE DOMAIN pl AS VARCHAR(6)
   CHARACTER SET ISO8859_1 COLLATE DE_DE;

CREATE DOMAIN tl AS VARCHAR(15)
   CHARACTER SET ISO8859_1 COLLATE DE_DE;

CREATE DOMAIN st AS VARCHAR(25)
   CHARACTER SET ISO8859_1 COLLATE DE_DE;


CREATE TABLE t_kunde
   (nummer ln,
   vorname st,
   nachname st,
   strasse st,
   plz pl,
   ort st,
   tel tl,
   fax tl,
   PRIMARY KEY(nummer));
```

An diesem Beispiel sehen Sie sehr schön, daß Sie sich mit Domänen erheblich Schreibarbeit ersparen können, wenn Sie einen Zeichensatz und eine Sortierreihenfolge verwenden.

Sie können auch bei domänenbasierten Spalten die vorhin genannten Optionen verwenden.

```
CREATE TABLE t_test
  (nummer ln
    CHECK (nummer > 1000),
  bezeichnung st
    CHECK (UPPER(bezeichnung) NOT LIKE "%Ä%" ))
```

In diesem Fall werden die Optionen der Domäne und der Tabellendefinition miteinander kombiniert.

Übung 4.7 Erstellen Sie eine Domäne *d_test* für die Speicherung von Ganzzahlen, die größer als 500 sind. Erstellen Sie auf dieser Domäne eine Tabelle *t_test* mit der Spalte *nummer*. Fügen Sie eine zusätzliche Prüfung ein, welche den Inhalt von *nummer* auf Werte kleiner 3000 beschränkt.

Berechnete Spalten

Sie können auch berechnete Spalten definieren. Deren Inhalt wird nicht in der Datenbank gespeichert, sondern bei der Abfrage jeweils berechnet. Für berechnete Spalten wird die COMPUTED BY-Klausel verwendet.

```
CREATE TABLE t_test
  (nummer INTEGER NOT NULL,
  stueckzahl INTEGER NOT NULL,
  preis FLOAT NOT NULL,
  gesamtpreis COMPUTED BY (stueckzahl * preis))
```

Hier im Beispiel wird der Gesamtpreis aus Preis mal Stückzahl berechnet.

Übung 4.8 Erstellen Sie eine Tabelle mit den Spalten *vorname* und *nachname* sowie einer Spalte *name*, welche sich aus den anderen beiden Spalten zusammensetzt. Verwenden Sie für die Spalten *vorname* und *nachname* die Domäne *st*.

Mit Hilfe von berechneten Spalten können auch Konstanten in die Tabellendefinition aufgenommen werden:

```
CREATE TABLE t_test
  (nummer INTEGER NOT NULL,
  wert COMPUTED BY ("Test"))
```

Unterabfragen

Auch die Verwendung von Unterabfragen ist möglich. Beachten Sie, daß diese Unterabfrage nicht zum Zeitpunkt des Einfügens eines Datensatzes ausgeführt wird, sondern dann, wenn Daten aus der Tabelle ausgelesen werden.

```
CREATE TABLE t_test
  (vorname st,
  nachname st,
  chef COMPUTED BY ((SELECT nachname
    FROM t_mitarbeiter
    WHERE vorgesetzter = nummer)))
```

Solche Konstanten und Unterabfragen kann man genausogut in den SELECT-Anweisungen unterbringen. Sinnvoll ist so etwas nur, wenn man mit Hilfe von Tools (Reportgeneratoren beispielsweise) nur auf die komplette Tabelle zugreifen, jedoch keine SELECT-Statements formulieren kann.

Beachten Sie auch, daß berechnete Spalten das Einfügen von Daten verkomplizieren:

```
INSERT INTO t_test
  VALUES ("Uli", "Busch")

/* geht nicht */
```

Diese Anweisung läßt sich nicht ausführen, weil bei der INSERT-Anweisung die Spaltenliste nur dann weggelassen werden kann, wenn in alle Spalten Werte eingefügt werden. Dies wäre bei der obigen Anweisung nicht der Fall, da ja in die Spalte *chef* gar kein Wert eingefügt werden kann. Die Anweisung wäre folgendermaßen abzuändern:

```
INSERT INTO t_test
    (vorname, nachname)
  VALUES
    ("Uli", "Busch")
```

4.2.2 Schlüssel und Indizes

Bei manchen Datenbanksystemen ist ein Schlüssel und ein Index dasselbe, deshalb hier noch einmal die Definition: Ein Schlüssel ist eine Spalte oder eine Kombination von Spalten, welche jeden Wert beziehungsweise jede Wertekombination nur einmal erlaubt. Ein Index ist ein Suchbaum, welcher das Finden von Datensätzen beschleunigt.

Für jeden Schlüssel erstellt InterBase automatisch einen Index. Für Indizes werden aber keine Schlüssel erstellt.

Primärschlüssel

Der Primärschlüssel ist der Schlüssel, mit dessen Hilfe ein Datensatz für gewöhnlich identifiziert wird. In den meisten Fällen handelt es sich um eine durchlaufende Nummer, oft wird diese mit Hilfe eines Generators erzeugt.

Beachten Sie bitte, daß eine Tabelle jeweils nur einen Primärschlüssel haben darf. Alle anderen Schlüssel sind Sekundärschlüssel. Diese haben zwar exakt dieselbe Funktion, werden aber anders genannt.

Es gibt zwei Möglichkeiten, einen Primärschlüssel zu erstellen:

```
CREATE TABLE t_test
   (nummer INTEGER
      NOT NULL PRIMARY KEY,
   bezeichnung st)
```

Die Anweisung PRIMARY KEY kann der Spalte hinzugefügt werden, welche den Primärschlüssel bildet, in diesem Fall die Spalte *nummer*. Beachten Sie auch, daß Schlüsselspalten stets als NOT NULL zu definieren sind.

Die andere Möglichkeit ist die Aufnahme einer PRIMARY KEY-Klausel am Ende der Tabellendefinition:

```
CREATE TABLE t_gruppe
   (nummer ln,
   bezeichnung st,
   PRIMARY KEY(nummer));
```

Dieses Beispiel entstammt unserer Beispieldatenbank.

Die Aufnahme der PRIMARY KEY-Klausel am Ende der Tabellendefinition ist auch die einzige Möglichkeit, Primärschlüssel über mehrere Spalten zu erstellen:

```
CREATE TABLE t_test
   (abteilung INTEGER NOT NULL,
   mitarbeiter INTEGER NOT NULL,
   name st,
   PRIMARY KEY (abteilung, mitarbeiter))
```

Der Datensatz wird hier durch Abteilung- und Mitarbeiternummer identifiziert. In diesem Fall wären gleiche Mitarbeiternummern erlaubt, wenn denn die Abteilung differiert. Bis auf die Ausnahme von Verknüpfungstabellen (siehe folgende Übung) ist die Verwendung zusammengesetzter Primärschlüssel meist weniger zu empfehlen.

Übung 4.9 Nun eine etwas umfangreichere Übung: Erstellen Sie die Tabellen *t_fluss* und *t_stadt* jeweils mit einer Nummern- und einer Bezeichnungsspalte. Für die Nummern-Spalte wird jeweils ein Primärschlüssel gebildet.

Erstellen Sie weiter die Verknüpfungstabelle *t_suf*, welche aus zwei Nummern-Spalten besteht, die gemeinsam den Primärschlüssel bilden.

Sekundärschlüssel

Sekundärschlüssel dienen dazu, Redundanzen in der Datenbank zu vermeiden. Es können keine zwei Datensätze in einem Sekundärschlüssel denselben Wert haben.

Bei der Anwendung von Sekundärschlüsseln sollte man eine gewisse Vorsicht walten lassen: Nehmen wir einmal an, Sie erstellen auf Ihre Mitarbeitertabelle einen Sekundärschlüssel über die Spalten *vorname* und *nachname*. Nun stellt die Firma eine Person namens *Konrad Müller* ein. Einen Mitarbeiter solchen Namens gibt es aber bereits, also wird sich die Datenbank weigern, eine entsprechende Eingabe anzunehmen. (Eine Möglichkeit wäre hier, den Mitarbeiter in *Konrad Mueller* umzubenennen, oder dem Vor- und/oder Nachnamen ein Leerzeichen anzuhängen.)

Sekundärschlüssel werden mit dem Schlüsselwort UNIQUE erzeugt. Wird der Sekundärschlüssel über eine einzige Spalte gebildet, dann kann die UNIQUE-Anweisung der Spaltendefinition angehängt werden:

```
CREATE TABLE t_test
   (nummer ln PRIMARY KEY,
   test INTEGER NOT NULL UNIQUE)
```

Auch die an Sekundärschlüsseln beteiligten Spalten müssen als NOT NULL definiert werden.

Ein Sekundärschlüssel kann auch am Ende der Tabellendefinition erzeugt werden – dies ist sogar zwingend erforderlich, wenn der Sekundärschlüssel mehrere Spalten umfaßt:

```
CREATE TABLE t_kunde2
   (nummer ln,
   vorname st NOT NULL,
   nachname st NOT NULL,
   strasse st NOT NULL,
   plz pl NOT NULL,
   ort st,
   tel tl,
   fax tl,
   PRIMARY KEY(nummer),
   UNIQUE (vorname, nachname, strasse, plz));
```

In diesem Beispiel wird die Annahme einer neuen Kundenadresse vermieden, wenn es schon einen Datensatz gibt, der in Vorname, Nachname, Straße und Postleitzahl gleicht.

Übung 4.10 Erstellen Sie eine Tabelle *t_buch* mit der Primärindexspalte *nummer*, der Sekundärindexspalte *isbn* und der Spalte *titel*. Wählen Sie geeignete Spaltentypen. Gewährleisten Sie, daß nur Werke deutscher Verlage in die Tabelle aufgenommen werden können. Stellen Sie außerdem sicher, daß die ISBN-Nummer mit Trennstrichen formatiert eingegeben wird.

Fremdschlüssel

Bei normalisierten Datenbanken wird der Datenbestand auf mehrere Tabellen aufgeteilt, welche bei der Abfrage mittels eines JOINS wieder zusammengefügt werden. Als Beispiel sollen hier die Tabellen *t_tele* und *t_art* aus der Beispieldatenbank dienen:

```
SELECT
    t.bezeichnung,
    a.bezeichnung
  FROM t_tele t
    INNER JOIN t_art a
      ON t.art = a.nummer
```

Wir haben dies ja in Kapitel 2.2 ausführlich behandelt. Nun soll sichergestellt werden, daß in die Tabelle *t_tele* nur solche Datensätze aufgenommen werden, welche in der Spalte *art* einen Wert enthalten, der in der Tabelle *t_art* eine Entsprechung findet. Prinzipiell könnte man dafür eine entsprechende CHECK-Klausel formulieren:

```
CREATE TABLE t_tele2
  (nummer ln,
  mitarbeiter ln,
  art ln
    CHECK (art IN (SELECT nummer
      FROM t_art)),
  bezeichnung st,
  PRIMARY KEY(nummer));
```

Diese Vorgehensweise hat allerdings einen entscheidenden Nachteil: Angenommen, wir fügen einen Datensatz ein, der in der Spalte *art* den Wert sieben (*Telefon bei Mutti*) enthält. Nun hindert uns aber das DBS nicht daran, anschließend der Datensatz sieben aus der Tabelle *t_art* zu löschen. Damit hätten wir allerdings eine Referenz auf einen nicht existierenden Datensatz, die – wie der Fachmann sagt – *referentielle Integrität* wäre verletzt.

Nun könnte man einen TRIGGER erstellen, der vor dem Löschen eines Datensatzes prüft, ob Referenzen darauf existieren.

Es geht aber auch einfacher: Wenn wir einen Fremdschlüssel erstellen, dann paßt das DMS von selbst darauf auf, daß die referentielle Integrität erhalten bleibt. Solange nichts anderes vorgegeben wird, verweigert das DMS die Ausführung entsprechender INSERT-, DELETE- und UPDATE-Anweisungen.

Es gibt wieder die Möglichkeit, den Fremdschlüssel in der jeweiligen Spaltendefinition oder am Ende der Tabellendefinition zu erstellen.

```
CREATE TABLE t_tele2
   (nummer ln,
   mitarbeiter ln,
   art ln REFERENCES t_art (nummer),
   bezeichnung st,
   PRIMARY KEY(nummer))
```

Nach dem Schlüsselwort REFERENCES wird die Tabelle genannt, auf welche die Referenz gebildet wird. In Klammern wird dann die Spalte genannt, die referenziert werden soll.

Beachten Sie, daß beide Spalten dieselben Typen haben müssen. Es ist beispielsweise nicht möglich, von einer INTEGER-Spalte aus eine VARCHAR-Spalte zu referenzieren.

Sie können den Fremdschlüssel auch am Ende der Tabellendefinition erzeugen. Dies ist zwingend erforderlich, wenn sie Referenzen über mehrere Spalten erzeugen wollen.

Vielleicht erinnern Sie sich noch an die Tabellen *t_fluss* und *t_stadt* sowie an deren Verknüpfungstabelle *t_suf*. Nun soll zu manchen Verknüpfungen eine Bemerkung eingegeben werden. Dafür wird die Tabelle *t_suf_bemerkung* erstellt, die beide Spalten der Verknüpfungstabelle *t_suf* referenziert.

```
CREATE TABLE t_suf_bemerkung
   (stadt ln,
   fluss ln,
   bemerkung VARCHAR (80),
   PRIMARY KEY (stadt, fluss),
   FOREIGN KEY (stadt, fluss)
      REFERENCES t_suf (stadt, fluss))
```

Um einen Fremdschlüssel am Ende der Tabellendefinition zu erzeugen, beginnen Sie mit dem Schlüsselwort FOREIGN KEY, in Klammern folgt die Spalte oder die Spalten der Tabelle, welche die andere Tabelle referenzieren. Nach REFERENCES folgt dann – wie gehabt – die referenzierte Tabelle und in Klammern deren referenzierte Spalten.

Übung 4.11 Erstellen Sie die Tabelle *t_suf* neu, diesmal mit Referenzen auf die Tabellen *t_stadt* und *t_fluss*. (Hinweis: Um die Tabelle *t_suf* löschen zu können, müssen Sie zunächst die *t_suf* referenzierende Tabelle *t_suf_bemerkung* entfernen.)

Noch zwei Anmerkungen zu Fremdschlüsseln: Sie können nur Referenzen auf Tabellen erstellen, die bereits existieren. Wenn Sie sich keine Gedanken darüber machen wollen, in welcher Reihenfolge Sie die Tabellen erstellen müssen, dann erstellen Sie zunächst sämtliche Tabellen ohne Fremdschlüssel und fügen diese dann anschließend mit ALTER TABLE ein. Wir werden das noch detailliert besprechen.

Vermeiden Sie zirkulären Referenzen: Wenn die Tabelle A die Tabelle B referenziert, sollte nicht auch die Tabelle B die Tabelle A referenzieren, sonst könnte es Schwierigkeiten geben, zumindest beim Einfügen des ersten Datensatzes.

Verhalten bei Fremdschlüsselverletzungen

Versuchen Sie einen Wert in die Datenbank einzugeben, der in der referenzierten Tabelle keine Entsprechung findet, dann wird das DBS die Annahme verweigern.

Vielfältiger sind die Möglichkeiten, wenn Sie einen Datensatz aus einer Tabelle löschen wollen, obwohl noch Referenzen darauf bestehen oder wenn Sie einem solchen Datensatz in der referenzierten Spalte einen anderen Wert zuweisen wollen. Im Normalfall wird auch hier die Ausführung der Anweisung verweigert. Es lassen sich aber auch andere Verhaltensweisen vorgeben:

- Wird NO ACTION vorgegeben, dann wird – wie gehabt – die Ausführung der Anweisung unterbunden.
- Wird bei CASCADE ein Datensatz gelöscht, dann werden alle Datensätze in anderen Tabellen, die den gelöschten Datensatz referenziert haben, ebenfalls gelöscht.

  Wird bei CASCADE ein Datensatz im referenzierten Feld geändert, dann werden alle referenzierenden Datensätze entsprechend angepaßt.
- Bei SET DEFAULT werden alle referenzierenden Spalten auf den DEFAULT-Wert der Spaltendefinition gesetzt.
- Dementsprechend werden bei SET NULL alle referenzierenden Spalten auf den Wert NULL gesetzt.

Diese vier Möglichkeiten lassen sich getrennt für ON UPDATE und ON DELETE einstellen.

Um die Möglichkeiten experimentell zu ermitteln, wollen wir zunächst eine Kopie von *t_tele* namens *t_tele2* erstellen.

```
CREATE TABLE t_tele2
   (nummer ln,
   mitarbeiter ln,
   art ln
      DEFAULT 1,
   bezeichnung st,
   PRIMARY KEY(nummer),
   FOREIGN KEY (art)
      REFERENCES t_art (nummer)
      ON DELETE SET DEFAULT
      ON UPDATE CASCADE);

INSERT INTO t_tele2  SELECT * FROM t_tele
```

Es wird davon ausgegangen, daß im Datensatz neun in der Tabelle *t_art* der Wert *Telefon bei Partner(in)* enthalten ist. Gegebenfalls müssen Sie ihn einfügen.

Ein Datensatz von *t_tele2* wird nun so abgeändert, daß er den Datensatz neun von *t_art* referenziert:

```
UPDATE t_tele2 SET art = 9
   WHERE nummer = 18
```

Nun ändern wir die Nummer in *t_art* von neun auf zehn:

```
UPDATE t_art SET nummer = 10
   WHERE nummer = 9
```

Wenn wir uns nun mit *SELECT * FROM t_tele2* das Ergebnis ansehen, dann sehen wir, daß Datensatz 18 von *t_tele2* Datensatz 10 von *t_art* referenziert.

Nun wollen wir Datensatz 10 von *t_art* löschen.

```
DELETE FROM t_art
   WHERE nummer = 10
```

Wenn wir uns nun wieder *t_tele2* ansehen, so stellen wir fest, daß bei Datensatz 18 in der Spalte *art* der DEFAULT-Wert der Spalte, nämlich eins, enthalten ist.

Übung 4.12 Erstellen Sie eine weitere Kopie von *t_tele* namens *t_tele3*, die sich sowohl beim Ändern als auch beim Löschen von Datensätzen in *t_art* entsprechend anpaßt.

Indizes

Bei nichtindizierten Spalten arbeitet das DBS mit einer sequentiellen Suche: Werden beispielsweise die Datensätze gesucht, deren Feld *nachname* den Wert *Müller* hat, dann liest das DBS einen Datensatz nach dem anderen aus, prüft den Inhalt des Feldes *nachname* und entscheidet dann, ob der Datensatz in die Ergebnismenge aufgenommen wird oder nicht. Wie Sie sich leicht vorstellen können, ist der Rechner damit einige Zeit beschäftigt.

Ist die Spalte *nachname* dagegen indiziert, dann liest das DBS aus dem Index die Adressen der betreffenden Datensätze aus und sammelt dann nur noch die betreffenden Datensätze ein.

Wie der Index genau aufgebaut ist, soll uns an dieser Stelle nicht interessieren (über die Vor- und Nachteile der einzelnen Verfahren könnte man ganze Kapitel schreiben). Wir wollen uns aber merken, daß man die Ausführung von SQL-Anweisungen (in der Regel SELECT-Anweisungen) mit Indizes in manchen Fällen erheblich beschleunigen kann.

```
SELECT *
   FROM t_kunde
   WHERE (nachname STARTING WITH "B")
   ORDER BY nachname
```

Ausführungszeiten

Die Ausführung dieser Anweisung dauerte (von einer Delphi-Anwendung aus gemessen) ohne Index auf dem Feld *nachname* 2911 ms, mit Index dagegen nur 125 ms.

Führen Sie diese Anweisung aus und messen (schätzen) Sie die Zeit vom Starten der Anwendung bis zum Beginn der Datenübertragung, also so lange links unten der Hinweis *Working* zu sehen ist. Sobald die Datenübertragung beginnt (die bei ISQL recht lange dauert), erscheint links unten eine Meldung mit *Fetching Row xxx*.

Nun wollen wir einen Index auf die Spalte *nachname* erstellen.

```
CREATE INDEX i_kunde_nachname ON t_kunde (nachname)
```

Nach der Anweisung CREATE INDEX müssen Sie dem Index zunächst einen Namen zuweisen. Dieser wird einzig und allein dazu benötigt, den Index später wieder löschen zu können. Es stört also nicht groß, wenn der Indexbezeichner ein wenig länger ausfällt. Nach dem Schlüsselwort ON geben Sie zunächst die betreffende Tabelle ein und in Klammern dann die Spalte(n), über die der Index erstellt wird.

Führen Sie nun wieder die eben genannte SELECT-Anweisung aus und achten Sie auf die Zeit bis zum Beginn der Datenübertragung. Diese dürfte so kurz sein, daß Sie den Hinweis *Working* gar nicht erkennen können.

Nun wollen wir unsere Datenmenge in umgekehrter Reihenfolge sortieren:

```
SELECT *
   FROM t_kunde
   WHERE (nachname STARTING WITH "B")
   ORDER BY nachname DESC
```

Sie werden feststellen, daß die Ausführung dieser Anweisung nun wieder „lange" dauert. Das liegt daran, daß ein „vorwärts" aufgebauter Index eine „rückwärts"-Sortierung nicht unterstützt. Also brauchen wir auch einen „rückwärts" aufgebauten Index:

```
CREATE DESC INDEX i_kunde_nachname_desc
   ON t_kunde (nachname)
```

Beachten Sie, daß das Schlüsselwort DESC zwischen CREATE und INDEX steht.

```
CREATE INDEX i_kunde_test
   ON t_kunde (nachname, vorname)
```

Sie können auch Indizes erstellen, die über mehrere Spalten reichen. Das macht aber nur dann Sinn, wenn Sie auch stets über diese Spalten sortieren. Andernfalls indizieren Sie die Spalten lieber einzeln. Sie vermeiden dann auch, daß der Index zu groß wird und InterBase sich weigert, ihn zu erstellen.

```
DROP INDEX i_kunde_nachname
```

Um einen Index zu löschen, verwenden Sie die Anweisung DROP INDEX. Sie können einen Index auch deaktivieren:

```
ALTER INDEX i_kunde_nachname_desc INACTIVE
```

Das Löschen oder Deaktivieren von Indizes kann zwei Gründe haben: Zunächst einmal muß bei jedem eingefügten, geänderten oder gelöschten Datensatz der Index aktualisiert werden. Nach meiner Beobachtung nimmt dieser Vorgang etwa 20 ms pro 1000 Datensätze in Anspruch, kann also bei einem einzelnen Datensatz vollkommen vernachlässigt werden.

Sollen jedoch sehr viele Datensätze eingefügt werden, dann addieren sich diese Zeiten. Dann kann es sogar sinnvoll sein, den Datensatz vorher zu löschen oder zu deaktivieren und anschließend wieder neu aufzubauen.

Außerdem „verschleißt" ein Index im Laufe der Zeit: Mit jeder Änderung in der Tabelle wird der Suchbaum ein wenig unsymmetrischer, dementsprechend läßt dann auch die Wirksamkeit nach. Es ist deshalb sinnvoll, von Zeit zu Zeit den Index abzubauen und wieder neu zu erstellen.

```
ALTER INDEX i_kunde_nachname_desc ACTIVE
```

Ein Index wird auch dann wieder komplett neu aufgebaut, wenn er vom deaktivierten in den aktivierten Zustand gesetzt wird. Es macht übrigens keinen Unterschied, ob Sie DROP INDEX / CREATE INDEX oder ALTER INDEX verwenden. Bei ALTER INDEX merkt sich InterBase lediglich die Tabelle und die beteiligten Spalten.

Übung 4.13 Erstellen Sie einen „rückwärts" sortierten Index auf die Spalte *datum* der Tabelle *t_bestellung*. Löschen Sie anschließend diesen Index wieder.

Wann sollten Indizes erstellt werden?

Es ist nun nicht sinnvoll, für „alles und jedes" Indizes zu erstellen.

- Spalten, die an Primär-, Sekundär- und Fremdschlüsseln beteiligt sind, werden von InterBase automatisch indiziert. (Mit Metadata|Show|Index können Sie sich anzeigen lassen, welche Indizes insgesamt existieren.)
- Bei kurzen Tabellen (beispielsweise *t_art* oder *t_mitarbeiter* in unserer Beispieldatenbank) ist eine Indizierung völlig überflüssig.
- Bei Spalten, die nur wenige unterschiedliche Werte speichern (nur *Herr* und *Frau* beispielsweise), kann eine Indizierung sogar kontraproduktiv sein.
- Die Indizierung selten verwendeter Spalten bringt wenig bis nichts.
- Sinnvoll ist eine Indizierung vor allem da, wo große Datenmengen gefiltert, sortiert oder gruppiert werden. In unserer Beispieldatenbank könnte beispielsweise eine Indizierung der Spalte *nachname* von *t_kunde* und *datum* von *t_bestellung* sinnvoll sein.
- Wenn Sie eine Spalte mal aufsteigend, mal absteigend sortieren, dann kann es sinnvoll sein, diese Spalte sowohl aufsteigend als auch absteigend zu indizieren.

4.2.3 Gültigkeitsprüfungen

Im Gegensatz zu Gültigkeitsprüfungen auf Domänen-Ebene lassen sich bei der Tabellendefinition auch Gültigkeitsprüfungen implementieren, die Spaltenwerte untereinander vergleichen.

```
CREATE TABLE t_test
   (nummer ln,
   minpreis FLOAT NOT NULL,
   maxpreis FLOAT NOT NULL
      CHECK (minpreis < maxpreis),
   PRIMARY KEY (nummer))
```

In diesem Beispiel würde dafür gesorgt, daß der Wert von *maxpreis* stets über dem von *minpreis* liegt.

```
INSERT INTO t_test VALUES (1, 3, 2)
```

Mit dieser INSERT-Anweisung verstoßen Sie gegen die Check-Klausel und erhalten die Meldung *Operation violates CHECK constraint INTEG_83 on view or table T_TEST*. Nun weiß vielleicht nicht jeder Anwender, was denn nun *CHECK constraint INTEG_83* ist. Deshalb gibt es auch die Möglichkeit, benannte Gültigkeitsprüfungen zu erstellen.

```
CREATE TABLE t_test
   (nummer ln,
   minpreis FLOAT NOT NULL,
   maxpreis FLOAT NOT NULL,
   PRIMARY KEY (nummer),
   CONSTRAINT minpreis_kleiner_maxpreis
      CHECK (minpreis < maxpreis))
```

In diesem Fall würde die Fehlermeldung *Operation violates CHECK constraint MINPREIS_KLEINER_MAXPREIS on view or table T_TEST* lauten. Solche benannten Gültigkeitsprüfungen bieten darüberhinaus den Vorteil, daß man nicht erst umständlich ihren Namen suchen muß, wenn man sich von ihr trennen möchte.

Übung 4.14 Erstellen Sie eine Adressentabelle, die sowohl die Straße mit dazugehörender Postleitzahl als auch ein Postfach mit dazugehörender Postleitzahl speichern kann. Stellen Sie sicher, daß mindestens eine der beiden Angaben gemacht wird.

4.2.4 Tabellen ändern

Mit der Anweisung ALTER TABLE können Sie Tabellen ändern. Sie können dabei:

- Spalten hinzufügen oder löschen
- Gültigkeitsprüfungen hinzufügen oder löschen
- Primär-, Sekundär- oder Fremdschlüssel hinzufügen oder löschen

Spalten hinzufügen oder löschen

Sie können mit SQL-Befehlen nicht die Definition einzelner Spalten ändern. Sie können aber Spalten hinzufügen und Spalten löschen.

```
ALTER TABLE t_art
   ADD kurz VARCHAR(3)
```

```
ALTER TABLE t_art
   DROP kurz
```

Mit ADD wird eine Spalte hinzugefügt, die Spaltendefinition erfolgt in der gewohnten Art und Weise. Mit DROP wird eine Spalte gelöscht.

Wenn Sie sich die Tabelle mit der hinzugefügten Spalte anzeigen lassen, dann sehen Sie, daß InterBase diese Spalte mit NULL-Werten gefüllt hat. Was passiert aber, wenn wir die Spalte als NOT NULL definieren?

```
ALTER TABLE t_art
   ADD kurz VARCHAR(3) NOT NULL
```

Hier reagiert InterBase „pfiffig": Anstatt die Ausführung dieser Anweisung zu verweigern, wird die Spalte nun mit leeren Strings aufgefüllt. Wenn uns leere Strings nicht passen, dann muß eben ein DEFAULT-Wert angegeben werden:

```
ALTER TABLE t_art
   ADD kurz VARCHAR(3)
   DEFAULT "x"
   NOT NULL
```

Übung 4.15 Ermitteln Sie experimentell, welcher Wert eingefügt wird, wenn Sie INTEGER-Spalten als NOT NULL definieren.

Übung 4.16 Die Spalte *bezeichnung* von *t_art* basiert auf der Domäne *st*, kann also maximal 25 Zeichen aufnehmen. Ändern Sie die Tabelle so, daß diese Spalte 35 Zeichen aufnehmen kann.

Gültigkeitsprüfungen hinzufügen und löschen

Nehmen wir einmal an, unsere Firma möchte die Telefonkosten senken und in diesem Zuge vermeiden, daß Handy-Nummern in die Kundentabelle gelangen. Mit ADD CONSTRAINT kann man eine entsprechende Gültigkeitsprüfung einrichten.

```
ALTER TABLE t_kunde
   ADD CONSTRAINT kein_handy
      CHECK (tel NOT STARTING WITH "01")
```

Übung 4.17 Diese Gültigkeitsprüfung kann allerdings sehr leicht umgangen werden. Wie?

Gültigkeitsprüfungen wirken nur für neu einzufügende oder zu ändernde Datensätze. Wenn in der Tabelle Datensätze enthalten sind, welche die Kriterien der Gültigkeitsprüfung nicht genügen, dann erhalten Sie noch nicht einmal eine entsprechende Warnung.

Nachdem die mangelnde Wirksamkeit dieser Gültigkeitsprüfung erkannt worden ist, wollen wir sie wieder löschen:

```
ALTER TABLE t_kunde
   DROP CONSTRAINT kein_handy
```

Im übrigen ist es nicht erforderlich, eine Gültigkeitsprüfung mit CONSTRAINT zu benennen, es würde auch folgendermaßen gehen:

```
ALTER TABLE t_kunde
   ADD CHECK (tel NOT STARTING WITH "01")
```

Übung 4.18 Nun etwas zum Knobeln: Entfernen Sie die unbenannte Gültigkeitsprüfung wieder.

Schlüssel einfügen und löschen

Sie können auch Primär-, Sekundär- und Fremdschlüssel einfügen und löschen.

In der Praxis wird davon vor allem bei den Fremdschlüsseln Gebrauch gemacht. Ein Fremdschlüssel läßt sich nur erstellen, wenn die referenzierte Tabelle bereits existiert. Würde man die Fremdschlüssel bereits bei der Tabellendefinition erstellen, dann müßte man sich intensiv Gedanken über die Reihenfolge machen, in der die Tabellen erstellt werden.

Einfacher ist es deshalb, zunächst alle Tabellen zu erstellen und erst anschließend die Fremdschlüssel einzufügen:

```
ALTER TABLE t_bestellung
   ADD FOREIGN KEY (kunde)
      REFERENCES t_kunde (nummer);
```

Diese Anweisung entstammt dem SQL-Script zur Erstellung unserer Beispieldatenbank. In diesem Script sind mehrere solcher Anweisungen enthalten.

Im Gegensatz zu Gültigkeitsprüfungen wird das Hinzufügen von Schlüsseln verweigert, wenn die vorhandenen Datensätze die Schlüsselbedingung nicht erfüllen. Dies ist der Fall, wenn sich bei Primär- und Sekundärschlüssel bereits doppelte Werte in der Spalte befinden. Bei Fremdschlüsseln ist das der Fall, wenn Referenzen auf nicht vorhandene Datensätze gebildet würden.

Wir wollen diese Aussage nun im Experiment verifizieren. Dazu versuchen wir zunächst die Ausführung folgender Anweisung:

```
ALTER TABLE t_art
   ADD UNIQUE(bezeichnung)
```

Die Anweisung ist zwar syntaktisch richtig, ihre Ausführung wird aber im Moment verweigert, weil die Spalte *bezeichnung* noch nicht als NOT NULL definiert ist.

Übung 4.19 Fügen Sie der Tabelle *t_art* eine Spalte *zwischen* hinzu, welche auf der Domäne *st* beruht und die Eingabe eines Wertes verlangt.

Vielleicht erinnern Sie sich noch daran, daß neu hinzugefügte, als NOT NULL definierte VARCHAR-Spalten mit leeren Strings gefüllt werden. Von daher müßte das Erzeugen eines Sekundärschlüssels verweigert werden.

```
ALTER TABLE t_art
   ADD UNIQUE(zwischen)
```

Übung 4.20 Kopieren Sie die Werte von *bezeichnung* nach *zwischen*.

Wenn Sie nun versuchen, einen Sekundärschlüssel zu erstellen, dann erhalten Sie wieder dieselbe Fehlermeldung. Lassen Sie uns diese nun einmal genau ansehen: *attempt to store duplicate value (visible to active transactions) in unique index "RDB$63" -null segment of UNIQUE KEY*

Wie dies Fehlermeldungen so an sich haben, hat sie mit dem eigentlichen Fehler wenig bis gar nichts zu tun. Das DBS ist der Ansicht, daß wir versuchen, doppelte Werte in eine Schlüsselspalte zu schreiben. Dies ist eigentlich falsch, weil wir ja gar keine Werte schreiben, sondern versuchen, eine Spalte als Schlüssel zu definieren. Aber so lautet nun einmal die Fehlermeldung, wenn man versucht, ein Spalte als Schlüssel zu definieren, in dem doppelte Werte vorhanden sind.

Nun sind in dieser Spalte aber gar keine doppelten Werte vorhanden – zumindest im Moment noch nicht. Den entscheidenden Hinweis gibt *visible to active transactions*. Weil wir Transaktionen noch nicht ausführlicher behandelt haben, muß ich an dieser Stelle etwas weiter ausholen:

Transaktionen

Alle Datenänderungen finden im Kontext von Transaktionen statt. Solche Transaktionen sind eine Sammlung von Anweisungen, welche am Schluß der Transaktion entweder alle mit COMMIT bestätigt oder alle mit ROLLBACK zurückgenommen werden.

Wenn wir nun nach dem Erzeugen des Schlüssels die UPDATE-Anweisung (und alles andere) zurücknehmen würden, dann wären in der Schlüsselspalte *zwischen* doppelte Werte, nämlich die leeren Strings. Und das darf nicht sein.

Es gehört jedoch zu den entscheidenden Merkmalen von Transaktionen, daß sie sich immer entweder mit COMMIT bestätigen oder mit ROLLBACK zurücknehmen lassen, und zwar vollständig. Die Idee, nun einfach die Anweisung ROLLBACK mit einer Fehlermeldung abzuweisen oder nicht vollständig auszuführen, würde erheblich mehr Probleme nach sich ziehen als dadurch gelöst werden.

Um die Schlüsselspalte nun doch noch einrichten zu können, müssen Sie lediglich die laufende Transaktion beenden. Wählen Sie dazu FILE|COMMIT WORK. Nun kann der Schlüssel definiert werden.

```
ALTER TABLE t_art
   ADD UNIQUE(zwischen)
```

Wenn Sie nun versuchen, diese Anweisung noch ein zweites Mal auszuführen, weist Sie eine Fehlermeldung darauf hin, daß pro Spalte (oder -kombination) immer nur ein Schlüssel erstellt werden kann.

Ein Schlüssel, egal, ob es sich um einen Primär-, Sekundär- oder Fremdschlüssel handelt, ist auch nur eine CONSTRAINT und wird auch so gelöscht. Dazu muß aber zunächst mit METADATA|SHOW|TABLE|T_ART ermittelt werden, wie das DBS den Schlüssel benannt hat:

```
SHOW TABLE t_art
NUMMER                      (LN) INTEGER Not Null
    ...
CONSTRAINT INTEG_8:
    Primary key (NUMMER)
CONSTRAINT INTEG_108:
    Unique key (ZWISCHEN)
    ...
```

Bei Ihnen wird der Schlüssel vermutlich eine andere laufende Nummer erhalten haben, entsprechend muß auch die folgende Anweisung angepaßt werden:

```
ALTER TABLE t_art
    DROP CONSTRAINT integ_108
```

Wenn damit zu rechnen ist, daß ein Schlüssel später wieder entfernt werden soll, dann sollte er mit CONSTRAINT benannt werden:

```
ALTER TABLE t_art
    ADD CONSTRAINT c_art_zwischen
        UNIQUE(zwischen)
```

Achten Sie darauf, daß Sie einen systemweit eindeutigen Bezeichner verwenden – meist ist es zu empfehlen, den Tabellennamen mit aufzunehmen.

Übung 4.21 Löschen Sie diesen benannten Schlüssel.

Es ist übrigens auch möglich, Schlüssel schon während der Tabellendefinition zu benennnen:

```
CREATE TABLE t_test
    (nummer ln,
    test st,
    CONSTRAINT c_test_primkey
        PRIMARY KEY(nummer))
```

Da es jedoch selten ist, einen Primärschlüssel wieder zu löschen, wird man davon eher selten Gebrauch machen.

Ebenso ist es möglich, mehrere Änderungen in einer ALTER TABLE-Anweisung zusammenzufassen:

```
ALTER TABLE t_test
  DROP nummer,
  ADD nummer SMALLINT NOT NULL,
  ADD CONSTRAINT c_test_primkey
    PRIMARY KEY (nummer)
```

Eine solche Änderung ist natürlich nur dann möglich, wenn noch keine Datensätze in der Tabelle sind. Ansonsten müßte man die Werte in der Spalte *nummer* zwischenspeichern oder auf eine andere Art und Weise dafür sorgen, daß in der neuen Spalte *nummer* eindeutige Werte vorhanden sind.

4.2.5 Tabelle löschen

Zum Löschen einer Tabelle wird die Anweisung DROP TABLE verwendet.

```
DROP TABLE t_test
```

Beim Löschen einer Tabelle sind einige Besonderheiten zu beachten:

- Gelöscht werden kann eine Tabelle nur dann, wenn keine Transaktion mehr läuft, welche die Tabelle verwendet. Wenn Sie sich beispielsweise mit SELECT die Tabelle angesehen oder mit INSERT Daten eingefügt haben, dann müssen Sie zunächst die Transaktion mit FILE|COMMIT WORK oder FILE|ROLLBACK WORK beenden.
- Wenn die Tabelle Ziel einer Referenz ist, in einer VIEW, STORED PROCEDURE oder einem TRIGGER verwendet wird, kurz gesagt, wenn andere Metadaten die Tabelle verwenden, kann diese ebenfalls nicht gelöscht werden.

  Dies hat zur Folge, daß meist die halbe Datenbank „abgebaut" werden muß, bevor man sich von einer Tabelle trennen kann. Hier ist es dann meist einfacher, die Datenbank (nach entsprechender Änderung des SQL-Scripts) komplett neu zu erstellen und die Daten anschließend zu kopieren.
- Wenn der Benutzer weder Systemadministrator noch Ersteller der Tabelle ist, kann er sie ebenfalls nicht löschen.

4.3 Ansichten

Ein Ansicht (VIEW) ist eine vordefinierte Abfrage, auf die wie auf eine Tabelle zugegriffen wird.

Übung 4.22 In der Tabelle *t_mitarbeiter* gibt es bislang keine Spalte *gehalt*. Fügen Sie eine solche Spalte ein und „gewähren" Sie allen Mitarbeitern ein Gehalt von *4312,45 DM*.

Nun sollen alle Anwender durchaus erfahren, wer denn sonst noch in der Firma arbeitet, das Gehalt geht sie aber nichts an. Wir erstellen nun eine Ansicht der Tabelle *t_mitarbeiter*, welche die Spalte *gehalt* nicht anzeigt. Wie man vermeidet, daß die Anwender auf die Tabelle *t_mitarbeiter* direkt zugreifen, besprechen wir in Kapitel 4.4.

```
CREATE VIEW v_mitarbeiter AS
  SELECT nummer,
      vorname, nachname,
      strasse, plz, ort,
      vorgesetzter
    FROM t_mitarbeiter
```

Um eine Ansicht zu erstellen, wird die Anweisung CREATE VIEW verwendet. Dieser Anweisung folgt der Name der VIEW. Das Präfix *v_* soll der Unterscheidung zu anderen Bezeichnern dienen. Nach dem Schlüsselwort AS wird die Ansicht mit einer SELECT-Anweisung definiert.

Um sich die Daten in einer VIEW anzusehen, wird eine SELECT-Anweisung ausgeführt:

```
SELECT * FROM v_mitarbeiter
```

Beim Erstellen einer Ansicht kann in der SELECT-Anweisung die WHERE-Klausel verwendet werden, außerdem ist die Erstellung von JOINS möglich. Nicht gestattet dagegen sind Funktionen und somit die GROUP BY- und die HAVING-Klausel, des weiteren sind die ORDER- und die UNION-Klausel nicht gestattet. Brauchen sie diese Optionen, dann müssen Sie eine STORED PROCEDURE verwenden.

Übung 4.23 Erstellen Sie eine Ansicht namens *v_telefonliste* mit den Vornamen und Nachnamen der Mitarbeiter sowie ihrer Durchwahl in der Firma.

Beim Zugriff auf eine VIEW können Sie dann Optionen wie die ORDER-Klausel verwenden:

```
SELECT *
   FROM v_telefonliste
   ORDER BY nachname
```

Übung 4.24 Erstellen Sie eine Ansicht der Tabelle *t_art*, die nur Datensätze mit einer Nummer kleiner zehn anzeigt. Fügen Sie in die Tabelle *t_art* einen Datensatz ein, dessen Nummer bei 15 liegt.

Wenn Sie sich mit *SELECT * FROM v_art* die VIEW ansehen, dann werden Sie feststellen, daß Datensatz 15 tatsächlich nicht angezeigt ist.

In diesem Zusammenhang möchte ich zwei Begriffe einführen:

- Von einer vertikalen Teilmenge (*vertical subset*) spricht man, wenn Spalten von der Anzeige ausgeschlossen werden.
- Eine horizontale Teilmenge (*horizontal subset*) schließt dagegen einige Reihen von der Anzeige aus.

Selbstverständlich können Sie auch einige Spalten und einige Reihen gleichzeitig von der Anzeige ausschließen.

Umbenennen von Spalten

Ein Umbenennen von Spalten mit AS ist bei der Definition einer VIEW leider nicht möglich, was ein erhebliches Problem nach sich zieht.

Mit der folgenden VIEW wollen wir versuchen, einen JOIN der Tabellen *t_artikel* und *t_gruppe* zu erstellen.

```
CREATE VIEW v_artikel_gruppe AS
   SELECT
      a.nummer,
      g.bezeichnung,
      a.hersteller,
      a.bezeichnung,
      a.preis
   FROM t_artikel a
      LEFT OUTER JOIN t_gruppe g
         ON g.nummer = a.gruppe
/* geht nicht */
```

Die Ausführung der Anweisung wird mit der Fehlermeldung *unsuccessful metadata update - STORE RDB$RELATION_FIELDS failed - attempt to store duplicate value (visible to active transactions) in unique index "RDB$INDEX_15"* abgelehnt.

Schauen wir uns einmal mit METADATA|SHOW|INDEX|RDB$INDEX_15 diesen Index an:

```
RDB$INDEX_15 UNIQUE INDEX
   ON RDB$RELATION_FIELDS
      (RDB$FIELD_NAME, RDB$RELATION_NAME)
```

Es handelt sich hier um einen UNIQUE INDEX, also einen Index, der keine doppelten Werte akzeptiert. Funktionell ist dies dasselbe wir ein Sekundärschlüssel. In der Systemtabelle RDB$RELATION_FIELDS werden die Spaltennamen aller Tabellen und Ansichten (nebst einigen weiteren Informationen) gespeichert.

Mit Hilfe dieses UNIQUE INDEX wird nun sichergestellt, daß keine Tabelle ein und denselben Spaltennamen mehrmals verwendet. In unserer Ansicht verwenden wir aber einmal *a.bezeichnung* und das andere mal *g.bezeichnung*. In beiden Fällen würde daraus der Spaltenname *bezeichnung* entstehen, und deshalb tritt hier die Indexverletzung auf.

Im Prinzip wäre das ja überhaupt kein Problem, wenn man denn die Spalten einer VIEW umbenennen könnte.

```
CREATE VIEW v_artikel_gruppe AS
   SELECT
      a.nummer,
      g.bezeichnung AS gruppe,
      a.hersteller,
      a.bezeichnung,
      a.preis
   FROM t_artikel a
      LEFT OUTER JOIN t_gruppe g
         ON g.nummer = a.gruppe

/* geht nicht */
```

Aber, wie gesagt, auch das wird nicht akzeptiert. Es bleibt also in so einem Fall nichts anderes übrig, als eine der Spalten in der Tabellendefinition umzubenennen.

4.3.1 Daten in einer Ansicht ändern

Unter bestimmten Umständen – wir werden sie später besprechen – kann man Daten über eine Ansicht einfügen, ändern und löschen. Um dies zu demonstrieren, benötigen wir die VIEW *v_art* aus Übung 4.24.

```
INSERT INTO v_art
  VALUES (8, "Telefon bei Partner(in)", "")
```

Es ist ebenso möglich, in die Ansicht einen Datensatz einzufügen, der anschließend gar nicht angezeigt wird.

```
INSERT INTO v_art
  VALUES (16, "wird nicht angezeigt", "")
```

Mit *SELECT * FROM t_art* können Sie sich davon überzeugen, daß der Datensatz tatsächlich in die darunterliegende Tabelle eingefügt wurde.

CHECK OPTION

Das eben demonstrierte Verhalten wird man in vielen Fällen nicht gebrauchen können. Nehmen wir einmal an, ein Anwender greift (über eine entsprechende Datenbank-Applikation) auf eine Ansicht zu und gibt dort einen neuen Datensatz ein. Dieser Datensatz erfüllt – aus welchen Gründen auch immer – die Kriterien der VIEW nicht. Beim Bestätigen der Eingabe führt die Applikation nun einen Refresh durch, und schon ist der Datensatz verschwunden.

Wenn der Anwender hartnäckig ist, wiederholt er den Versuch noch einige Male, und wenn es dabei nicht zu einer Schlüsselverletzung kommt, haben wir nicht nur einen frustrierten Anwender, sondern auch denselben Datensatz mehrfach in der Datenbank. Wie Sie sehen, ist das mit horizontalen Teilmengen nicht ganz unproblematisch.

Es besteht jedoch die Möglichkeit, mit Hilfe der CHECK OPTION dafür zu sorgen, daß nur solche Datensätze über eine Ansicht geändert werden, die von derselben auch angezeigt werden können.

Wir wollen nun die Ansicht *v_art* mit einer solchen CHECK OPTION erstellen. Dazu müssen wir allerdings erst die momentane Version entfernen.

```
DROP VIEW v_art
```

Vermutlich müssen Sie erst mit FILE|COMMIT WORK die laufende Transaktion beenden, bevor Sie *v_art* entfernen können. Erstellen Sie die Ansicht nun folgendermaßen neu:

```
CREATE VIEW v_art AS
  SELECT *
    FROM t_art
    WHERE nummer < 10
      WITH CHECK OPTION
```

Übung 4.25 Ermitteln Sie, wie das DBS auf eine Verletzung der CHECK OPTION reagiert. (Hinweis: Sie müssen dafür eine INSERT-, eine DELETE- und zwei UPDATE-Anweisungen erstellen.)

Wann lassen sich die Daten einer Ansicht ändern?

Nicht in jedem Fall ist eine Ansicht *updatable*. Beispielsweise darf die VIEW nur eine einzelne Tabelle anzeigen und keinen JOIN.

Wenn es aber im Handbuch heißt, *A view is updatable if (...) all base table columns excluded from the view definition allow NULL values*, so ist das nicht ganz korrekt.

Zunächst einmal gilt, daß immer dann, wenn in vertikale Teilmengen Datensätze eingefügt werden, die nicht beteiligten Spalten mit dem Vorgabewert, in der Regel also mit NULL gefüllt werden. Wenn die betreffenden Spalten als NOT NULL definiert sind, gibt es natürlich dann ein Problem.

Abhilfe kann hier geschaffen werden, indem der betreffenden Spalte ein Vorgabewert zugewiesen wird:

```
CREATE TABLE t_test
  (nummer ln,
  eins INTEGER,
  zwei INTEGER
    DEFAULT 3
    NOT NULL,
  PRIMARY KEY (nummer))
```

Sie können nun eine VIEW auf diese Tabelle erstellen, welche die betreffende Spalte ausschließt. In diese VIEW können Sie nun Datensätze einfügen, ohne daß das DBS sich darüber beschwert.

Die betreffende Spalte wird dann – wie erwartet – mit den Vorgabewerten aufgefüllt.

```
CREATE VIEW v_test AS
   SELECT nummer, eins
      FROM t_test

INSERT INTO v_test VALUES (2,3)
```

Bei DELETE- und UPDATE-Aktionen gibt es dann überhaupt keine Probleme. Wie Sie sehen, können Sie den InterBase-Handbüchern nicht in allen Details trauen.

Zugriffsberechtigung

Das Thema *Zugriffsberechtigung* werden wir erst in Kapitel 4.4 behandeln. Es sei aber im Moment schon soviel verraten, daß Sie nicht nur einzelnen Anwendern die Verwendung der VIEW gestatten können, Sie können auch bestimmen, ob diese Lesen, Einfügen, Ändern und/oder Löschen dürfen.

In vielen Fällen wird es zu empfehlen sein, nur die SELECT-Rechte zu vergeben, damit die Anwender nicht – beabsichtigt oder unbeabsichtigt – die darunterliegenden Daten ändern. Dazu ein kleines Fallbeispiel: Damit sich die Mitarbeiter in der Firma gegenseitig erreichen, wurde eine VIEW auf die Mitarbeitertabelle gelegt, welche Vor- und Nachname, Abteilung und Durchwahl anzeigt.

Nun sind viele Mitarbeiter in der Firma beschäftigt, was die Liste etwas unübersichtlich macht, zumal sie nach der Nummer und nicht nach der Abteilung oder dem Nachnamen sortiert ist. Viele Mitarbeiter ärgern sich darüber, einer beginnt zu handeln: Die Sortierreihenfolge kann er nicht ändern, aber man kann ja mal alle nicht benötigten Datensätze rauswerfen.

Nehmen wir einmal an, der Mitarbeiter arbeitet im Mahnwesen. Die Buchhaltung und den Versand benötigt er noch, die Geschäftsleitung und das Personalbüro läßt er vorsichtshalber noch drin, aber auf Konstruktion, Fertigung und Lager glaubt er, verzichten zu können. Malen wir uns lieber nicht aus, was passiert, wenn der Fehler nicht rasch entdeckt wird und am nächsten Ersten die halbe Belegschaft kommentarlos keinen Lohn erhält...

4.3.2 Eine Ansicht löschen

Um eine Ansicht zu löschen, verwendet man die Anweisung DROP VIEW.

```
DROP VIEW v_test
```

Um eine Ansicht löschen zu können, müssen erst alle tangierenden Transaktionen abgeschlossen werden. Außerdem dürfen keine weiteren Ansichten auf der betreffenden VIEW beruhen (was möglich ist, von mir aber nicht unbedingt empfohlen wird).

Die Änderung einer Ansicht ist nicht möglich, der Befehl ALTER VIEW existiert nicht. (Es wäre mir ohnehin unklar, was er sinnvollerweise bewirken könnte – vielleicht die Änderung der CHECK OPTION.)

Zusammenfassend möchte ich noch feststellen, daß die VIEW recht vielen Beschränkungen unterworfen ist. Wesentlich flexibler und leistungsfähiger ist die STORED PROCEDURE, welche wir in Kapitel 6 besprechen werden.

4.4 Zugriffsrechte

In Datenbanken werden häufig sensible Daten gespeichert. Diese sind nicht nur vor Verlust zu schützen – beispielsweise durch ein regelmäßig durchgeführtes Backup – es ist auch sicherzustellen, daß nur diejenigen Anwender die Daten lesen können, die dazu auch berechtigt sind.

4.4.1 Neue Benutzer anlegen

Bislang haben wir uns in die Datenbank stets mit SYSDBA eingeloggt, das dazugehörende Paßwort war *masterkey*. Spätestens dann, wenn eine Datenbank die Testphase bestanden hat und mit relevanten Daten gefüllt wird, sollte der SYSDBA (System-Datenbank-Administrator) sein Paßwort ändern. Des weiteren wird es dann erforderlich, weitere Benutzer anzulegen.

Server-Manager

Um Paßwörter zu ändern und neue Benutzer anzulegen, wird ein bislang nicht verwendetes Programm verwendet, der *Server-Manager*. Mit diesem Programm können darüberhinaus noch andere Aufgaben übernommen werden, beispielsweise ein Backup erstellt oder zurückgespielt werden.

Wir wollen uns hier nicht näher mit diesen Optionen beschäftigen, schauen Sie im Bedarfsfall in die Handbücher oder die Online-Hilfe.

Verbindung zum Server herstellen

Bevor ein neuer Benutzer angelegt werden kann, muß zunächst eine Verbindung zum Server hergestellt werden. Dazu wählen Sie FILE|SERVER LOGIN. Es erscheint ein Dialog ähnlich dem von ISQL. Um neue Benutzer anlegen zu können, müssen Sie sich als SYSDBA anmelden.

Übrigens: Vom Server-Manager aus können mehrere Datenbankserver betreut werden. Wenn Sie von dieser Möglichkeit Gebrauch machen, dann achten Sie darauf, daß bei den Aktionen der gewünschte Server gewählt ist.

Benutzerverwaltung

Mit TASKS|USER SECURITY gelangen Sie zur Benutzerverwaltung. Um einen neuen Anwender anzumelden, wählen Sie ADD USER. Geben Sie einen Benutzernamen und zweimal das Paßwort ein.

Für die folgenden Beispiele wollen wir die Benutzer *emil* und *susi* anlegen. Der Einfachheit halber soll das Paßwort gleich dem Benutzername sein. (Das sollten Sie im „Ernstfall" natürlich nicht tun.)

Der Benutzername kann bis zu 31 Zeichen enthalten, Groß- oder Kleinschreibung wird nicht unterschieden. Das Paßwort kann eine beliebige Länge haben, es sind aber nur die ersten acht Zeichen relevant. Beim Paßwort wird auf die Groß- und Kleinschreibung geachtet.

Die Eingabe des Benutzernamens und des Paßwortes sind obligatorisch. Es stehen drei weitere Felder zur Verfügung (*First Name, Middle Name, Last Name*), welche für zusätzliche Informationen genutzt werden können, beispielsweise für den tatsächlichen Namen des Anwenders.

Um ein Paßwort zu ändern, wählen Sie MODIFY USER. Geben Sie dann das neue Paßwort ein und bestätigen Sie es. Mit MODIFY USER können Sie auch die zusätzlichen drei Felder ändern.

Um einen Benutzer zu löschen, wählen Sie den entsprechenden Eintrag aus und wählen dann DELETE USER. Die Sicherheitsabfrage ist mit JA zu beantworten.

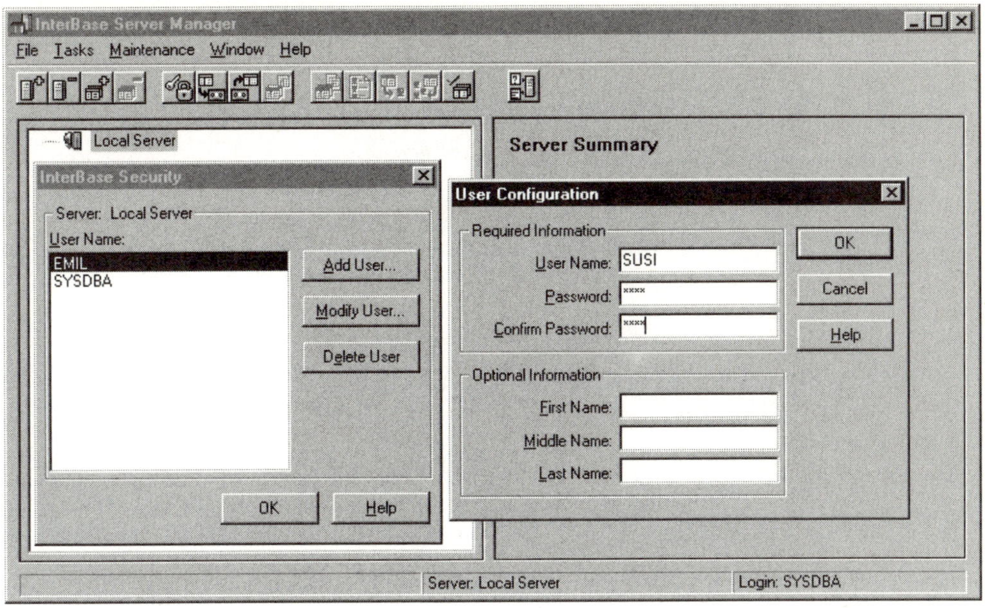

Abbildung 4.1: Neue Benutzer anlegen

4.4.2 GRANT

Wählen Sie in ISQL FILE|DISCONNECT FROM DATABASE und melden Sie sich dann erneut an, diesmal mit dem Benutzernamen *emil.*

Mit METADATA|SHOW|TABLE können Sie sich anzeigen lassen, welche Tabellen vorhanden sind, Sie können sich auch die einzelnen Tabellendefinitionen anzeigen lassen. Wenn Sie aber mit *SELECT * FROM t_art* versuchen, sich den Inhalt einer Tabelle anzeigen zu lassen, erhalten Sie die Fehlermeldung *no permission for read/select access to table T_ART.*

Ein neuer Benutzer hat nur dann Rechte zum Lesen oder Ändern der Daten, wenn sie ihm explizit gewährt wurden oder wenn sie allen Benutzern gewährt wurden.

Vielleicht kommt nun der eine oder andere Leser auf die Idee, daß, wenn man die Metadaten einsehen kann, man sie vielleicht auch ändern könne.

```
ALTER TABLE t_art
   ADD test integer
```

Auch diese Anweisung wird vom DBS mit einer Fehlermeldung quittiert:

unsuccessful metadata update -STORE RDB$RELATION_FIELDS failed - no permission for control access to TABLE T_ART.

Es ist jedoch möglich, eigene Metadaten zu erstellen.

```
CREATE TABLE t_emil
  (nummer ln,
  bezeichnung st,
  PRIMARY KEY (nummer))
```

Auf diese Tabelle können Sie natürlich auch zugreifen, diese gehört nun auch dem Benutzer *emil*. Wer der Besitzer einer Tabelle ist, können Sie mit METADATE|EXTRACT TABLE feststellen.

```
/* Table: T_EMIL, Owner: EMIL */
CREATE TABLE T_EMIL (NUMMER LN,
        BEZEICHNUNG ST,
PRIMARY KEY (NUMMER));
```

Melden Sie sich nun wieder ab und als SYSDBA ein.

SYSDBA

Der Systemadministrator ist der „Chef" des Servers, der Datenbank und von allem, was darin enthalten ist. Er kann nicht nur den Inhalt der Tabelle *t_emil* lesen oder dort Daten einfügen, er kann die Tabelle auch löschen.

```
DROP TABLE t_emil
```

Benutzerrechte einräumen

Wir wollen nun dem Benutzer *emil* das Leserecht auf die Tabelle *t_artikel* einräumen.

```
GRANT SELECT ON t_artikel TO emil
```

Benutzerrechte werden mit der Anweisung GRANT zugewiesen. Mit dem Schlüsselwort SELECT zeigen wir an, daß Leserechte vergeben werden sollen. Nach ON wird die Tabelle angegeben, für die das Leserecht eingeräumt wird, nach TO der Name des Benutzers, der das Recht erhalten soll.

```
GRANT INSERT, UPDATE, DELETE
   ON t_artikel
   TO emil, susi
```

Es ist auch möglich, mehrere Rechte gleichzeitig zu vergeben oder Rechte mit einer Anweisung mehreren Benutzern gleichzeitig zu gewähren. In diesem Beispiel dürfen die Benutzer *emil* und *susi* in der Tabelle *t_artikel* Datensätze einfügen, ändern und löschen. Es ist nicht möglich, mit einer Anweisung Rechte für mehrere Tabellen einzuräumen.

Das Referenzrecht

Bei den Rechten SELECT, INSERT, UPDATE und DELETE ist leicht einsichtig, was mit dem betreffenden Recht erlaubt ist. Es gibt jedoch auch noch das Recht REFERENCES, das die Referenzierung von Tabellen erlaubt.

Was es damit genau auf sich hat, werden wir nun ermitteln. Melden Sie sich dafür als *emil* an und führen Sie folgende Anweisung aus:

```
INSERT INTO t_artikel
      (gruppe, bezeichnung, preis, hersteller)
   VALUES
      (1, "Pentium 200 MHz MMX", 249, "Intel")
```

Obwohl die Anweisung syntaktisch korrekt ist und *emil* das INSERT-Recht für die Tabelle *t_artikel* hat, wird die Ausführung der Anweisung verweigert. Die Fehlermeldung lautet: *no permission for references access to TABLE T_GRUPPE.*

Die Ursache ist folgende: Die Tabelle *t_artikel* referenziert die Tabelle *t_gruppe*. Für diese Tabelle haben wir allerdings kein Leserecht. Deshalb kann das DBS nicht prüfen, ob die referentielle Integrität gewahrt ist.

Geben Sie als SYSDBA folgende Anweisung ein:

```
GRANT SELECT ON T_GRUPPE TO SUSI
GRANT REFERENCES ON T_GRUPPE TO EMIL
```

Prinzipiell wäre es möglich, das Leserecht für die Tabelle *t_gruppe* zu vergeben, es ist ohnehin kein vernünftiger Grund zu erkennen, warum es verweigert werden soll.

Es sind aber Fälle denkbar, in denen zwar die Fremdschlüsselprüfung ermöglicht werden soll, nicht aber der Lesezugriff. Aus diesem Grund ist es möglich, mit dem Schlüsselwort REFERENCES dieses Recht speziell zu vergeben. *Emil* könnte nun die oben genannte INSERT-Anweisung ausführen.

Prinzipiell sollte auch *susi* die INSERT-Anweisung ausführen können, denn das SELECT-Recht schließt das REFERENCES-Recht mit ein. Allerdings scheitert das Ausführen der INSERT-Anweisung an einem fehlenden SELECT-Recht. Wie Sie sich vielleicht noch erinnern, haben wir das SELECT-Recht für die Tabelle *t_artikel* nur an *emil* vergeben.

In der Regel ist ein Leserecht überhaupt nicht erforderlich, um Datensätze in eine Tabelle einzufügen. Wir haben jedoch für die Tabelle *t_artikel* einen Trigger definiert, welcher einen Wert in das Feld *nummer* einfügt, und dieser Trigger benötigt das Leserecht für diese Tabelle. Wenn Sie das Leserecht für *t_artikel* auf keinen Fall an Susi vergeben möchten, dann müssen Sie (als SYSDBA natürlich) den Trigger deaktivieren (oder löschen)

```
ALTER TRIGGER trig_artikel INACTIVE
```

Vergessen Sie nun nicht, bei einer INSERT-Anweisung auch der Spalte *nummer* einen Wert zuzuweisen.

Um Rechte für eine Ansicht einzuräumen, gehen Sie genauso vor wie bei den Tabellen.

```
GRANT SELECT ON v_test TO emil
```

Übung 4.26 Wie Sie sich sicher noch erinnern, werden in der Tabelle *t_art* die Arten der Kommunikationswege gespeichert. Es soll nun vorgesehen werden, daß die Mitarbeiter (also *emil* und *susi*) diese Tabelle bearbeiten können, also neue Datensätze einfügen, diese ändern oder wieder löschen können. Es soll jedoch vermieden werden, daß die bestehenden Datensätze (diejenigen mit der Nummer eins bis sieben einschließlich) überschrieben werden. Es gibt hier zwei prinzipielle Vorgehensweisen. Welche?

ALL

In vielen Fällen wird man an Benutzer alle Tabellenrechte vergeben. Um die Tipparbeit zu minimieren, kann man mit dem Schlüsselwort ALL arbeiten.

```
GRANT SELECT, INSERT, UPDATE, DELETE
   ON t_test TO emil

GRANT ALL ON t_test TO emil
```

Diese beiden Anweisungen führen zu demselben Ergebnis.

Übung 4.27 Warum fehlt das REFERENCES-Recht in der ersten Anweisung?

PUBLIC

Wenn viele Benutzer beim System registriert sind, wäre es recht aufwendig, ihnen die Zugriffsrechte einzeln zu gewähren. Mit dem Schlüsselwort PUBLIC kann deshalb das Zugriffsrecht allen Benutzern gewährt werden.

```
GRANT SELECT ON t_test TO PUBLIC
```

Auch diejenigen Benutzer, die erst nach der Aufführung dieser Anweisung beim System registriert werden, erhalten auf diese Weise die betreffenden Rechte.

GRANT OPTION

Im Regelfall kann nur der Besitzer einer Tabelle oder Ansicht sowie der SYSDBA Benutzerrechte vergeben. (In der Regel ist der SYSDBA auch der Besitzer aller Tabellen.)

```
GRANT SELECT ON t_test TO emil WITH GRANT OPTION
```

Mit dem Zusatz WITH GRANT OPTION erhalten die angegebenen Benutzer nicht nur die gewährten Rechte, sondern auch die Möglichkeit, diese an andere Benutzer weiterzugeben. Es können naürlich nur diejenigen Rechte weitergegeben werden, welche in der betreffenden GRANT-Anweisung erteilt wurden – bei diesem Beispiel also nur das SELECT-Recht.

Beschränkung auf bestimmte Spalten

Soll das Recht auf einen Tabellenzugriff auf bestimmte Spalten beschränkt werden, so muß dafür nicht in allen Fällen eine Ansicht definiert werden.

```
GRANT UPDATE (preis) ON t_artikel TO emil
```

Die UPDATE- und REFERENCES-Rechte können auf eine Teilmenge der vorhandenen Spalten beschränkt werden, welche dann aufzuzählen sind. In diesem Beispiel wäre es *emil* möglich, die Preise des Sortiments anzupassen.

4.4.3 REVOKE

Rechte können nicht nur vergeben, sondern mit REVOKE auch wieder zurückgenommen werden.

```
REVOKE SELECT ON t_art FROM emil
```

Die Syntax der Anweisung ähnelt dem GRANT-Befehl, es heißt allerdings statt GRANT..TO nun REVOKE..FROM.

```
REVOKE ALL ON t_gruppe FROM emil
```

Mit dem Schlüsselwort ALL können alle Rechte bezüglich einer Tabelle entzogen werden, auch wenn diese gar nicht alle erteilt wurden.

```
REVOKE DELETE ON t_test FROM PUBLIC
```

Mit dem Schlüsselwort PUBLIC können Rechte von allen Benutzern widerrufen werden, auch dann, wenn dieses Recht gar nicht allen Benutzern erteilt worden ist. Beachten Sie bitte auch, daß Rechte, die als PUBLIC vergeben wurden, auch nur FROM PUBLIC widerrufen werden können.

Bitte beachten Sie auch folgendes:

- Wird einem Benutzer ein Recht entzogen, das er WITH GRANT OPTION erhalten hat, dann wird dieses Recht auch allen Benutzern entzogen, denen er es weitergewährt hat.
- Wird einem Benutzer ein Recht von mehreren verschiedenen Benutzern gewährt, dann müssen es alle diese Benutzer auch widerrufen, damit er es auch tatsächlich verliert.

4.4.4 Benutzergruppen

Seit Version 5.0 von InterBase lassen sich Benutzergruppen anlegen. Dadurch vermeidet man erstens viel Schreibarbeit, wenn viele Rechte an viele Benutzer zu vergeben sind, und erreicht darüber hinaus eine einheitliche Behandlung der Benutzergruppen.

```
CREATE ROLE benu
```

Eine Benutzergruppe wird mit CREATE ROLE erstellt. Außer dem Namen der Benutzergruppe kann nichts angegeben werden.

```
GRANT SELECT ON t_mitarbeiter TO benu
```

Mit GRANT kann ein Recht nicht nur einem einzelnen Benutzer, sondern auch einer Benutzergruppe gewährt werden.

```
GRANT benu TO emil, susi
```

Um einen oder mehrere Benutzer in die Benutzergruppe aufzunehmen, wird ebenfalls die GRANT-Anweisung verwendet.

```
DROP ROLE benu
```

Wenn Sie eine Benutzergruppe löschen, dann verlieren die darin aufgenommenen Benutzer automatisch die über die Benutzergruppe gewährten Rechte.

5 Transaktionen

Unter einer Transaktion versteht man eine Gruppe von Anweisungen, die nur gemeinsam ausgeführt werden. Können nicht ausnahmslos alle Anweisungen ausgeführt werden – aus welchen Gründen auch immer – dann soll keine der Anweisungen ausgeführt werden. Innerhalb dieser Transaktionen kann eine einheitliche Datensicht gefordert werden.

5.1 Warum Transaktionen?

Die Bildung solcher Transaktionen kann mehrere Gründe haben:

Konsistenz der Datenbank

Häufig werden Transaktionen eingesetzt, um die Konsistenz einer Datenbank zu gewährleisten. Das in der Literatur gängige Beispiel (das deshalb auch hier nicht fehlen soll) in die Überweisung eines Geldbetrages.

Nehmen wir an, ein Geldbetrag von 100,- DM soll von Konto 123 auf Konto 456 überwiesen werden. Die Datenbank eines Kreditinstituts ist zwar ziemlich anders aufgebaut, wir wollen für unsere Zwecke aber so tun, als ob dabei zwei UPDATE-Anweisungen ausgeführt werden:

```
UPDATE t_konten
   SET kontostand = kontostand + 100
   WHERE kontonummer = 456
UPDATE t_konten
   SET kontostand = kontostand - 100
   WHERE kontonummer = 123
```

Während der Ausführung tritt nun ein Fehler im System auf: Eine Festplatte crasht, das Betriebssystem „schmiert ab“, ein Mitarbeiter stolpert über die Datenleitung oder was in der Praxis sonst noch so für Probleme auftreten. Dieser Fehler führt nun dazu, daß das eine Konto eine Gutschrift erhalten hat, das andere aber nicht belastet wurde.

In diesem Fall muß mit einer Transaktion dafür gesorgt werden, daß diese beiden Anweisungen stets gemeinsam ausgeführt werden. Vor der ersten Anweisung wird eine Transaktion gestartet, und wenn beide Anweisungen problemlos ausgeführt wurden, wird die Transaktion mit COMMIT beendet.

Für den Fall, daß ein Fehler auftritt, beispielsweise, daß es eine der beiden Kontonummern nicht gibt, wird die Transaktion mit ROLLBACK beendet und beide Anweisungen werden – sofern sie überhaupt ausgeführt werden konnten – zurückgenommen. Wenn ein System abgestürzt ist, dann werden beim erneuten Starten des Servers alle noch offenen Transaktionen ebenfalls mit ROLLBACK verworfen.

Einheitliche Datensicht

Die meisten Datenbanken sind dafür ausgelegt, daß mehrere Benutzer gleichzeitig an ihnen arbeiten. In manchen Fällen sind einige hundert Benutzer überhaupt nichts besonderes. Es ist wohl leicht einzusehen, daß dies zu gewissen Problemen führt, wir werden uns später noch damit beschäftigen.

Wenn dieser Datenbestand ausgewertet werden soll, dann kann man den Anwender leicht zur Verzweiflung bringen, wenn man nicht für eine einheitliche Datensicht sorgt. Ein Beispiel: In der Geschäftsstelle einer Partei soll eine Mitgliederstatistik erstellt werden. Zunächst schlüsselt man den Bestand nach Landesverbänden auf, dann nach Altergruppen, anschließend vielleicht nach der Pünktlichkeit der Beitragszahlung, und so weiter.

Während der Erstellung dieser Statistik geben nun andere Mitarbeiter Änderungen ein. Ein Mitglied tritt aus, das andere verstirbt, ein paar ziehen um, und vielleicht gibt es ja auch ein paar Neueintritte. Es ist also damit zu rechnen, daß sich die Gesamtzahl der Mitglieder laufend ändert.

Eine Transaktion kann nun so von anderen isoliert werden, daß sie von Änderungen der anderen Transaktionen nichts mitbekommt. Abfragen ermitteln immer den Datenbestand, der zu Beginn der Transaktion vorgefunden wurde, verändert durch diejenigen Aktionen, welche innerhalb der Transaktion selbst vorgefunden wurden.

Rücknahme von Aktionen

Ein erfreulicher Nebeneffekt der Transaktionen ist, daß man damit eine einfache *Undo*-Funktion implementiert hat. Nehmen wir einmal an, man möchte die drei Datensätze löschen, deren Nummer über 10 000 liegt und verwechselt den Operator, was den Verlust der ganzen Tabelle mit Ausnahme eben dieser drei Datensätze nach sich zieht.

Mit Hilfe einer ROLLBACK kann die Transaktion nun in ihrer Gesamtheit zurückgenommen werden. Die Aktionen, die seit dem Start der Transaktion bis zu jener Anweisung erfolgt sind, die man zurücknehmen möchte, werden bei der Rücknahme der Transaktion natürlich ebenso verworfen.

5.2 Transaktionen erstellen

Wie das mit Transaktionen in der Praxis funktioniert, wollen wir nun im Experiment ermitteln. Da ISQL keine benannten Transaktionen unterstützt, muß ISQL zweimal gestartet werden. Wir werden die beiden Programme im folgenden *isql1* und *isql2* nennen. Melden Sie sich in beiden Programmen als SYSDBA an.

5.2.1 Standard-Transaktion

Solange Sie nicht explizit etwas anderes angeben, wird eine Transaktion mit den Vorgabeparametern gestartet. Dies würde folgender Anweisung entsprechend:

```
SET TRANSACTION READ WRITE WAIT
   ISOLATION LEVEL SNAPSHOT
```

Was es mit den einzelnen Parametern auf sich hat, werden wir im folgenden besprechend. Diese Anweisung brauchen Sie übrigens nicht einzugeben, da ISQL automatisch eine entsprechende Transaktion startet.

Führen Sie nun in beiden Programmen (*isql1* und *isql2*) eine Abfrage auf die Tabelle *t_art* durch:

```
SELECT * FROM t_art
```

In beiden Programmen erhalten Sie dieselbe Ergebnismenge – dies wird nicht mehr lange so sein. Fügen Sie nun von *isql1* aus einen Datensatz in *t_art* ein.

```
INSERT INTO t_art VALUES (11, "Transaktion 1")
```

Übung 5.1 Bevor Sie nun von beiden Programmen aus wieder eine Abfrage auf die Tabelle *t_art* durchführen, überlegen Sie sich, ob der neu eingefügte Datensatz jeweils in die Ereignismenge aufgenommen wird und warum dies der Fall sein wird.

COMMIT

Damit der neue Datensatz auch von *isql2* aus sichtbar wird, ist zunächst die Transaktion in *isql1* und anschließende diejenige in *isql2* abzuschließen.

Die Transaktion in *isql1* ist zwingend mit COMMIT abzuschließen (so der neue Datensatz von *isql2* aus sichtbar werden soll). Würde sie mit ROLLBACK verworfen, so würde ja die INSERT-Anweisung rückgängig gemacht.

Wie die Transaktion in *isql2* abgeschlossen wird, ist unerheblich. Wichtig ist, daß ein „Schnappschuß" zu dem Zeitpunkt gemacht wird, zu dem die Transaktion in *isql1* bereits mit COMMIT bestätigt wurde.

```
COMMIT
```

Um die Transaktion mit COMMIT abzuschließen, können Sie diese Anweisung eingeben und ausführen. Es ist aber auch möglich, mit FILE|COMMIT WORK diese Anwesiung abzusetzen.

ROLLBACK

Übung 5.2 Fügen Sie von *isql1* aus einen neuen Datensatz mit der Nummer 12 und der Bezeichnung *Test* ein. Führen Sie dann eine Abfrage auf die gesamte Tabelle *t_art* aus.

Wir wollen die laufende Transaktion nun verwerfen:

```
ROLLBACK
```

Alternativ kann auch der Menüpunkt FILE|ROLLBACK WORK verwendet werden. Wenn Sie sich nun die Tabelle *t_art* ansehen, dann stellen Sie fest, daß der gerade eben eingefügte Datensatz nicht mehr vorhanden ist. Von *isql2* aus ist der Datensatz zu keinem Zeitpunkt sichtbar gewesen.

READ ONLY

Mit dem Schlüsselwort READ ONLY kann dafür gesorgt werden, daß im Kontext der Transaktion nur Lese-, aber keine Schreibzugriffe durchgeführt werden können.

```
SET TRANSACTION READ ONLY
```

Während einer solchen Transaktion können Sie so viele SELECT-Anweisungen durchführen, wie es ihre Benutzerrechte erlauben. Der Versuch, eine INSERT-, UPDATE- oder DELETE-Anweisung auszuführen, wird mit einer Fehlermeldung abgewiesen.

Mit Hilfe von READ ONLY-Transaktionen können Sie sicherstellen, daß ungeübte Benutzer nicht versehentlich ihren Datenbestand ruinieren.

Um auch einen Schreibzugriff zu erlauben, muß auf die Option READ ONLY verzichtet werden. Es ist auch möglich, die Option READ WRITE zu verwenden.

5.2.2 ISOLATION LEVEL

Bei einer Transaktion kann explizit angegeben werden, wie sehr sie von anderen Transaktionen isoliert werden soll. Solange nichts anderes angegeben wird, verwendet InterBase den Isolationsgrad SNAPSHOT. Es wäre auch möglich, explizit diesen Isolationsgrad zu setzen:

```
SET TRANSACTION ISOLATION LEVEL SNAPSHOT
```

Das Verhalten dieses Isolationsgrades haben wir gerade betrachtet: Änderungen am Datenbestand seit Beginn der Transaktion werden nur zur Kenntnis genommen, wenn sie im Kontext derselben Transaktion vorgenommen werden. Änderungen, die im Kontext anderer Transaktionen vorgenommen wurden, werden ignoriert.

READ COMMITTED

Beim Isolationsgrad READ COMMITTED können auch diejenigen Änderungen am Datenbestand erkannt werden, die von deren Transaktionen mit COMMIT bestätigt wurden.

Das genaue Verhalten wollen wir uns gleich einmal ansehen. Starten Sie von *isql1* auf eine gewöhnliche Transaktion.

```
SET TRANSACTION
```

Von *isql2* aus wird eine Transaktion mit dem Isolationsgrad READ COMMITTED gestartet.

```
SET TRANSACTION WAIT
   ISOLATION LEVEL READ COMMITTED
```

Was es mit dem Schlüsselwort WAIT auf sich hat, werden wir gleich besprechen. Im Moment soll nur darauf hingewiesen werden, daß Transaktionen per Voreinstellung ohnehin als WAIT gestartet werden und daß die Angabe dieser Option redundant ist.

Mit einem von beiden Programmen ausgeführten *SELECT * FROM t_art* überzeugen wir uns davon, daß im Moment noch eine identische Sicht der Daten besteht. Anschließend fügen wir von *isql1* aus einen weiteren Datensatz in die Tabelle *t_art* ein.

```
INSERT INTO t_art
   VALUES (13, "READ COMMITTED, WAIT")
```

Die laufende Transaktion wird noch nicht (!) abgeschlossen. Nun versuchen wir, von *isql2* aus mit *SELECT * FROM t_art*, uns die Tabelle anzusehen. Diese Anweisung wird jedoch nicht ausgeführt, statt dessen wird ein Sanduhrsymbol angezeigt.

Das DBS zeigt bei diesem Isolationsgrad nur bestätigte Datensätze an. In der Tabelle *t_art* befindet sich jedoch im Moment ein unbestätigter Datensatz. Also wartet das DBS, bis die Transaktion, in deren Kontext der neue Datensatz eingefügt wurde, mit COMMIT bestätigt oder mit ROLLBACK verworfen wird.

Bestätigen Sie nun von *isql1* aus die Transaktion.

```
COMMIT
```

Sie werden sehen, daß unverzüglich darauf die SELECT-Anweisung in *isql2* ausgeführt wird und der neue Datensatz zu sehen ist.

Nun fügen Sie von *isql1* aus noch einen zweiten Datensatz ein.

```
INSERT INTO t_art
  VALUES (14, "zweiter Versuch")
```

Auch in diesem Fall wird die Transaktion noch nicht abgeschlossen. Führen Sie dann von *isql2* aus die folgende Abfrage durch:

```
SELECT * FROM t_art
  WHERE nummer < 10
```

In diesem Fall wird die Abfrage unverzüglich ausgeführt, schließlich befindet sich der unbestätigte Datensatz ohnehin nicht in der Ergebnismenge.

Andere Datenbanksysteme können hier übrigens ein anderes Verhalten zeigen: Da dort oft mit „Locking" statt mit „Versioning" gearbeitet wird (wir klären die Begriffe später), könnte es gut sein, daß beim Einfügen des neuen Datensatzes bis zum Abschluß der Transaktion gleich die ganze Tabelle gesperrt wird.

Übung 5.3 Finden Sie heraus, was passiert, wenn mit SET TRANSACTION eine neue Transaktion gestartet wird, ohne daß die vorherige Transaktion mit COMMIT oder ROLLBACK angeschlossen wurde.

NO WAIT

Nun wollen wir uns ansehen, was passiert, wenn nicht gewartet werden soll. Starten Sie wieder von *isql1* auf eine gewöhnliche Transaktion. Von *isql2* aus wird eine Transaktion mit dem Isolationsgrad READ COMMITTED und dem Status NOT WAIT gestartet.

```
SET TRANSACTION NO WAIT
  ISOLATION LEVEL READ COMMITTED
```

Mit einem von beiden Programmen ausgeführten *SELECT * FROM t_art* überzeugen wir uns wieder davon, daß im Moment noch eine identische Sicht der Daten besteht. Anschließend fügen wir von *isql1* aus einen weiteren Datensatz in die Tabelle *t_art* ein.

```
INSERT INTO t_art
  VALUES (15, "READ COMMITTED, NO WAIT")
```

Die laufende Transaktion wird noch nicht (!) abgeschlossen. Nun versuchen wir, von *isql2* aus mit *SELECT * FROM t_art*, uns die Tabelle anzusehen. Diese Anweisung wird wieder nicht ausgeführt, statt dessen erscheint der Fehlermeldung *deadlock*. Beim Wartestatus NO WAIT zeigt also das DBS mit der Fehlermeldung sofort an, daß hier unbestätigte Datensätze betrachtet werden sollen.

Deadlock

In der Literatur wird der Begriff *deadlock* dafür verwendet, daß mehrere Transaktionen gegenseitig auf den Abschluß einer anderen Transaktion warten, die sie selbst direkt oder indirekt blockieren. Lassen Sie sich durch die unterschiedliche Verwendung dieses Begriffs nicht irritieren.

SNAPSHOT TABLE STABILITY

Beim Isolationsgrad SNAPSHOT TABLE STABILITY bleibt nicht nur die Ansicht der Daten während der Transaktion unverändert, es wird auch dafür gesorgt, daß die beteiligten Daten selbst nicht geändert werden.

Während von *isql2* aus eine gewöhnliche Transaktion gestartet wird, geben Sie in *isql1* die folgende Anweisung ein:

```
SET TRANSACTION WAIT
  ISOLATION LEVEL SNAPSHOT TABLE STABILITY
```

Führen Sie nun von beiden Programmen die Anweisung *SELECT * FROM t_art* aus. Während eine solche Anweisung bei anderen Isolationsgraden keine weiteren Konsequenzen hat, führt sie beim Isolationsgrad SNAPSHOT TABLE STABILITY dazu, daß die Tabelle nun bis zum Ende der Transaktion von anderen Transaktionen nicht mehr geändert werden kann. Wir wollen das nun gleich überprüfen. Führen Sie von *isql2* folgende INSERT-Anweisung aus:

```
INSERT INTO t_art
  VALUES (16, "TABLE STABILITY")
```

Die Ausführung dieser Anweisung wird nun so lange aufgeschoben, bis die Transaktion von *isql1* abgeschlossen ist.

Hätten wir die Transaktion von *isql2* mit dem Wartestatus NO WAIT gestartet, dann wäre der Versuch, diesen Datensatz einzufügen, mit einer Fehlermeldung quittiert worden.

Der Isolationsgrad SNAPSHOT TABLE STABILITY beschränkt nicht nur die anderen Transaktionen, er beschränkt auch die Transaktion selbst.

Starten Sie wieder von *isql2* aus eine gewöhnliche Transaktion und von *isql1* eine mit dem Isolationsgrad SNAPSHOT TABLE STABILITY.

Nun führen Sie gleich von *isql2* folgende INSERT-Anweisung aus:

```
INSERT INTO t_art
  VALUES (17, "vorher eingefügt")
```

Diese Anweisung wird vom DBS ohne Probleme ausgeführt, schließlich „gehört" die Tabelle noch nicht zur Transaktion in *isql1*. Nun versuchen wir, von *isql1* aus eine Abfrage auf die Tabelle *t_art* durchzuführen. Die Ausführung dieser Anweisung wird vom DBS wieder so lange aufgeschoben, wie die Transaktion in *isql2* noch nicht abgeschlossen ist.

Hier ist wieder das Primat der Transaktionen zu erkennen: Eine Transaktion kann immer mit COMMIT bestätigt oder mit ROLLBACK zurückgenommen werden. Deshalb hat das DBS keine Chance, die Stabilität der Tabelle *t_art* zu gewährleisten, so lange die INSERT-Anweisung noch nicht abgeschlossen ist. Deshalb wird die Ausführung der SELECT-Anweisung entsprechend lange aufgeschoben.

Hätten wir die Transaktion von *isql1* mit dem Wartestatus NO WAIT gestartet, dann wäre die SELECT-Anweisung mit der Fehlermeldung *lock conflict on no wait transaction* abgewiesen worden.

Übung 5.4 Beseitigen Sie den „Müll" unserer Experimente. Fügen Sie dann in die Tabelle *t_art* als Datensatz 10 die Bezeichnung *Test* ein.

5.3 Update-Fehler

Vielleicht haben Sie sich schon die Frage gestellt, was denn passiert, wenn zwei Benutzer gleichzeitig einen Datensatz ändern. Auch hier stellt das DBS Sicherungen bereits, um sogenannte *Lost Updates* zu verhindern.

Starten Sie zunächst von *isql1* und dann von *isql2* aus mit SET TRANSACTION eine gewöhnliche Transaktion. Führen Sie dann von *isql1* aus die folgenden Anweisungen aus:

```
UPDATE t_art
  SET bezeichnung = "isql1"
  WHERE nummer = 10
```

```
SELECT * FROM t_art
```

Versuchen Sie dann, von *isql2* aus die folgende Anweisung auszuführen:

```
UPDATE t_art
  SET bezeichnung = "isql2"
  WHERE nummer = 10
```

Die Ausführung der Anweisung wird wieder aufgeschoben, bis die Transaktion in *isql1* abgeschlossen ist. Wird die UPDATE-Anweisung von *isql1* mit ROLLBACK verworfen, dann wird die UPDATE-Anweisung in *isql2* ausgeführt. Wird jedoch die UPDATE-Anweisung von *isql1* mit COMMIT bestätigt, dann wird die UPDATE-Anweisung in *isql2* mit der Fehlermeldung *deadlock update conflicts with concurrent update* abgewiesen.

Übrigens: Hätten wir die Transaktion von *isql2* mit dem Wartestatus NO WAIT gestartet, wäre nicht auf die Beendigung der Transaktion in *isql1* gewartet, sondern gleich eine Fehlermeldung ausgegeben worden.

Datenaustausch zwischen Transaktionen

Wenn die einzelnen Transaktionen voneinander isoliert sind, dann ist ein Datenaustausch zwischen den Transaktionen eigentlich nicht möglich, er sollte in der Regel auch nicht erforderlich sein.

Die Isolation der Transaktionen ist jedoch an einer Stelle unterbrochen: bei den Generatoren. Wie wir bereits besprochen haben, dienen Generatoren vor allem dazu, eindeutige Werte für Primärschlüsselspalten zu erzeugen. Ein Generator wird deshalb stur nach oben gezählt, unabhängig davon, ob die beteiligten Transaktionen noch laufen oder ob sie abgeschlossen sind – sei es mit COMMIT, sei es mit ROLLBACK.

Da auch die Anweisung SET GENERATOR unmittelbar ausgeführt wird, kann auf diese Weise ein Datenaustausch zwischen den Transaktionen vorgenommen werden: Im Prinzip ist ein Generator nichts anderes als eine 4 Bit-Integer-Variable, die mit SET GENERATOR gesetzt und mit GEN_ID abgefragt wird.

Sollen andere Daten als Integer-Werte zwischen Transaktionen ausgetauscht werden, so müssen diese entsprechend umgewandelt werden, gegebenenfalls unter Verwendung einer UDF.

5.4 Versioning

Auf eine Besonderheit „hinter den Kulissen" von *InterBase* soll hier noch kurz eingegangen werden.

5.4.1 Transaktionen beim Lesen

Wie wir eben festgestellt haben, ist in vielen Fällen eine konsistente Datensicht erwünscht. Es gibt nun mehrere Möglichkeiten, diese zu verwirklichen:

Replikationen

Für statistische Auswertungen möchte man immer auf denselben Datenbestand zugreifen, dabei ist es meist zweitrangig, ob dieser ganz aktuell oder ein paar Stunden alt ist. Hier kann man dann eine Replikation erstellen, man kopiert also die komplette Datenbank in eine zweite, die dann nur der statistischen Auswertung dient. Weil hier dann nur Lese-Zugriffe stattfinden, braucht man sich um die Datenkonsistenz auch keine Sorgen zu machen.

Das Problem an den Replikationen ist ihre Erstellung. Um eine komplette Datenbank zu kopieren, braucht man meist eine Weile, und damit hier die Konsistenz gewahrt bleibt, bleibt bei vielen Datenbanksystemen wenig anderes übrig, als den Zugriff auf die komplette Datenbank zu sperren.

Die Erstellung einer Replikation findet deshalb sinnvollerweise automatisiert außerhalb der Arbeitszeit statt. Bei dieser Gelegenheit kann man auch gleich das Backup ziehen, weil hier die gleiche Problematik hinsichtlich der Konsistenz auftritt. Genaugenommen ist ein Backup auch eine Replikation, man sollte es aber sicherheitshalber auf ein anderes Medium kopieren.

Sperren von Datensätzen, Seiten und Tabellen

Nicht immer ist es möglich, mit Replikationen zu arbeiten. In manchen Fällen müssen es einfach die aktuellsten Daten sein, oder es fehlt die Zeit zum Erstellen einer Replikation im Rund-um-die-Uhr-Betrieb. Hier kann man nun beginnen, die beteiligten Datensätze, Seiten oder Tabellen zu sperren.

Zeigt ein Client beispielsweise einen Datensatz an, kann ein anderer Client ihn nicht ändern. Umgekehrt kann ein Datensatz auch nicht angezeigt werden, solange eine Transaktion läuft, welche diesen Datensatz geändert hat. Die Folge dieser Vorgehensweise sind aufwendige Locking-Mechanismen. Damit die Geschwindigkeit der Datenbank nicht zu sehr darunter leidet, sperrt man dann meist auch ganze *Seiten*, das sind die Blöcke auf der Festplatte, in welche die Datenbank eingeteilt ist.

Während das Sperren von Datensätzen und/oder Seiten noch einigermaßen erträglich ist, wird das Sperren von ganzen Tabellen recht problematisch. Hier wäre es durchaus möglich, daß beispielsweise 20 Clients in der Buchhaltung nicht arbeiten können, weil gerade eine Bilanz erstellt und somit eine konsistente Datensicht benötigt wird.

5.4.2 Multi-Generationen-Architektur

Die eben genannten Nachteile von Sperrungen und Replikationen vermeidet *InterBase* mit der Multi-Generationen-Architektur. Dazu wird jede Transaktion und jede Datenbankänderung mit einem „Zeitstempel“ versehen, also mit der Information, wann die Transaktion gestartet oder wann die Änderung durchgeführt worden ist.

Ändern von Datensätzen

Wir beginnen die erste Transaktion, die den Zeitstempel 9.00 Uhr und den Isolationsgrad SNAPSHOT haben soll. (Der Zeitstempel wird natürlich mit Datum und auf die Millisekunde genau gespeichert, hier im Beispiel soll es aber etwas vereinfacht dargestellt werden.)

Um 9.05 Uhr beginnen wir eine zweite Transaktion. Die zweite Transaktion ändert nun einen Datensatz in der Tabelle *test,* und wir schließen die Transaktion um 9.06 Uhr mit COMMIT ab. *InterBase* erkennt nun, daß im Moment noch eine andere Transaktion läuft, und schreibt die Änderungen nicht direkt in die Datenbank. Statt dessen wird eine Änderungsmeldung hinzugefügt, welche die Daten der Änderung und den Zeitstempel von 9.06 Uhr speichert.

Nun führen wir im Kontext der ersten Transaktion eine Abfrage auf die Tabelle *test* durch. *InterBase* erkennt nun, daß die abfragende Transaktion älter ist als die Änderung und gibt den Stand der Tabelle *test* von 9.00 Uhr zurück.

Um 9.10 Uhr starten wir eine dritte Transaktion, die ebenfalls eine Abfrage auf *test* durchführt. *InterBase* erkennt nun anhand des Zeitstempels, daß die Transaktion jünger ist als die Änderung und gibt die Tabelle mit der Änderung zurück.

Wie Sie sehen, müssen hier weder eine Tabelle noch ein Datensatz oder eine Seite gesperrt werden. Infolgedessen brauchen Sie erstens keine Replikationen für Ihre Abfragen und können zweitens ein Backup im laufenden Betrieb erstellen.

Konkurrierender Zugriff

Unsere erste Transaktion ändert nun den Datensatz 12345 in der Tabelle *test* und wird mit COMMIT um 9.15 Uhr abgeschlossen. Wieder werden nur die Art der Änderung und der Zeitstempel in die Tabelle geschrieben.

Nun ändert die dritte Transaktion ebenfalls Datensatz 12345 und versucht, um 9.17 Uhr die Transaktion abzuschließen. Hier erkennt nun *InterBase* einen konkurrierenden Zugriff und weist die Transaktion ab. An dieser Stelle muß nun der Anwender eine neue Transaktion starten, erst dann kann er den Datensatz ändern (wobei er hoffentlich erst prüft, welche Änderungen gerade erfolgt sind). Auch hier ist ein Sperren von Tabellen nicht erforderlich.

6 STORED PROCEDURES und TRIGGER

SQL besteht aus recht wenigen sehr mächtigen Befehlen. Diese Befehle weisen den Computer nicht an, bestimmte Tätigkeiten durchzuführen, sondern ein bestimmtes Ergebnis hervorzubringen. Wie das intern geschieht, bleibt dem Datenbanksystem überlassen.

Nun gibt es Aufgaben, die mit diesem Befehlsatz nicht zu lösen sind. Man könnte die entsprechende Funktionalität nun in die Anwenderprogramme integrieren. Bei Client-Server-Systemen müssen jedoch die Daten in einem solchen Fall über das Netzwerk vom Server zu den Clients gespielt werden – bei großen Datenmengen ein recht zeitaufwendiges Vorhaben.

Deshalb mußten Wege gefunden werden, zumindest einfachere Aufgaben auch auf dem Server ausführen zu können. Zu diesem Zweck stellt InterBase drei Features bereit:

- Über STORED PROCEDURES können Aufgaben mit einer Prozedurensprache gelöst werden. Man kann sich das wie eine Makro- oder eine Script-Sprache vorstellen.
- Es können TRIGGER definiert werden, die immer dann ausgelöst werden, wenn Datensätze eingefügt, gelöscht oder geändert werden. Diese TRIGGER sind im Prinzip auch Prozeduren und können somit auch komplexere Aufgaben bewältigen.
- Zusätzliche Funktionen können als USER DEFINED FUNCTIONS von DLLs in das Programm geladen werden, wir werden das im nächsten Kapitel besprechen.

TRIGGER und STORED PROCEDURES sind von der Programmierung her ziemlich ähnlich, auch wenn sie verschiedene Aufgaben lösen. Wir wollen sie deshalb hier gemeinsam besprechen.

STORED PROCEDURES sind erst ab SQL3 genormt, und dieser Standard ist noch nicht verabschiedet, geschweige denn umgesetzt. Wenn

Sie nicht mit InterBase arbeiten, dann müssen Sie damit rechnen, daß die Sache bei Ihnen anders heißt und auch etwas anders funktioniert.

6.1 STORED PROCEDURES

Eine STORED PROCEDURE ist ein Unterprogramm, das Parameter entgegennehmen und Ergebnisse zurückgeben kann. In anderen Programmiersprachen würde man so etwas eine Prozedur oder eine Funktion nennen.

6.1.1 Zwei Beispielprozeduren

Bevor wir uns mit den einzelnen Sprachelementen der Prozedurensprache auseinandersetzen, wollen wir zunächst zwei Beispielprozeduren erstellen.

Eine SELECT-Prozedur

Eine SELECT-Prozedur wird mit Hilfe einer SELECT-Anweisung aufgerufen. Für gewöhnlich liefert sie eine Datenmenge.

Vielleicht erinnern Sie sich noch an das Problem, daß SELECT-Ergebnismengen nicht nach dem Wert von Aggregatfunktionsspalten sortiert werden können.

Übung 6.1 Listen Sie alle Artikelgruppen auf und ermitteln Sie die Anzahl der Artikel, die in den einzelnen Gruppen enthalten ist.

Bei diesem Problem hilft uns eine STORED PROCEDURE, welche die in Übung 6.1 erstellte Anweisung ausführt.

```
CREATE PROCEDURE p_gruppe_az
RETURNS
   (bezeichnung VARCHAR(25),
   anzahl INTEGER)
AS
BEGIN
   FOR SELECT
         g.bezeichnung,
         COUNT(a.nummer)
```

```
    FROM t_artikel a
      INNER JOIN t_gruppe g
        ON a.gruppe = g.nummer
    GROUP BY g.bezeichnung
    INTO :bezeichnung, :anzahl
  DO SUSPEND;
END
```

Eine STORED PROCEDURE wird mit der Anweisung CREATE PROCEDURE erstellt, auf die zunächst der Prozedurenname folgt. Das Präfix *p_* dient dazu, Prozeduren von anderen Elementen unterscheiden zu können und ist freiwillig.

Im Anschluß an den Prozedurennamen folgt in Klammern die Parameterliste, also eine Reihe von Werten, die beim Aufruf der Prozedur an diese übergeben werden. Parameter werden zur Lösung der momentanen Problemstellung nicht benötigt, deshalb ist im Beispiel die Parameterliste entfallen.

Nach dem Schlüsselwort RETURNS folgt die Liste der Rückgabewerte. Wir haben hier zwei Rückgabewerte, nämlich die beiden Spalten unserer Abfrage. Wie Sie gleich sehen werden, kann über einen Rückgabewert auch eine ganze Spalte zurückgegeben werden.

Nach dem Schlüsselwort AS erfolgt die Definition der Prozedur. Zunächst werden alle benötigten Variablen definiert – das sind Speicherstellen zum Zwischenspeichern von Werten – dann erfolgt in einem BEGIN..END-Block die Liste der Anweisungen, welche die Prozedur ausführen soll. Variablen benötigen wir bei diesem Beispiel auch nicht, folglich werden auch keine Variablen definiert.

In unserem Anweisungsteil steht nur eine einzige Anweisung, nämlich eine FOR SELECT...DO-Anweisung. Diese Anweisung gleicht weitgehend einer SELECT-Anweisung, wie wir sie aus Kapitel 2 her kennen. Bei jeder Zeile jedoch, welche die SELECT-Anweisung einliest, wird die Anweisung im DO-Teil ausgeführt.

Die Anweisung im DO-Teil lautet hier SUSPEND. Mit dieser Anweisung werden die aktuellen Werte an die aufrufende Anweisung übergeben. Mit einer FOR SELECT...DO SUSPEND-Konstruktion können also nacheinander mehrere Zeilen einer Abfrage übergeben werden.

Die SELECT-Anweisung gleicht weitgehend der Anweisung aus Übung 6.1. Neu hinzugekommen ist die INTO-Klausel. Damit werden die von der SELECT-Anweisung ermittelten Werte den Rückgabewerten der Prozedur übergeben.

Beachten Sie die Doppelpunkte vor den Bezeichnern: Diese sind in bestimmten Fällen nötig, wenn Sie Parameter, Variablen oder Rückgabewerte im Prozedurausführungsteil verwenden.

Auf die Prozedur können Sie nun wie auf eine Tabelle zugreifen:

```
SELECT * FROM p_gruppe_az
```

Weil eine solche Prozedur mit einer SELECT-Anweisung aufgerufen wird, nennt man sie SELECT-Prozedur.

Die Ergebnismenge der Prozedur können Sie nun auch sortieren, vorwärts oder rückwärts:

```
SELECT *
   FROM p_gruppe_az
   ORDER BY anzahl DESC
```

Übung 6.2 Erstellen Sie eine Prozedur *p_gruppe_az_sort*, welche die Ergebnismenge wie *p_gruppe_az* liefert, diese aber gleich absteigend sortiert.

Eine Prozedur löschen

Wenn Sie eine Prozedur erstellt haben, die zwar syntaktisch korrekt ist (und deshalb vom DBS nicht mit einer Fehlermeldung abgewiesen wurde), aber nicht wunschgemäß arbeitet, muß diese wieder gelöscht werden.

```
DROP PROCEDURE p_gruppe_az_sort
```

Um eine Prozedur zu löschen, wird die Anweisung DROP PROCEDURE verwendet. Eine Prozedur kann nur dann gelöscht werden, wenn keine anderen Prozeduren oder Trigger darauf aufbauen.

Eine EXECUTE-Prozedur

Eine EXECUTE-Prozedur liefert keine Datenmenge zurück, sondern führt einige Anweisungen aus, beispielsweise INSERT-, DELETE- oder UPDATE-Befehle.

Wir wollen nun eine Prozedur erstellen, die neue Datensätze in die Tabelle *t_artikel* einfügt. Dabei soll allerdings nicht die Gruppennummer, sondern die Gruppenbezeichnung als Parameter übergeben wird.

Die Gruppennummer hat die Prozedur selbst zu ermitteln, erforderlichenfalls muß sie einen neuen Datensatz in die Tabelle *t_gruppe* einfügen.

```
CREATE PROCEDURE p_artikel_ins
   (gruppe VARCHAR(25),
   bezeichnung VARCHAR(25),
   preis FLOAT,
   hersteller VARCHAR(25))
AS
   DECLARE VARIABLE zahl INTEGER;
BEGIN
   SELECT COUNT(nummer)
      FROM t_gruppe
      WHERE bezeichnung = :gruppe
      INTO :zahl;
   IF (:zahl = 0) THEN
      INSERT INTO t_gruppe (bezeichnung)
         VALUES (:gruppe);
   SELECT nummer
      FROM t_gruppe
      WHERE bezeichnung = :gruppe
      INTO :zahl;
   INSERT INTO t_artikel
         (gruppe, bezeichnung, preis, hersteller)
      VALUES
         (:zahl, :bezeichnung, :preis, :hersteller);
END
```

Im Gegensatz zur vorherigen Prozedur werden hier Parameter verwendet, schließlich müssen die Werte, die *p_artikel_ins* in die Tabelle einfügen soll, ja irgendwie an die Prozedur übergeben werden. Dafür sind diesmal keine Rückgabewerte erforderlich.

Nach dem Schlüsselwort AS wird diesmal eine Variable deklariert, auch hier muß der Typ der Variablen spezifiziert werden. Achten Sie auch darauf, die Variablendeklaration mit einem Semikolon abzuschließen. Wenn Sie mehrere Variablen deklarieren, müssen Sie jede Deklaration einzeln mit einem Semikolon abschließen.

Zunächst wird dann ermittelt, ob der Wert für die Gruppe bereits in der Tabelle *gruppe* enthalten ist. Zu diesem Zweck wird die Anzahl der entsprechenden Werte ermittelt, diese sollte null oder eins sein. Die Anzahl der Werte wird übrigens in die Variable *zahl* geschrieben.

Mit einer IF...THEN-Anweisung wird nun geprüft, ob die Anzahl der Werte gleich null ist. Wenn dies der Fall ist, wird der Wert in die Tabelle *t_gruppe* eingefügt.

Nun sollte der Wert einmal in der Tabelle *t_gruppe* enthalten sein. Mit der nächsten SELECT-Anweisung ermitteln wir die Nummer des betreffenden Datensatzes, auch diese Nummer wird in die Variable *zahl* geschrieben, wobei der vorherige Wert verlorengeht. Nebenbei möchte ich Sie erneut darauf hinweisen, daß alle Anweisungen mit einem Semikolon abgeschlossen werden müssen.

Zuletzt erfolgt die eigentliche Aufgabe der Prozedur, die INSERT-Anweisung für die Tabelle *t_artikel*. Beachten Sie, daß in die Spalte *gruppe* der Wert der Variable *zahl* geschrieben wird.

Um die Prozedur aufzurufen, wird die Anweisung EXECUTE PROCEUDRE verwendet, welcher der Prozedurname folgt. Anschließend werden der Reihe nach alle Werte für die Parameter aufgeführt. Diese Parameterliste ist in Klammern zu setzen.

Zunächst wollen wir die Prozedur an einem Datensatz testen, der einen bereits vorhandenen Gruppenbezeichner verwendet.

```
EXECUTE PROCEDURE p_artikel_ins
   ('Office-Paket', 'Star-Office', 99,
     'Starsoft Division')
```

Es folgt ein Datensatz mit einem noch nicht vorhandenen Gruppenbezeichner:

```
EXECUTE PROCEDURE p_artikel_ins
   ('Berechnungs-Software', 'ProRigg light', 99,
     'TABU Datentechnik')
```

Beide Anweisungen sollten problemlos akzeptiert werden. Wenn es Probleme bei der Ausführung der Anweisungen gibt, könnte das daran liegen, daß die TRIGGER für die Tabellen *t_gruppe* oder *t_artikel* deaktiviert oder gelöscht sind.

Die Prozedur *p_artikel_ins* hat allerdings ein paar kleine „Schönheitsfehler“, einen davon wollen wir nun beheben.

Die verbesserte EXECUTE-Prozedur

Wir sind bislang davon ausgegangen, daß jeder Gruppenbezeichner nur einmal in der Tabelle *t_gruppe* vorhanden ist. Es ist aber durchaus möglich, daß ein und derselbe Wert mehrmals in der Spalte *bezeichnung* steht.

Übung 6.3 Definieren Sie als Tabelle *t_gruppe_neu* eine Tabelle, die an *t_gruppe* angelehnt ist, aber doppelte Werte in der Spalte *bezeichnung* vermeidet.

Übung 6.4 Nun verwenden wir allerdings die Tabelle *t_gruppe* und nicht *t_gruppe neu*. Welches Problem tritt nun bei der Ausführung der Prozedur *p_artikel_ins* auf, wenn der betreffende Gruppenbezeichner schon mehrfach in der Tabelle steht? Wie könnte man dieses Problem „schnell und einfach" beheben?

Nun wollen wir an dieser Stelle nicht nur die Funktion der STORED PROCEDURE gewährleisten, sondern doppelte Einträge auch gleich entfernen. Dazu wird folgende Prozedur erstellt:

```
CREATE PROCEDURE p_artikel_ins_del
   (gruppe VARCHAR(25),
   bezeichnung VARCHAR(25),
   preis FLOAT,
   hersteller VARCHAR(25))
AS
   DECLARE VARIABLE zahl SMALLINT;
BEGIN
   SELECT COUNT(nummer)
      FROM t_gruppe
      WHERE bezeichnung = :gruppe
      INTO :zahl;
   IF (:zahl = 0) THEN
      INSERT INTO t_gruppe (bezeichnung)
         VALUES (:gruppe);
   IF (:zahl > 1) THEN
   BEGIN
      SELECT MIN(nummer)
         FROM t_gruppe
         WHERE bezeichnung = :gruppe
         INTO :zahl;
```

```
        UPDATE t_artikel
          SET gruppe = :zahl
          WHERE gruppe IN (SELECT nummer
            FROM t_gruppe
            WHERE bezeichnung = :gruppe);
        DELETE FROM t_gruppe
          WHERE (bezeichnung = :gruppe)
            AND NOT (nummer = :zahl);
      END
      SELECT nummer
        FROM t_gruppe
        WHERE bezeichnung = :gruppe
        INTO :zahl;
      INSERT INTO t_artikel
          (gruppe, bezeichnung, preis, hersteller)
        VALUES
          (:zahl, :bezeichnung, :preis, :hersteller);
    END
```

Bis auf den Prozedurenbezeichner gleicht der Kopf der Prozedur *p_artikel_ins_del* dem von *p_artikel_ins*, auch die ersten beiden Anweisungen sind identisch. In der Variablen *zahl* steht nun die Anzahl der Datensätze, die den als Parameter übergebenen Gruppenbezeichner enthalten. Mit einer IF-Anweisung wird nun das Programm in all den Fällen verzweigt, in denen *zahl* größer oder gleich zwei ist.

Für den Fall, daß der Gruppenbezeichner zu oft vorhanden ist, müssen nicht nur die überzähligen Datensätze gelöscht werden. Damit das Löschen möglich ist, müssen auch diejenigen Datensätze in der Tabelle *t_artikel*, die eine Referenz auf die zu löschenden Datensätze bilden, entsprechend abgeändert werden.

Langer Rede kurzer Sinn: Im Ausführungsteil der IF-Anweisung müssen mehrere Befehle ausgeführt werden. Dies bedingt – Leser, die mit anderen Sprachen programmieren, dürften das bereits kennen – die Verwendung eines BEGIN..END-Blocks. Dieser BEGIN..END-Block ersetzt die Anweisung im THEN-Teil der IF-Verzweigung und sorgt dafür, daß im Falle einer Verzweigung alle Anweisungen in diesem Block ausgeführt werden.

```
IF (:zahl > 1) THEN
BEGIN
   ...
END
```

Einen solchen Block kann man natürlich nicht nur bei einer IF-Verzweigung verwenden, sondern überall dort, wo eine einzelne Anweisung vorgesehen ist.

Nun zu den drei Anweisungen in diesem Block: Zunächst wird die kleinste Nummer derjenigen Datensätze ermittelt, die den gleichen Gruppenbezeichner aufweisen, dieser Wert wird in die Variable *zahl* geschrieben. Der betreffende Datensatz soll derjenige sein, der in der Tabelle *t_gruppe* bleibt.

Nun sind alle Datensätze in *t_artikel*, die einen der betreffenden Datensätze in *t_gruppe* referenzieren, so abzuändern, daß sie mit der Spalte *gruppe* denjenigen Datensatz referenzieren, den wir in der Tabelle *t_gruppe* belassen.

Anschließend werden alle überzähligen Datensätze aus der Tabelle *t_gruppe* gelöscht.

Auf zwei Aspekte möchte ich in diesem Zusammenhang noch hinweisen: Wenn Sie die Erweiterungen, die hier bei der STORED PROCEDURE erforderlich werden, mit dem Aufwand für das Einrichten eines Sekundärschlüssels vergleichen, dann können Sie erkennen, welche Probleme eine „suboptimal" erstellte Datenbank aufwerfen kann.

Wenn Sie die Erweiterung der STORED PROCEDURE mit den Anweisungen vergleichen, die in einer 3. GL-Sprache wie C oder Pascal erforderlich gewesen wären, um dasselbe Problem zu lösen, dann erkennen Sie vielleicht die Vorzüge des bei SQL verwendeten mengenorientierten Ansatzes.

Übung 6.5 Erstellen Sie eine Tabelle *t_test* mit den Spalten *nummer*, *vorname*, *nachname* und *bemerkung*. Es soll erlaubt sein, daß mehrere Datensätze in Vor- und Nachname übereinstimmen, schließlich ist es ja möglich, daß mehrere Personen identisch heißen. Allerdings soll immer dann, wenn ein Name mehrmals in der Tabelle vorkommt, ein entsprechender Hinweis in der Spalte *bemerkung* eingetragen werden (beispielsweise *Name 5x in der Tabelle*). Erstellen Sie eine STORED PROCEDURE, die das Einfügen neuer Datensätze übernimmt und gegebenenfalls die Spalte *bemerkung* entsprechend setzt.

Übung 6.6 Letztlich wäre die Spalte *bemerkung* gar nicht erforderlich, da man die entsprechende Funktionalität auch in eine SELECT-Anweisung packen könnte. Erstellen Sie eine solche SELECT-Anweisung, die in die Spalte *bemerkung* einen entsprechenden Hinweis aufnimmt, wenn Vor- und Nachname mehr als einmal in der Tabelle vorkommen. Verzichten Sie dabei auf die Erstellung einer STORED PROCEDURE. Stellen Sie sicher, daß in der Spalte *bemerkung* kein Eintrag zu finden ist, wenn der Name nur einmal in der Tabelle steht. Viel Vergnügen ;-)

6.1.2 Übersicht über die Prozeduren-Sprache

In der Prozeduren können Sie die Anweisungen SELECT, INSERT, UPDATE und DELETE verwenden. Darüberhinaus gibt es einige Anweisungen, die nur innerhalb von STORED PROCEDURES und TRIGGERN erlaubt sind.

FOR SELECT...DO

Mit FOR SELECT...DO läßt sich eine Schleife bilden, die alle Datensätze einer Tabelle durchläuft. Sie benötigen fast immer diese Anweisung, wenn Sie SELECT-Prozeduren erstellen, deren Ergebnismenge mehr als eine Zeile umfassen soll. Ein Beispiel für eine solche Prozedur finden Sie in Kapitel 6.1.1.

Rufen Sie im DO-Teil der Anweisung dann den SUSPEND-Befehl auf. Eine SELECT-Prozedur mit mehrzeiliger Ergebnismenge ist im einfachsten Fall folgendermaßen aufgebaut:

```
   ...
BEGIN
   FOR SELECT
      ...
      INTO :spalte1, :spalte2, :spalte3
   DO SUSPEND;
END
```

Der DO-Teil einer solchen Anweisung kann nicht nur die Anweisung SUSPEND umfassen. Es ist durchaus auch möglich, daß Sie hier sehr umfangreiche Operationen vornehmen. In diesem Fall müssen Sie – wie bereits erwähnt – um die verwendeten Anweisungen einen BEGIN..END-Block bilden.

```
CREATE PROCEDURE p_adressen_aender
AS
   DECLARE VARIABLE dat INTEGER;
   DECLARE VARIABLE lang VARCHAR(15);
BEGIN
   FOR
      SELECT nummer, tel
      FROM t_adressen
      WHERE tel NOT STARTING WITH "0"
      INTO :dat, :lang
   DO
   BEGIN
      lang = "030 / " || lang;
      UPDATE t_adr2
         SET tel = :lang
         WHERE nummer = :dat;
   END
END
```

Die STORED PROCEDURE *p_adressen_aender* ist für den Fall erstellt, daß die Berliner Filiale hin und wieder eine Diskette mit Adressen schickt, bei denen die Telefonnummern ohne Vorwahl aufgeführt sind. Die Prozedur durchläuft nun in einer FOR SELECT...DO-Schleife sämtliche Tabellenreihen und fügt vor jede Nummer den String *030 /* ein.

Beachten Sie auch folgende Zeile:

```
   lang = "030 / " || lang;
```

Um einer Variablen einen anderen, „berechneten" Wert zuzuweisen, verwendet man das Gleichheitszeichen als Zuweisungsoperator. Im Ausdruck, welcher der Variablen zugewiesen wird, kann sich die Variable selbst befinden. Beachten Sie auch, daß hier vor den Variablennamen keine Doppelpunkte stehen. Diese werden nur dort verwendet, wo eine Verwechslung mit Spaltenbezeichnern prinzipiell möglich wäre.

Übung 6.7 Handelt es sich bei der Prozedur *p_adressen_aender* um eine SELECT- oder eine EXECUTE-Prozedur?

Diese STORED PROCEDURE ist ein hübsches Beispiel dafür, wie man etwas Einfaches auch kompliziert erledigen kann. Das gleiche Ergebnis erhält man nämlich auch mit folgender Anweisung:

```
UPDATE t_adressen
   SET tel = "030 / " || tel
   WHERE tel NOT STARTING WITH "0"
```

Übung 6.8 SQL arbeitet mengen- und nicht satzorientiert. Es gibt also keinen ersten, letzten oder zehnten Datensatz. Mit Hilfe einer STORED PROCEDURE kann man sich allerdings die Datensätze einer Abfrage durchnumerieren lassen. Erstellen Sie eine Prozedur *p_mitarbeiter_reihenfolge*, welche die Spalten *nummer*, *vorname* und *nachname* von der Tabelle *t_mitarbeiter* abfragt und nach der Spalte *nummer* sortiert. Die Prozedur soll eine weitere Spalte namens *reihenfolge* bereitstellen, in der die Datensätze von eins bis zur Anzahl der Datensätze durchnumeriert werden.

Die SELECT-Anweisung

Eine SELECT-Anweisung muß natürlich nicht in einer Schleife verwendet werden – insbesondere dann, wenn Aggregatfunktionen ermittelt werden, macht dies meist auch nicht viel Sinn. Die Syntax bleibt in diesem Fall dieselbe:

```
CREATE PROCEDURE p_artikel_minmax
RETURNS
   (minimum FLOAT,
   maximum FLOAT)
AS
BEGIN
   SELECT MIN(Preis), MAX(Preis)
      FROM t_artikel
      INTO :minimum, :maximum;
   SUSPEND;
END;
```

Die Variablen hinter INTO müssen in derselben Reihe aufgeführt werden wie die Spalten oder Aggregatfunktionen hinter SELECT. Die Anweisung SUSPEND ist erforderlich, damit die Datensätze an die aufrufende SELECT-Anweisung übergeben werden.

Übung 6.9 Erstellen Sie eine Prozedur, welche die Zahl der Mitarbeiter ermittelt, zu denen mindestens eine Telefonnummer gespeichert ist, sowie die Zahl der Mitarbeiter, zu denen keine Telefonnummer gespeichert ist.

Die WHILE...DO-Anweisung

Wenn in STORED PROCEDURES eine Schleife verwendet wird, dann im Regelfall dafür, um mehrere Zeilen aus einer Tabelle auszulesen. Dafür wird – wie bereits vorgestellt – die FOR SELECT..DO-Anweisung verwendet.

In manchen Fällen werden jedoch andere Schleifen benötigt. Hier kennt InterBase die WHILE..DO-Schleife. Solange die Bedingung im WHILE-Teil erfüllt ist, wird die Anweisung im DO-Teil ausgeführt.

Wir wollen eine WHILE..DO-Schleife verwenden, um eine mathematische Funktion, nämlich die Fakultät einer Zahl zu berechnen. Die Fakultät einer Zahl berechnet sich wie folgt:

$$n! = 1 \cdot 2 \cdot 3 \cdot \ldots \cdot n$$

Um die Fakultät zu berechnen, wird eine Schleife mit *x* Schleifendurchläufen verwendet, als Schleifenvariable verwenden wir *i*. Die Schleifenvariable wird in jeder Schleife mit dem Funktionsergebnis *f* multipliziert, anschließend wird sie inkrementiert (um eins erhöht).

```
CREATE PROCEDURE p_fakult (x INTEGER)
RETURNS
   (f INTEGER)
AS
   DECLARE VARIABLE i INTEGER;
BEGIN
   f = 1;
   i = 1;
   WHILE (i <= x) DO
   BEGIN
      f = f * i;
      i = i + 1;
   END
   SUSPEND;
END
```

Wie Ihnen vielleicht aufgefallen ist, werden zu Beginn des Ausführungsteils die Variablen *f* und *i* initialisiert, also mit Werten belegt. Würde man dies nicht tun, dann hätten Sie den Wert NULL, der auch dann beibehalten würde, wenn mit ihnen die folgenden Operationen durchgeführt werden.

Damit aus einer Schleife keine Endlosschleife wird, sollten Sie immer darauf achten, daß die WHILE-Bedingung irgendwann nicht mehr erfüllt wird.

Eine Fakultät läßt sich auch mit einem rekursiven Aufruf der berechnenden Funktion berechnen, wie wir im nächsten Abschnitt sehen werden.

Übung 6.10 Für Zahlen kleiner eins ist der Wert einer Fakultät nicht definiert. Welches Funktionsergebnis würden wir erhalten, wenn wir die Prozedur mit einer negativen Zahl ausführen? Ändern Sie die Prozedur so ab, daß sie für Parameter kleiner eins den Wert NULL zurückgibt.

Übung 6.11 Erstellen Sie eine Prozedur, die neue Datensätze in die Tabelle *t_gruppe* einfügt. Die Prozedur soll zwei Parameter übernehmen, die angeben, in welchem Bereich die Nummern der einzufügenden Datensätze liegen. Haben die Parameter beispielsweise die Werte 50 und 60, dann werden 11 neue Datensätze eingefügt, deren Nummern von 50 bis 60 reichen. In die Spalte *bezeichnung* werden leere Strings eingefügt. Erstellen Sie die Prozedur so, daß es keine Rolle spielt, in welcher Reihenfolge die beiden Parameter übergeben werden.

Verzweigungen mit IF...THEN...ELSE

Die IF..THEN-Verzweigung haben wir bereits häufiger verwendet. Sie läßt sich um einen ELSE-Zweig erweitern. Die Anweisung im ELSE-Teil wird immer dann ausgeführt, wenn die IF-Bedingung nicht zutrifft. Es wird also entweder die Anweisung im THEN-Teil oder die Anweisung im ELSE-Zweig ausgeführt. Es ist nicht möglich, daß beide oder keine der Anweisungen ausgeführt wird.

Als Beispiel wollen wir nun die Fakultät mit Hilfe einer Rekursion berechnen. Dabei nützen wir aus, daß folgender Zusammenhang gilt:

$$n! = n \cdot (n-1)!$$

Statt die Prozedur mit DROP PROCEDURE zu löschen und mit CREATE PROCEDURE neu zu erstellen, werden wir sie mit ALTER PROCEDURE ändern. (Im Regelfall werden Sie umfangreichere Prozeduren nicht auf Anhieb vollständig und fehlerfrei erstellen. Mit ALTER PROCEDURE können Sie Ihre Prozeduren schrittweise entwickeln.)

```
ALTER PROCEDURE p_fakult (x INTEGER)
   RETURNS (f INTEGER)
AS
   DECLARE VARIABLE num INTEGER;
BEGIN
   IF (x < 1) THEN
   BEGIN
      f = NULL;
      SUSPEND;
      EXIT;
   END
   IF (x=1) THEN   f = 1;
   ELSE
   BEGIN
      num = :x - 1;
      EXECUTE PROCEDURE p_fakult :num
         RETURNING_VALUES :f;
      f = :f * x;
   END
   SUSPEND;
END
```

In dieser Prozedur verwenden wir einige Neuheiten: Zunächst muß gleich zu Beginn des Ausführungsteils festgestellt werden, ob der Parameter nicht kleiner eins ist. Ist dies der Fall, dann wird dem Rückgabewert *f* der Wert NULL zugewiesen und anschließend die Ausführung der Prozedur mit EXIT abgebrochen. Würde diese Prüfung erst am Ende der Prozedur erfolgen, dann würde sich die Prozedur so lange selbst aufrufen, bis irgendwo ein Überlauf erfolgt.

Hat der Parameter *x* den Wert eins, dann verzweigt die IF..THEN..ELSE-Anweisung in den THEN-Teil und gibt den Wert eins zurück.

Hat der Wert dagegen einen Wert größer eins (bei Werten kleiner eins gelangt die Prozedurausführung gar nicht bis zu diesem Punkt), dann verzweigt die IF..THEN..ELSE-Anweisung in den ELSE-Teil. Hier ruft sich die Prozedur nun selbst auf.

Um eine andere Prozedur aufzurufen, verwenden Sie die Anweisung EXECUTE PROCEDURE. Nach der Nennung des Prozedurennamens werden die Parameter übergeben, nach dem Schlüsselwort RETURNING VALUES werden die Ergebnisse zurückgenommen.

Für gewöhnlich ruft eine Prozedur eine andere Prozedur auf. Ruft eine Prozedur sich selbst auf, dann spricht man von einer Rekursion. Hier ist dann auf eine funktionierende Abbruchbedingung zu achten, damit sich dieser Vorgang nicht endlos wiederholt.

Nehmen wir an, es soll die Fakultät der Zahl 4 berechnet werden. Die erste Prozedur verzweigt in den ELSE-Teil und ruft die zweite Prozedur mit dem Parameter 3 auf. Die zweite Prozedur verzweigt ebenfalls in den ELSE-Teil und ruft die dritte Prozedur mit dem Parameter 2 auf. Die dritte Prozedur verzweigt abermals in den ELSE-Teil und ruft eine vierte Prozedur mit dem Parameter 1 auf.

Die vierte Prozedur verzweigt nun in den THEN-Teil und springt mit dem Ergebnis 1 zur dritten Prozedur zurück. Die dritte Prozedur multipliziert diese 1 mit ihrem Parameter 2 und springt mit dem Ergebnis 2 zur zweiten Prozedur zurück. Die zweite Prozedur multipliziert diese 2 mit ihrem Parameter 3 und springt mit der Ergebnis 6 zurück zur ersten Prozedur. Die erste Prozedur multipliziert diese 6 mit ihrem Parameter 4 und gibt 24 als Ergebnis zur aufrufenden SELECT-Anweisung.

Übung 6.12 Ändern Sie die Prozedur *p_fakult* so ab, daß der rekursive Aufruf der Prozedur mit SELECT anstatt mit EXECUTE PROCEDURE erfolgt.

SELECT oder EXECUTE PROCEDURE

Wie Sie in der Übung gesehen haben, läßt sich eine Prozedur sowohl mit SELECT als auch mit EXECUTE PROCEDURE aufrufen. Den Unterschied wollen wir anhand des folgenden Beispiels ermitteln:

```
CREATE PROCEDURE p_liste RETURNS (r INTEGER)
AS
BEGIN
   r = 0;
   WHILE (r < 5) DO
   BEGIN
      r = r + 1;
      SUSPEND;
   END
END
```

Wir wollen die Prozedur zunächst mit einer SELECT-Anweisung aufrufen. Wie Sie sehen, erscheinen hier die Werte eins bis fünf in der Ergebnismenge.

```
SELECT * FROM p_liste

          R
===========

          1
          2
          3
          4
          5
```

Alternativ dazu soll die Prozedur nun mit EXECUTE PROCEDURE gestartet werden. Hier ist nur der Wert eins in der Ergebnismenge.

```
EXECUTE PROCEDURE p_liste

          R
===========
          1
```

Wie Sie sehen, kann die Ergebnismenge von EXECUTE PROCEDURE maximal eine Zeile umfassen.

In diesem Punkt unterscheiden sich die verschiedenen SQL-Server. Bei InterBase kann eine Prozedur, die eine Ergebnismenge zurückgibt, immer mit SELECT aufgerufen werden. EXECUTE PROCEDURE dagegen wird bei Prozeduren verwendet, die keine Ergebnismenge liefern.

Nun wollen wir in die Prozedur eine IF-Verzweigung einfügen, welche die Schleife nach dem dritten Durchlauf abbricht.

```
ALTER PROCEDURE p_liste RETURNS (r INTEGER)
AS
BEGIN
  r = 0;
  WHILE (r < 5) DO
  BEGIN
    r = r + 1;
    SUSPEND;
```

Exit

```
      IF (r = 3) THEN EXIT;
   END
END
```

Führen Sie nun die Prozedur sowohl mit der SELECT- als auch mit der EXECUTE PROCEDURE-Anweisung aus. Während sich bei der EXECUTE PROCEDURE-Anweisung nichts ändert, werden bei der SELECT-Anweisung jetzt nur noch drei Datensätze angezeigt.

Übung 6.13 Ermitteln Sie, was passiert, wenn Sie die SUSPEND-Anweisung aus der Prozedur entfernen.

Variablen und Parameter

In einer Prozedur gibt es folgende Variablen:

- Die lokalen Variablen, die nur innerhalb der Prozedur gültig sind. Sie werden zu Beginn der Prozedur zwischen AS und BEGIN deklariert.
- Die Eingangs-Parameter, die nach dem Prozedur-Namen aufgelistet sind.
- Die Rückgabe-Parameter, die nach dem Schlüsselwort RETURNS aufgeführt werden.

```
CREATE PROCEDURE p_test
   (eingangsparameter1 INTEGER,
   eingangsparameter2 VARCHAR(20))
RETURNS (ausgangsparameter1 INTEGER,
      ausgangsparameter2 VARCHAR(20))
AS
   DECLARE VARIABLE lokalevariable1 INTEGER;
   DECLARE VARIABLE lokalevariable2 VARCHAR(20);
BEGIN
   ...
END
```

Innerhalb des Anweisungsteils werden alle Variablen und Parameter gleich behandelt. Beachten Sie auch, daß immer dann, wenn die Gefahr besteht, daß Variablen mit Spaltenbezeichnern verwechselt werden, diese zur Unterscheidung mit einem vorangestellten Doppelpunkt gekennzeichnet werden müssen.

6.1.3 Zugriffsberechtigung für Prozeduren

Selbstverständlich kann nicht jeder Benutzer einfach auf jede Prozedur zugreifen. Auch dafür müssen die Rechte erst vergeben werden. Melden Sie sich als *emil* an und führen folgende Anweisung aus:

```
SELECT * FROM p_gruppe_az_sort
```

Sie werden nun mit der Fehlermeldung *no permission for execute access to procedure P_GRUPPE_AZ_SORT* konfrontiert. Melden Sie sich ab und als SYSDBA wieder an und gewähren Sie *emil* die Rechte zum Ausführen der Prozedur:

```
GRANT EXECUTE ON PROCEDURE p_gruppe_az_sort TO emil
```

Melden Sie sich wieder als *emil* an und versuchen, die Prozedur auszuführen. Schon wieder werden Sie mit einer Fehlermeldung konfrontiert: *no permission for execute access to procedure P_GRUPPE_AZ*. Wie Sie sich vielleicht noch erinnern, ruft die Prozedur *p_gruppe_az_sort* die Prozedur *p_gruppe_az* auf. Für diese hat *emil* allerdings keine EXECUTE-Rechte.

Nun ist es relativ nervend, sich dauernd vom System abzumelden und unter einem anderen Namen wieder anzumelden. Starten Sie deshalb das Programm ISQL ein zweites Mal und melden sich dort als SYSDBA an. Gewähren Sie *emil* nun auch das EXECUTE-Recht für die Prozedur *p_gruppe_az*.

```
GRANT EXECUTE ON  PROCEDURE p_gruppe_az TO emil
```

Damit kann emil aber noch lange nicht die Prozedur *p_gruppe_az_sort* ausführen, denn nun fehlen noch die SELECT-Rechte für die zugrundeliegenden Tabellen.

Übung 6.14 Gewähren Sie die Leserechte für die zugrundeliegenden Tabellen.

Rechte an Prozeduren vergeben

Die eben vorgestellte Vorgehensweise ist in zweierlei Hinsicht weniger optimal:

- Zum einen ist es recht umständlich, einem Benutzer nicht nur das EXECUTE-Recht für eine Prozedur zu gewähren, sondern auch noch alle dazugehörenden Rechte.

In diesem Zusammenhang können sich auch leicht Fehler einschleichen: Denken wir an die Prozedur *p_artikel_ins*, die neue Datensätze in die Tabelle *t_artikel* einfügt. Diese Prozedur benötigt in jedem Fall auch das Leserecht für die Tabelle *t_gruppe*. Für den Fall aber, daß der übergebene Gruppenbezeichner nicht in der Tabelle *t_gruppe* vorhanden ist und somit eingefügt werden muß, wird auch das INSERT-Recht benötigt.

Wenn nun vielleicht zwei Dutzend Benutzer angelegt werden, beginnt die Sache relativ unübersichtlich zu werden.

- In vielen Fällen soll ein Benutzer eine Prozedur ausführen können, nicht aber die darunterliegenden Tabellen einsehen oder verändern können. Dies läßt sich jedoch nicht vermeiden, wenn man ihm sämtliche Rechte gewähren muß.

Diese beiden Probleme können dadurch vermieden werden, daß die benötigten Rechte nicht an die Benutzer vergeben werden, sondern an die Prozedur selbst. Führen Sie als SYSDBA nacheinander die folgenden Anweisungen aus:

```
GRANT EXECUTE ON  PROCEDURE p_gruppe_az_sort TO susi

GRANT EXECUTE ON  PROCEDURE p_gruppe_az
   TO PROCEDURE p_gruppe_az_sort

GRANT SELECT ON t_gruppe
   TO PROCEDURE p_gruppe_az_sort

GRANT SELECT ON t_artikel
   TO PROCEDURE p_gruppe_az_sort
```

Sie können nun als *susi* die Prozedur *p_gruppe_az_sort* ausführen, ohne daß Sie die Rechte an der Prozedur *p_gruppe_az* und den Tabellen *t_gruppe* und *t_artikel* haben, weil die betreffenden Rechte bei der Prozedur *p_gruppe_az_sort* liegen.

Übung 6.15 Was passiert, wenn Sie als *susi* auf die Prozedur *p_gruppe_az* direkt zugreifen?

6.1.4 Fehlerbehandlung

Tritt in einer Prozedur ein Fehler auf, dann wird die Ausführung der Prozedur mit einer Fehlermeldung abgebrochen. Es gibt jedoch auch die Möglichkeit, eine Fehlerbehandlung zu programmieren. In diesem Fall wird dann auf eine Fehlermeldung verzichtet und statt dessen die vorgesehenen Anweisungen ausgeführt.

Übung 6.16 Erstellen Sie eine Tabelle *t_werte* mit den Spalten *nummer* und *wert*. Fügen Sie vier Datensätze mit den Werten eins bis vier in der Spalte *wert* in die Tabelle ein. Berechnen Sie den Durchschnitt der Spalte *wert*.

Nun kennt man in der Statistik nicht nur den Mittelwert M (SQL-Funktion AVG), sondern auch noch die Varianz V und die Standardabweichung s. Wie diese definiert sind, zeigt Abbildung 6.1:

$$M = \frac{\sum_{0}^{n} x_i}{n}$$

$$V = \frac{\sum_{0}^{n} (x_i - M)^2}{n}$$

$$s = \sqrt{V} = \sqrt{\frac{\sum_{0}^{n} (x_i - M)^2}{n}}$$

Abbildung 6.1: Mittelwert, Varianz und Standardabweichung

Die Standardabweichung können wir im Moment noch nicht berechnen, weil wir noch keine Funktion für die Wurzel haben.

Übung 6.17 Nun mal wieder etwas zum Knobeln: Erstellen Sie die Prozedur *p_werte-stat*, welche die Varianz der Werte in der Spalte *wert* von *t_werte* berechnet. Als Ergebnis muß bei den hier verwendeten Zahlen 1,25 berechnet werden.

Nun wollen wir eine Fehlermeldung provozieren. Indem wir alle Werte aus *t_werte* löschen, wird bei der Berechnung der Varianz eine Division durch null durchgeführt.

```
DELETE FROM t_werte
```

Wenn Sie nun mit *SELECT * FROM p_werte_stat* die Prozedur ausführen, wird diese mit der Fehlermeldung -802 (*arithmetic exception, numeric overflow, or string truncation*) abgebrochen.

WHEN...DO

Wir wollen die Prozedur nun so abändern, daß eine solche Fehlermeldung abgefangen wird und als Ergebnis der Wert NULL zurückgegeben wird.

```
ALTER PROCEDURE p_werte_stat
RETURNS
   (varianz FLOAT)
AS
   DECLARE VARIABLE qwt FLOAT;
   DECLARE VARIABLE wert FLOAT;
   DECLARE VARIABLE mittel FLOAT;
   DECLARE VARIABLE zahl FLOAT;
BEGIN
   SELECT AVG(wert)
      FROM t_werte
      INTO :mittel;
   SELECT COUNT(wert)
      FROM t_werte
      INTO :zahl;
   qwt = 0;
   FOR SELECT wert
      FROM t_werte
      INTO :wert
   DO qwt = qwt + ((wert - mittel) * (wert - mittel));
   BEGIN
      varianz = qwt / zahl;
      WHEN SQLCODE -802
         DO varianz = NULL;
   END
   SUSPEND;
END;
```

Die Änderungen beginnen nach der FOR SELECT..DO-Schleife. Zunächst einmal muß ein neuer BEGIN..END-Block eingefügt werden. Nur in diesem Block werden die Fehlermeldungen abgefangen. Es folgt die Anweisung, bei welcher der Fehler auftreten kann.

Die Fehlerbehandlung erfolgt mit der WHEN..DO-Anweisung. Wenn in diesem Fall der SQL-Fehlercode -802 auftritt, dann wird der Variablen *varianz* der Wert NULL zugewiesen. Implizit wird dabei auch der Abbruch der Prozedur und die Anzeige der Fehlermeldung vermieden.

Im WHEN-Teil können nicht nur SQL-Fehlercodes, sondern auch EXCEPTIONS und GDSCODE-Nummern angegeben werden. Eine Zusammenstellung aller SQL-Fehlercodes finden Sie im Anhang E.

Übung 6.18 In diesem Fall wäre es auch ohne Fehlerbehandlung gegangen. Ändern Sie die Prozedur *p_werte_stat* so ab, daß keine WHEN..DO-Anweisung verwendet wird, aber bei einer leeren Tabelle *t_werte* trotzdem keine Fehlermeldung angezeigt wird.

EXCEPTIONS

Die Fehlermeldungen, die von ISQL angezeigt werden, sind bisweilen etwas „interpretierungsbedürftig", außerdem auf englisch und für den Laien meist überhaupt nicht verständlich. Deshalb besteht die Möglichkeit, eigene EXCEPTIONS zu definieren, deren Fehlermeldungen dann selbst erstellt werden.

Abbildung 6.2: Fehlermeldung einer selbst definierten EXCEPTION

Um eine EXCEPTION zu erstellten, verwenden Sie die Anweisung CREATE EXCEPTION und geben sie den Namen sowie die Fehlermeldung an.

```
CREATE EXCEPTION e_werte_stat_error
   "Keine Werte in der Tabelle t_werte"
```

Mit Hilfe der Fehlerbehandlung kann eine solche EXCEPTION ausgelöst werden.

```
BEGIN
  varianz = qwt / zahl;
  WHEN SQLCODE -802
    DO EXCEPTION e_werte_stat_error;
END
```

Übung 6.19 Wie würde man die EXCEPTION *e_werte_stat_error* löschen und warum geht das im Moment nicht?

6.1.5 Prozeduren löschen und ändern

Um eine Prozedur zu löschen, verwendet man die Anweisung DROP PROCEDURE.

```
DROP PROCEDURE p_werte_stat
```

Eine Prozedur kann nur dann gelöscht werden, wenn sie von keiner anderen Prozedur verwendet wird.

Nicht nur aus diesem Grund ist es unzweckmäßig, eine Prozedur zu löschen und anschließend neu zu erstellen. Effektiver ist es, die Prozedur mit ALTER PROCEDURE zu ändern. Dieser Befehl – wir haben ihn ja bereits verwendet – gleicht weitgehend CREATE PROCEDURE, löst aber keine Fehlermeldung aus, wenn eine Prozedur des angegebenen Namens schon besteht.

Eine Prozedur läßt sich auch dann mit ALTER PROCEDURE überschreiben, wenn sie von anderen Prozeduren verwendet wird. Leider achtet InterBase dabei noch nicht einmal darauf, daß benötigte Parameter- oder Rückgabewerte erhalten bleiben. Sie sollten beim Einsatz von ALTER PROCEDURE deshalb eine gewissen Vorsicht walten lassen.

6.2 Trigger

Ein Trigger ist eine Art Prozedur, die jedoch nicht vom Benutzer, sondern vom System selbst gestartet wird. Auf diese Weise lassen sich zusätzliche Maßnahmen ergreifen, wenn in Tabellen Datensätze eingefügt, geändert oder gelöscht werden.

6.2.1 CREATE TRIGGER

Der Trigger *trig_art* aus unserer Beispieldatenbank fügt immer dann, wenn der Spalte *nummer* kein Wert zugewiesen wird, einen Generatorwert ein. Auf diese Weise bastelt man sich selbstinkrementierende Felder.

```
CREATE TRIGGER trig_art
   FOR t_art
   ACTIVE
   BEFORE INSERT
   POSITION 0
AS
BEGIN
   IF(NEW.nummer IS NULL)
      THEN NEW.nummer = GEN_ID(g_art, 1);
END
```

Um einen Trigger zu erstellen, verwendet man die Anweisung CREATE TRIGGER, gefolgt vom Namen des Triggers. Nach dem Schlüsselwort FOR wird die Tabelle genannt, für die der Trigger definiert wird.

ACTIVE
INACTIVE

Das Schlüsselwort ACTIVE zeigt an, daß der Trigger aktiviert sein soll, inaktive Trigger würden mit INACTIVE erstellt. Da ACTIVE der Vorgabewert ist, werden aktive Trigger erstellt, wenn nichts angegeben wird. Die Option INACTIVE wird vor allem im Zusammenhang mit ALTER TRIGGER verwendet, um Trigger vorübergehend zu deaktivieren.

BEFORE
AFTER

Mit BEFORE zeigen wir an, daß der Trigger vor der Durchführung der folgenden Aktion – in diesem Fall INSERT – ausgelöst werden soll. Soll er danach ausgelöst werden, dann ist AFTER zu verwenden. Trigger können vor beziehungsweise nach den Anweisungen INSERT, UPDATE oder DELETE gesetzt werden.

POSITION

An eine Aktion lassen sich mehrere Trigger koppeln, die dann in der Reihenfolge von POSITION ausgeführt werden. Der Wert von POSITION liegt zwischen 0 und 32 767, wobei der Trigger mit der Zahl null als erstes ausgeführt wird. Haben mehrere Trigger dieselbe POSITION-Nummer, dann ist die Reihenfolge ihrer Ausführung zufällig.

Nach dem Schlüsselwort AS werden Variablen deklariert, was in diesem Beispiel nicht erforderlich ist, zwischen BEGIN und END folgt dann der Ausführungsteil. Dort wird geprüft, ob bereits eine Nummer vorgegeben ist, andernfalls wird ein Generatorwert eingefügt.

Neu ist hier der Bezeichner *NEW.nummer*. Mit NEW in Kombination mit einem Spaltenbezeichner wird auf die neu einzufügenden oder zu ändernden Spaltenwerte zugegriffen, während man mit OLD auf die bisherigen Werte zugreifen kann.

Aktionen verhindern

Wenn man innerhalb eines BEFORE-Triggers eine Exception auslöst, welche nicht behandelt wird, dann kann man die Ausführung der entsprechenden Aktion verhindern.

Sie erinnern sich vielleicht noch an die Frage, wie man das Löschen der Datensätze eins bis sieben der Tabelle *t_art* verhindern kann (VIEW mit entsprechender Zugriffsberechtigung, weitere Tabelle mit Fremdschlüssel auf *t_art*). Mit Hilfe eines Triggers läßt sich dieses Problem auch lösen. Dazu wird zunächst eine EXCEPTION definiert.

```
CREATE EXCEPTION e_art_loschen "Die Datensätze bis
   zur Nummer 7 dürfen nicht gelöscht werden"
```

Nun erstellen wir einen Trigger, der prüft, ob ein zu löschender Datensatz eine Nummer kleiner gleich sieben hat und gegebenenfalls die EXCEPTION auslöst.

```
CREATE TRIGGER trig_art_del
   FOR t_art
   BEFORE DELETE
AS
BEGIN
   IF (OLD.nummer <= 7) THEN
      EXCEPTION e_art_loschen;
END
```

Neben ACTIVE fehlen hier auch die POSITION-Angaben. In einem solchen Fall wird die Position 0 verwendet.

Erfreulicherweise funktioniert diese Sicherung selbst dann, wenn der zu löschende Datensatz über die Spalte *bezeichnung* spezifiziert wird.

```
DELETE FROM t_art
   WHERE bezeichnung = "Handy"
```

Hier erkennt das DBS dann selbst, daß der spezifizierte Datensatz die Nummer vier hat und verweigert das Löschen.

Übung 6.20 Die Datensätze eins bis sieben sollen nicht nur vor dem Löschen, sondern auch vor allen Änderungen geschützt werden. Erstellen Sie die erforderlichen Anweisungen.

6.2.2 Trigger ändern und löschen

Um einen Trigger zu löschen, wird die Anweisung DROP TRIGGER verwendet. Vorher müssen alle Transaktionen abgeschlossen werden, welche den Trigger verwendet haben. (Außerdem müssen Sie Besitzer des Triggers und/oder SYSDBA sein.)

Um einen Trigger zu ändern, verwenden Sie ALTER TRIGGER. Sie können dabei, wie bei einer STORED PROCEDURE, den Trigger komplett neu definieren.

Sie können aber auch einzelne Angaben des Trigger-Kopfes ändern. Am häufigsten wird dabei der Trigger de- oder reaktiviert.

```
ALTER TRIGGER trig_art_del
INACTIVE

ALTER TRIGGER trig_art_del
ACTIVE
```

Sie können aber auch die auslösende Aktion und/oder die Position der Triggers ändern.

```
ALTER TRIGGER trig_art_del
AFTER INSERT
POSITION 11

/* nicht ausführen */
```

Weil die Koppelung des Trigger *trig_art_del* an die Aktion AFTER INSERT keinen Sinn macht, sollten Sie diese SQL-Anweisung nicht ausführen.

Was Sie nicht ändern können, auch nicht bei einer kompletten Redefinition des Triggers, ist die Tabelle, an die der Trigger gekoppelt ist. Wenn Sie diese ändern wollen, können Sie nur den Trigger komplett löschen und mit CREATE TRIGGER neu erstellen.

6.2.3 Ansichten über mehrere Tabellen aktualisieren

In Kapitel 4.3 wurde behauptet, daß sich Ansichten, die einen JOIN beinhalten, nicht aktualisieren lassen. Das ist nicht ganz richtig. Mit Hilfe von drei Triggern kann man dafür sorgen, daß auch bei solchen Ansichten INSERT-, UPDATE- und DELETE-Operationen möglich sind.

Übung 6.21 Für das folgende Beispiel benötigen wir eine Ansicht, die einen JOIN der Tabellen *t_artikel* und *t_gruppe* erstellt. Wenn Sie sich noch an Kapitel 4.3 erinnern, dann wissen Sie auch, daß hier ein Problem vorliegt, weil eine solche Ansicht zweimal den Spaltennamen *bezeichnung* verwendet.

Anstatt die Tabelle nun abzuändern, erstellen Sie eine Tabelle *t_gruppe_neu* mit den Spaltennamen *nummer* und *gruppe* und kopieren die Daten von *t_gruppe* nach *t_gruppe_neu*. Erstellen Sie die erforderlichen Trigger, um *t_gruppe_neu* stets auf demselben Stand wie *t_gruppe* zu halten.

Übung 6.22 Erstellen Sie die Ansicht *v_artikel* als JOIN der Tabellen *t_artikel* und *t_gruppe_neu*.

INSERT

Der Trigger *trig_artikel_ins* verteilt den einzufügenden Datensatz auf die Tabellen t_artikel und *t_gruppe_neu*.

```
CREATE TRIGGER trig_artikel_ins
  FOR v_artikel
  BEFORE INSERT
AS
  DECLARE VARIABLE zahl INTEGER;
BEGIN
  SELECT COUNT(*)
    FROM t_gruppe_neu
    WHERE gruppe = NEW.gruppe
    INTO :zahl;
  IF (zahl = 0) THEN
    INSERT INTO t_gruppe (bezeichnung)
    VALUES (NEW.gruppe);
  SELECT MIN(nummer)
    FROM t_gruppe_neu
```

```
      WHERE gruppe = NEW.gruppe
      INTO :zahl;
   INSERT INTO t_artikel (nummer, gruppe, hersteller,
         bezeichnung, preis)
      VALUES (NEW.nummer, :zahl, NEW.hersteller,
         NEW.bezeichnung, NEW.preis);
END
```

Zunächst wird geprüft, ob der Gruppenname schon in der Tabelle *t_gruppe_neu* vorhanden ist. Ist dies nicht der Fall, dann wird er in der Tabelle *t_gruppe* (und nicht *t_gruppe_neu*!) eingefügt. Der Trigger *trig_gruppe_ins* sorgt dafür, daß der Datensatz auch in die Tabelle *t_gruppe_neu* geschrieben wird.

Anschließend wird die Nummer des Datensatzes ermittelt und in die Variable *zahl* geschrieben. Zuletzt erfolgt der INSERT-Befehl zum Einfügen des neuen Datensatzes in die Tabelle *t_artikel*.

UPDATE

Den Trigger für das Einfügen eines Datensatzes erstellt man wie folgt:

```
CREATE TRIGGER trig_artikel_upd
   FOR v_artikel
   BEFORE UPDATE
AS
   DECLARE VARIABLE zahl INTEGER;
BEGIN
   SELECT COUNT(*)
      FROM t_gruppe_neu
      WHERE gruppe = NEW.gruppe
      INTO :zahl;
   IF (zahl = 0) THEN
      INSERT INTO t_gruppe (bezeichnung)
         VALUES (NEW.gruppe);
   SELECT MIN(nummer)
      FROM t_gruppe_neu
      WHERE gruppe = NEW.gruppe
      INTO :zahl;
```

```
   UPDATE t_artikel
      SET nummer = NEW.nummer,
         gruppe = :zahl,
         hersteller = NEW.hersteller,
         bezeichnung = NEW.bezeichnung,
         preis = NEW.preis
      WHERE (nummer = OLD.nummer)
END
```

Sicherheitshalber muß damit gerechnet werden, daß der Wert der Spalte *gruppe* bei der UPDATE-Anweisung geändert wird. Deshalb wird auch hier wieder die Gruppennummer ermittelt und in die Spalte *gruppe* von *t_artikel* geschrieben.

In der WHERE-Klausel reicht auch hier wieder die Primärschlüsselspalte, selbst wenn die WHERE-Anweisung eine komplett andere Spalte spezifiziert.

```
UPDATE v_artikel SET hersteller = "Test"
   WHERE hersteller = "Intel"
```

DELETE

Sehr übersichtlich ist der Trigger für die DELETE-Anweisung:

```
CREATE TRIGGER trig_artikel_del
   FOR t_artikel
   BEFORE DELETE
AS
BEGIN
   DELETE FROM t_artikel
      WHERE (nummer = OLD.nummer);
END
```

Beachten Sie, daß auch dieser Trigger als BEFORE definiert werden muß.

Übung 6.23 Beim Löschen eines Datensatzes kann es vorkommen, daß ein Eintrag in *t_gruppe* nicht mehr referenziert wird. Erstellen Sie einen Trigger, der sicherstellt, daß dieser Datensatz in *t_gruppe* dann gelöscht wird.

6.3 Terminatoren in SQL-Scripts

In einer Prozedur oder einem Trigger muß jede Anweisung mit einem Semikolon abgeschlossen werden. Ein solches Terminationszeichen ist auch erforderlich, wenn Sie (irgendwelche) Anweisungen in einem SQL-Script zusammenfassen.

Würde man nun Prozeduren oder Trigger in ein SQL-Script aufnehmen und dabei sowohl die Prozeduren und Trigger als Ganzes als auch die darin enthaltenen Anweisungen mit demselben Zeichen abschließen, dann würde man das DBS ziemlich durcheinanderbringen.

Wie in einem solchen Fall vorgegangen wird, zeigt der folgende Ausschnitt aus dem SQL-Script zur Erstellung unserer Test-Datenbank:

```
SET TERM #;

...

CREATE TRIGGER trig_art FOR t_art
ACTIVE BEFORE INSERT POSITION 0
AS
BEGIN
  IF(NEW.nummer IS NULL)
    THEN NEW.nummer = GEN_ID(g_art, 1);
END#

SET TERM ; #
```

Zunächst wird mit SET TERM ein weiteres Terminationszeichen definiert, in diesem Beispiel das #-Zeichen. Sie können auch andere Zeichen nehmen, solange diese Zeichen nicht anderweitig verwendet werden.

Anschließend werden dann die Prozeduren und Funktionen aufgeführt, wobei diese Anweisungen als Ganzes mit dem neuen Terminationszeichen abgeschlossen werden, die darin enthaltenen Anweisungen jedoch wie gehabt mit einem Semikolon.

Mit der zweiten SET TERM-Anweisung wird das Semikolon als Terminationszeichen wiederhergestellt.

7 USER DEFINED FUNCTIONS

InterBase implementiert lediglich die Standard-SQL-Funktionen wie beispielsweise SUM oder AVG. Andere Datenbanksysteme sind hier großzügiger ausgestattet. Dagegen bietet InterBase die Möglichkeit, Funktionen aus externen Bibliotheken zu importieren. Diese DLLs können – eine entsprechende Entwicklungsumgebung, wie beispielsweise Delphi, vorausgesetzt – vom Anwender selbst erstellt werden, so daß alle erwünschten Funktionen nachgerüstet werden können.

Wie man eine solche Funktion selbst programmiert, kann im Rahmen dieses Buches nicht vermittelt werden. Wir wollen jedoch zwei Bibliotheken besprechen, welche eine Menge von Funktionen beinhalten, so daß die Standard-Probleme damit gelöst werden können.

7.1 DECLARE EXTERNAL FUNCTION

Damit eine Funktion von InterBase eingebunden werden kann, muß diese in das *InterBase\bin*-Verzeichnis kopiert werden. (In Version 4 mußte die Funktion in das Windows-Verzeichnis kopiert werden. Das funktioniert nun nicht mehr.)

Anschließend kann die Funktion deklariert werden.

```
DECLARE EXTERNAL FUNCTION substr
   CSTRING(80), SMALLINT, SMALLINT
   RETURNS CSTRING(80) FREE_IT
   ENTRY_POINT "IB_UDF_substr"
   MODULE_NAME "ib_udf.dll";
```

Die Deklaration beginnt mit der Anweisung DECLARE EXTERNAL FUNCTION, dem der in InterBase verwendete Name der Funktion folgt. Anschließend folgt die Liste der an die Funktion zu übergebenden Parameter, im Beispiel ein String und zwei Ganzzahlen. (Der Typ CSTRING entspricht dem Typen VARCHAR.)

Nach dem Schlüsselwort RETURNS folgt der Typ des von der Funktion zurückzugebenden Wertes. Diesem Wert werden manchmal die Optionen BY VALUE oder FREE_IT angehängt. Was es damit auf sich hat, ist nur für den Programmierer interessant. Halten Sie sich exakt an das, was der Programmierer hier vorgibt.

Nach dem Schlüsselwort ENTRY_POINT folgt der Funktionsname in der Bibliothek. Dieser Name ist durch die Bibliothek vorgegeben, während der in InterBase verwendete Funktionsname durchaus vom Benutzer abgeändert werden kann. Nach dem Schlüsselwort MODULE_NAME wird der Dateiname der DLL genannt.

Die Funktion wird mit DECLARE EXTERNAL FUNCTION nur deklariert. InterBase prüft zu diesem Zeitpunkt nicht, ob eine passende Funktion überhaupt verfügbar ist. Wenn dies nicht der Fall ist, wird jedoch beim Versuch, diese Funktion zu verwenden, ein Fehler auftreten.

subStr

Die Funktion *substr(s, b, e)* liefert die Zeichen des Strings *s* von Position *b* bis Position *e*.

```
SELECT
    nummer,
    nachname,
    substr(nachname, 3, 5)
  FROM t_mitarbeiter

     NUMMER NACHNAME        SUBSTR
=========== =============== ====================

          5 Peters          ter
          6 Müller          lle
          7 Müller          lle
          9 Fichtl          cht
       ....
```

Eine Funktion entfernen

Mit DROP EXTERNAL FUNCTION kann eine Funktion entfernt werden.

```
DROP EXTERNAL FUNCTION substr
```

Die Deklaration einer Funktion kann nicht geändert werden, eine Anweisung ALTER EXTERNAL FUNCTION existiert nicht.

7.2 Die Bibliothek ib_udf.dll

Ab Version 5 liegt InterBase die Bibliothek *ib_udf.dll* bei, die eine Reihe von Funktionen zur Verfügung stellt, die vom Anwender dann nur noch eingebunden werden müssen.Die Bibliothek liegt für gewöhnlich im *InterBase\Lib*-Verzeichnis und muß vor der Verwendung ins *InterBase\Bin*-Verzeichnis verschoben oder kopiert werden.

7.2.1 Stringbearbeitung

Im ersten Abschnitt wollen wir die Funktionen besprechen, die zur Bearbeitung von Zeichenketten dienen. Diejenigen Funktionen, deren Parameter als CSTRING(80) definiert sind, können tatsächlich bis zu 32767 Zeichen übernehmen und bearbeiten.

ascii_char

Die Funktion *ascii_char* wandelt eine Zahl in das entsprechende ASCII-Zeichen um. Das Ergebnis von *ascii_char(70)* wäre *F*.

```
DECLARE EXTERNAL FUNCTION ascii_char
   INTEGER
   RETURNS CHAR(1)
   ENTRY_POINT "IB_UDF_ascii_char"
   MODULE_NAME "ib_udf.dll";
```

ascii_val

Die Funktion *ascii_val* ermittelt die ASCII-Nummer eines Zeichens. Das Ergebnis von *ascii_val("F")* wäre 70.

```
DECLARE EXTERNAL FUNCTION ascii_val
   CHAR(1)
   RETURNS INTEGER BY VALUE
   ENTRY_POINT "IB_UDF_ascii_val"
   MODULE_NAME "ib_udf.dll";
```

lower

Mit der Funktion *lower* wandeln Sie alle Zeichen in Kleinbuchstaben um. Um alle Zeichen in Großbuchstaben umzuwandeln, verwenden Sie die SQL-Funktion UPPER.

```
DECLARE EXTERNAL FUNCTION lower
   CSTRING(80)
   RETURNS CSTRING(80) FREE_IT
   ENTRY_POINT "IB_UDF_lower"
   MODULE_NAME "ib_udf.dll";
```

ltrim

Die Funktion *ltrim* entfernt alle führenden Leerzeichen aus einem String. Um abschließende Leerzeichen zu entfernen, verwenden Sie die Funktion *rtrim*.

```
DECLARE EXTERNAL FUNCTION ltrim
   CSTRING(80)
   RETURNS CSTRING(80) FREE_IT
   ENTRY_POINT "IB_UDF_ltrim" MODULE_NAME "ib_udf.dll";
```

rtrim

Die Funktion *rtrim* entfernt alle abschließenden Leerzeichen aus einem String.

```
DECLARE EXTERNAL FUNCTION rtrim
   CSTRING(80)
   RETURNS CSTRING(80) FREE_IT
   ENTRY_POINT "IB_UDF_rtrim"
   MODULE_NAME "ib_udf.dll";
```

strlen

Die Funktion *strlen* ermittelt die Länge eines Strings.

```
DECLARE EXTERNAL FUNCTION strlen
   CSTRING(32767)
   RETURNS INTEGER BY VALUE
   ENTRY_POINT "IB_UDF_strlen"
   MODULE_NAME "ib_udf.dll";
```

substr

Die Funktion *substr(s, b, e)* liefert die Zeichen des Strings *s* von Position *b* bis Position *e*. (Beispiel: *substr("abcdefgh", 3, 6)* ergibt *cdef*.)

```
DECLARE EXTERNAL FUNCTION substr
   CSTRING(80), SMALLINT, SMALLINT
   RETURNS CSTRING(80) FREE_IT
   ENTRY_POINT "IB_UDF_substr"
   MODULE_NAME "ib_udf.dll";
```

7.2.2 Mathematische Funktionen

Im folgenden Abschnitt sollen alle mathematischen Funktionen mit Ausnahme der trigonometrischen Funktionen aufgeführt werden. Die trigonometrischen Funktionen werden in Abschnitt 7.2.3 behandelt.

abs

Die Funktion *abs* ermittelt den Betrag einer Zahl. (Für Nicht-Mathematiker: Der Betrag von 3 ist 3, der Betrag von -4 ist 4, der Betrag von -123,45 ist 123,45.)

```
DECLARE EXTERNAL FUNCTION abs
   DOUBLE PRECISION
   RETURNS DOUBLE PRECISION BY VALUE
   ENTRY_POINT "IB_UDF_abs"
   MODULE_NAME "ib_udf.dll";
```

ceiling

Die Funktion rundet auf die nächste Ganzzahl auf. (Aus 3,45 wird 4, aus -3,45 wird -3.) Zum Abrunden verwenden Sie die Funktion *floor*.

```
DECLARE EXTERNAL FUNCTION ceiling
   DOUBLE PRECISION
   RETURNS DOUBLE PRECISION BY VALUE
   ENTRY_POINT "IB_UDF_ceiling"
   MODULE_NAME "ib_udf.dll";
```

div

Die Funktion *div* berechnet das ganzzahlige Divisionsergebnis zweier Zahlen. (Beispiel *div(11, 4) ergibt 2.*) Den Divisionsrest berechnen Sie mit *mod*.

```
DECLARE EXTERNAL FUNCTION div
   INTEGER, INTEGER
   RETURNS DOUBLE PRECISION BY VALUE
   ENTRY_POINT "IB_UDF_div"
   MODULE_NAME "ib_udf";
```

floor

Die Funktion *floor* rundet eine Zahl auf die nächstkleinere Ganzzahl ab. (Aus 3.4 wird 3, aus -3.4 wird -4. Zur Erinnerung: es sind Dezimalpunkte zu verwenden.) Zum Aufrunden verwenden Sie die Funktion *ceiling*.

```
DECLARE EXTERNAL FUNCTION floor
   DOUBLE PRECISION
   RETURNS DOUBLE PRECISION BY VALUE
   ENTRY_POINT "IB_UDF_floor"
   MODULE_NAME "ib_udf.dll";
```

ln

Mit *ln* wird der natürliche Logarithmus einer Zahl berechnet.

```
DECLARE EXTERNAL FUNCTION ln
   DOUBLE PRECISION
   RETURNS DOUBLE PRECISION BY VALUE
   ENTRY_POINT "IB_UDF_ln"
   MODULE_NAME "ib_udf.dll";
```

log

Mit *log* wird der Logarithmus des ersten Parameters zur Basis des zweiten Parameters berechnet.

```
DECLARE EXTERNAL FUNCTION log
   DOUBLE PRECISION, DOUBLE PRECISION
   RETURNS DOUBLE PRECISION BY VALUE
   ENTRY_POINT "IB_UDF_log"
   MODULE_NAME "ib_udf.dll";
```

log10

Mit *log10* wird der Logarithmus zur Basis zehn berechnet.

```
DECLARE EXTERNAL FUNCTION log10
   DOUBLE PRECISION
   RETURNS DOUBLE PRECISION BY VALUE
   ENTRY_POINT "IB_UDF_log10"
   MODULE_NAME "ib_udf.dll";
```

mod

Mit *mod* wird der Rest einer Ganzzahl-Divion ermittelt. (Beispiel *mod(11, 4)* ergibt 3.) Um das Ergebnis einer Ganzzahl-Division zu berechnen, verwenden Sie *div*.

```
DECLARE EXTERNAL FUNCTION mod
   INTEGER, INTEGER
   RETURNS DOUBLE PRECISION BY VALUE
   ENTRY_POINT "IB_UDF_mod"
   MODULE_NAME "ib_udf.dll";
```

pi

Die Funktion *pi* ermittelt die Kreiszahl *Pi* (3.141592654). Diese Funktion übernimmt keine Parameter.

```
DECLARE EXTERNAL FUNCTION pi
   RETURNS DOUBLE PRECISION BY VALUE
   ENTRY_POINT "IB_UDF_pi"
   MODULE_NAME "ib_udf.dll";
```

rand

Die Funktion *rand* generiert eine Zufallszahl zwischen null und eins.

```
DECLARE EXTERNAL FUNCTION rand
   RETURNS DOUBLE PRECISION BY VALUE
   ENTRY_POINT "IB_UDF_rand"
   MODULE_NAME "ib_udf.dll";
```

sign

Die Funktion *sign* ermittelt das Vorzeichen einer Zahl. Ist die Zahl positiv, lautet das Ergebnis 1, ist die Zahl negativ, lautet das Ergebnis -1. Das Ergebnis lautet 0, wenn die Zahl gleich null ist.

```
DECLARE EXTERNAL FUNCTION sign
   DOUBLE PRECISION
   RETURNS INTEGER BY VALUE
   ENTRY_POINT "IB_UDF_sign"
   MODULE_NAME "ib_udf.dll";
```

sqrt

Die Funktion *sqrt* berechnet die Quadratwurzel einer Zahl.

```
DECLARE EXTERNAL FUNCTION sqrt
   DOUBLE PRECISION
   RETURNS DOUBLE PRECISION BY VALUE
   ENTRY_POINT "IB_UDF_sqrt"
   MODULE_NAME "ib_udf.dll";
```

7.2.3 Trigonometrische Funktionen

Im folgenden Abschnitt werden die trigonometrischen Funktionen aufgeführt. Beachten Sie dabei, daß alle Gradangaben im Bogenmaß gemacht beziehungsweise erwartet werden.

acos

Die Funktion *acos* ermittelt den Arcus-Cosinus (Umkehrfunktion des Cosinus) einer Zahl.

```
DECLARE EXTERNAL FUNCTION acos
   DOUBLE PRECISION
   RETURNS DOUBLE PRECISION BY VALUE
   ENTRY_POINT "IB_UDF_acos"
   MODULE_NAME "ib_udf.dll";
```

asin

Die Funktion *asin* ermittelt den Arcus-Sinus (Umkehrfunktion des Sinus) einer Zahl.

```
DECLARE EXTERNAL FUNCTION asin
   DOUBLE PRECISION
   RETURNS DOUBLE PRECISION BY VALUE
   ENTRY_POINT "IB_UDF_asin"
   MODULE_NAME "ib_udf.dll";
```

atan

Die Funktion *atan* ermittelt den Arcus-Tangens (Umkehrfunktion des Tangens) einer Zahl.

```
DECLARE EXTERNAL FUNCTION atan
   DOUBLE PRECISION
   RETURNS DOUBLE PRECISION BY VALUE
   ENTRY_POINT "IB_UDF_atan"
   MODULE_NAME "ib_udf.dll";
```

cos

Die Funktion *cos* berechnet den Cosinus einer Zahl.

```
DECLARE EXTERNAL FUNCTION cos
   DOUBLE PRECISION
   RETURNS DOUBLE PRECISION BY VALUE
   ENTRY_POINT "IB_UDF_cos"
   MODULE_NAME "ib_udf.dll";
```

cosh

Die Funktion *cosh* berechnet den Cosinus hyperbolikus einer Zahl.

```
DECLARE EXTERNAL FUNCTION cosh
   DOUBLE PRECISION
   RETURNS DOUBLE PRECISION BY VALUE
   ENTRY_POINT "IB_UDF_cosh"
   MODULE_NAME "ib_udf.dll";
```

cot

Die Funktion *cot* berechnet den Cotangens einer Zahl.

```
DECLARE EXTERNAL FUNCTION cot
DOUBLE PRECISION
RETURNS DOUBLE PRECISION BY VALUE
ENTRY_POINT "IB_UDF_cot" MODULE_NAME "ib_udf.dll";
```

sin

Die Funktion *sin* berechnet den Sinus einer Zahl.

```
DECLARE EXTERNAL FUNCTION sin
   DOUBLE PRECISION
   RETURNS DOUBLE PRECISION BY VALUE
   ENTRY_POINT "IB_UDF_sin"
   MODULE_NAME "ib_udf.dll";
```

sinh

Die Funktion *sinh* berechnet den Sinus hyperbolikus einer Zahl.

```
DECLARE EXTERNAL FUNCTION sinh
   DOUBLE PRECISION
   RETURNS DOUBLE PRECISION BY VALUE
   ENTRY_POINT "IB_UDF_sinh"
   MODULE_NAME "ib_udf.dll";
```

tan

Die Funktion *tan* ermittelt den Tangens einer Zahl.

```
DECLARE EXTERNAL FUNCTION tan
   DOUBLE PRECISION
   RETURNS DOUBLE PRECISION BY VALUE
   ENTRY_POINT "IB_UDF_tan"
   MODULE_NAME "ib_udf.dll";
```

tanh

Die Funktion *tan* ermittelt den Tangens hyperbolikus einer Zahl.

```
DECLARE EXTERNAL FUNCTION tanh
   DOUBLE PRECISION
   RETURNS DOUBLE PRECISION BY VALUE
   ENTRY_POINT "IB_UDF_tanh"
   MODULE_NAME "ib_udf.dll";
```

7.2.4 Logische Verknüpfungen

Die folgenden Funktionen nehmen logische Verknüpfungen zweier Werte vor.

bin_and

Die Funktion *bin_and* nimmt eine logische UND-Verknüpfung von zwei Integer-Zahlen vor.

```
DECLARE EXTERNAL FUNCTION bin_and
   INTEGER, INTEGER
   RETURNS INTEGER BY VALUE
   ENTRY_POINT "IB_UDF_bin_and"
   MODULE_NAME "ib_udf.dll";
```

bin_or

Die Funktion *bin_or* nimmt eine logische OR-Verknüpfung von zwei Integer-Zahlen vor.

```
DECLARE EXTERNAL FUNCTION bin_or
   INTEGER, INTEGER
   RETURNS INTEGER BY VALUE
   ENTRY_POINT "IB_UDF_bin_or"
   MODULE_NAME "ib_udf.dll";
```

bin_xor

Die Funktion *bin_xor* nimmt eine logische XOR-Verknüpfung (Exclusive-Oder, Entweder-Oder) von zwei Integer-Zahlen vor.

```
DECLARE EXTERNAL FUNCTION bin_xor
   INTEGER, INTEGER
   RETURNS INTEGER BY VALUE
   ENTRY_POINT "IB_UDF_bin_xor"
   MODULE_NAME "ib_udf.dll";
```

7.3 FreeUDFLib

Auf der Buch-CD finden Sie die Bibliothek *FreeUDFLib.dll* von *Gregory Deatz*. Interessant sind hier vor allem die in *ib_udf.dll* völlig vernachlässigten Datumsfunktionen. Im folgenden soll ein Teil dieser Funktionen besprochen werden.

7.3.1 Datumsfunktionen

Die folgenden Funktion führen Berechnungen mit dem Datum durch, extrahieren Teile davon oder wandeln es in eine andere Schreibweise.

f_AddMonth

Die Funktion *f_addMonth(d, m)* addiert dem Datum *d* die Anzahl *m* Monate hinzu. Sollen Monate abgezogen werden, muß *m* negativ werden.

```
DECLARE EXTERNAL FUNCTION f_AddMonth
   DATE, INTEGER
   RETURNS DATE
   ENTRY_POINT "AddMonth"
   MODULE_NAME "FreeUDFLib.dll";
```

f_AddYear

Die Funktion *f_addYear(d, y)* addiert dem Datum *d* die Anzahl *y* Jahre hinzu. Sollen Jahre abgezogen werden, muß *y* negativ werden.

```
DECLARE EXTERNAL FUNCTION f_AddYear
   DATE, INTEGER
   RETURNS DATE
   ENTRY_POINT "AddYear"
   MODULE_NAME "FreeUDFLib.dll";
```

f_AgeInDays

Die Funktion *f_AgeInDays(b, e)* berechnet die Differenz von *e* minus *b* und gibt sie in Tagen an.

```
DECLARE EXTERNAL FUNCTION f_AgeInDays
   DATE, DATE
   RETURNS
   INTEGER BY VALUE
   ENTRY_POINT "AgeInDays"
   MODULE_NAME "FreeUDFLib.dll";
```

f_AgeInMonths

Die Funktion *f_AgeInMonths(b, e)* berechnet die Differenz von *e* minus *b* und gibt sie in Monaten an. Liegt *e* vor *b*, dann ist das Ergebnis negativ und wird abgerundet. (Beispiel: *e* liegt 3 Tage vor *b*, dann ist das Ergebnis -1.)

```
DECLARE EXTERNAL FUNCTION f_AgeInMonths
   DATE, DATE
   RETURNS INTEGER BY VALUE
   ENTRY_POINT "AgeInMonths"
   MODULE_NAME "FreeUDFLib.dll";
```

f_AgeInWeeks

Die Funktion *f_AgeInWeeks(b, e)* berechnet die Differenz von *e* minus *b* und gibt sie in Wochen an. Liegt *e* vor *b*, dann ist das Ergebnis negativ und wird abgerundet. (Beispiel: *e* liegt 3 Tage vor *b*, dann ist das Ergebnis -1.)

```
DECLARE EXTERNAL FUNCTION f_AgeInWeeks
   DATE, DATE
   RETURNS INTEGER BY VALUE
   ENTRY_POINT "AgeInWeeks"
   MODULE_NAME "FreeUDFLib.dll";
```

f_CDOWLong

Die Funktion *f_CDOWLong(d)* gibt den Wochentag des Datums in Langform an (beispielsweise *Sonntag*). Erfreulicherweise werden (bei entsprechender Windows-Einstellung) deutsche Bezeichnungen verwendet.

```
DECLARE EXTERNAL FUNCTION f_CDOWLong
   DATE
   RETURNS CSTRING(10)
   ENTRY_POINT "CDOWLong"
   MODULE_NAME "FreeUDFLib.dll";
```

f_CDOWShort

Die Funktion *f_CDOWShort(d)* gibt den Wochentag des Datums in Kurzform an (beispielsweise *So*).

```
DECLARE EXTERNAL FUNCTION f_CDOWShort
   DATE
   RETURNS CSTRING(4)
   ENTRY_POINT "CDOWShort"
   MODULE_NAME "FreeUDFLib.dll";
```

f_CMonthLong

Die Funktion *f_CDOWLong(d)* gibt den Monat des Datums in Langform an (beispielsweise *Februar*). Erfreulicherweise werden (bei entsprechender Windows-Einstellung) deutsche Bezeichnungen verwendet.

```
DECLARE EXTERNAL FUNCTION f_CMonthLong
   DATE
   RETURNS CSTRING(10)
   ENTRY_POINT "CMonthLong"
   MODULE_NAME "FreeUDFLib.dll";
```

f_CMonthShort

Die Funktion *f_CDOWLong(d)* gibt den Monat des Datums in Kurzform an (beispielsweise *Feb*).

```
DECLARE EXTERNAL FUNCTION f_CMonthShort
   DATE
   RETURNS CSTRING(4)
   ENTRY_POINT "CMonthShort"
   MODULE_NAME "FreeUDFLib.dll";
```

f_DayOfMonth

Die Funktion *f_DayOfMonth(d)* ermittelt den Tag des Datums (als 14 bei *14-Feb-1998*).

```
DECLARE EXTERNAL FUNCTION f_DayOfMonth
   DATE
   RETURNS INTEGER BY VALUE
   ENTRY_POINT "DayOfMonth"
   MODULE_NAME "FreeUDFLib.dll";
```

f_DayOfWeek

Die Funktion *f_DayOfWeek(d)* ermittelt den Wochentag des Datums (also 1 bei *Sonntag*).

```
DECLARE EXTERNAL FUNCTION f_DayOfWeek
   DATE
   RETURNS INTEGER BY VALUE
   ENTRY_POINT "DayOfWeek"
   MODULE_NAME "FreeUDFLib.dll";
```

f_DayOfYear

Die Funktion *f_DayOfYear(d)* berechnet, wie viele Tage von Jahresanfang bis zum angegebenen Datum vergangen sind.

```
DECLARE EXTERNAL FUNCTION f_DayOfYear
   DATE
   RETURNS INTEGER BY VALUE
   ENTRY_POINT "DayOfYear"
   MODULE_NAME "FreeUDFLib.dll";
```

f_MaxDate

Die Funktion *f_MaxDate(d1, d2)* ermittelt das spätere der beiden Daten.

```
DECLARE EXTERNAL FUNCTION f_MaxDate
   DATE, DATE
   RETURNS DATE
   ENTRY_POINT "MaxDATE"
   MODULE_NAME "FreeUDFLib.dll";
```

f_MinDate

Die Funktion *f_MinDate(d1, d2)* ermittelt das frühere der beiden Daten.

```
DECLARE EXTERNAL FUNCTION f_MinDate
   DATE, DATE
   RETURNS DATE
   ENTRY_POINT "MinDATE"
   MODULE_NAME "FreeUDFLib.dll";
```

f_Month

Die Funktion *f_Month(d)* ermittelt den Monat des Datums.

```
DECLARE EXTERNAL FUNCTION f_Month
   DATE
   RETURNS INTEGER BY VALUE
   ENTRY_POINT "Month"
   MODULE_NAME "FreeUDFLib.dll";
```

f_Quarter

Die Funktion *f_Quarter(d)* ermittelt das Quartal des Datums.

```
DECLARE EXTERNAL FUNCTION f_Quarter
   DATE
   RETURNS INTEGER BY VALUE
   ENTRY_POINT "Quarter"
   MODULE_NAME "FreeUDFLib.dll";
```

f_WeekOfYear

Mit *f_WeekOfYear(d)* wird die Kalenderwoche des Datums bestimmt.

```
DECLARE EXTERNAL FUNCTION f_WeekOfYear
   DATE
   RETURNS INTEGER BY VALUE
   ENTRY_POINT "WeekOfYear"
   MODULE_NAME "FreeUDFLib.dll";
```

f_Year

Die Funktion *f_Year(d)* berechnet das Jahr des Datums.

```
DECLARE EXTERNAL FUNCTION f_Year
   DATE
   RETURNS INTEGER BY VALUE
   ENTRY_POINT "Year"
   MODULE_NAME "FreeUDFLib.dll";
```

7.3.2 Stringfunktionen

f_Left

Die Funktion *f_Left(s, i)* ermittelt die ersten *i* Zeichen des Strings *s*.

```
DECLARE EXTERNAL FUNCTION f_Left
   CSTRING(254), INTEGER
   RETURNS CSTRING(254)
   ENTRY_POINT "Left"
   MODULE_NAME "FreeUDFLib.dll";
```

f_Right

Die Funktion *f_Right(s, i)* ermittelt die letzten *i* Zeichen des Strings *s*.

```
DECLARE EXTERNAL FUNCTION f_Right
   CSTRING(254), INTEGER
   RETURNS CSTRING(254)
   ENTRY_POINT "Right"
   MODULE_NAME "FreeUDFLib.dll";
```

7.4 Funktionen in der GROUP BY-Klausel

Nahmen wir einmal an, Sie wollen feststellen, welcher Mitarbeiter in welchem Jahr wieviel Umsatz gemacht hat. Man könnte das mit der folgenden Anweisung versuchen:

```
SELECT
      m.nachname,
      f_year(b.datum),
      SUM(p.stueckzahl * p.preis) AS preis
   FROM t_bestellung b
      INNER JOIN t_posten p
         ON p.bestellung = b.nummer
      INNER JOIN t_mitarbeiter m
         ON b.bearbeiter = m.nummer
```

```
  WHERE (b.nummer  - 20) < (SELECT MIN(nummer)
    FROM t_bestellung)
  GROUP BY m.nachname, f_year(b.datum)
  ORDER BY nachname

/* geht nicht */
```

Die Ausführung dieser Anweisung scheitert allerdings an der Gruppierung nach dem Jahr. Sie können nach dem Datum gruppieren, würden dabei allerdings mehrere Datensätze pro Mitarbeiter und Jahr erhalten.

Noch einen Hinweis zur WHERE-Klausel: Die Dauer einer Bearbeitung des gesamten Datenbestandes liegt – je nach Geschwindigkeit des Rechners – in der Größenordnung von einigen Minuten. Deshalb ist es zu empfehlen, die Anweisung zunächst mit Hilfe eines eingeschränkten Datenbestandes zu entwickeln und die WHERE-Klausel zuletzt zu entfernen.

Wie kommen wir nun zu unserer Statistik? Probleme, die man mit den Standard-SQL-Anweisungen nicht in den Griff bekommt, lassen sich meist mit einer STORED PROCEDURE lösen.

```
CREATE PROCEDURE p_bestellung_statistik(nummer INTEGER)
RETURNS
   (bestellung INTEGER,
   jahr INTEGER,
   quartal INTEGER,
   monat INTEGER,
   bearbeiter INTEGER,
   kunde INTEGER,
   preis FLOAT)
AS
BEGIN
   FOR SELECT
         b.nummer,
         f_year(b.datum),
         f_quarter(b.datum),
         f_month(b.datum),
         b.bearbeiter,
```

```
         b.kunde,
         SUM(p.stueckzahl * p.preis)
      FROM t_bestellung b
         INNER JOIN t_posten p
            ON b.nummer = p.bestellung
      WHERE b.nummer < :nummer
      GROUP BY b.nummer, b.datum, b.bearbeiter, b.kunde
      INTO :bestellung, :jahr, :quartal, :monat,
         :bearbeiter, :kunde, :preis
   DO SUSPEND;
END
```

Da wir hier vorausschauend handeln, liefert diese Prozedur nicht nur das Jahr, sondern auch das Quartal und den Monat der einzelnen Bestellungen, des weiteren Mitarbeiternummer, Bearbeiternummer sowie Gesamtpreis.

Um in der Testphase überschaubare Datenbestände und somit akzeptable Ausführungsgeschwindigkeiten zu erhalten, kann mit Hilfe des Parameters *nummer* und der WHERE-Klausel die Zahl der verwendeten Datensätze eingeschränkt werden.

Die komplette Statistik würde man nun mit der folgenden Anweisung erstellen:

```
SELECT
      m.nachname,
      b.jahr,
      SUM(b.preis)
   FROM p_bestellung_statistik(100000) b
      INNER JOIN t_mitarbeiter m
         ON m.nummer = b.bearbeiter
   GROUP BY nachname, jahr
```

Übung 7.1 In der eben genannten Abfrage ist noch ein kleiner Fehler zu finden. Beheben Sie diesen Fehler.

Übung 7.2 Ordnen Sie den Mitarbeitern den Umsatz aus dem Jahr 1998 quartalsweise zu.

A ISQL

ISQL steht für Interactive SQL und ist das Tool, mit dem auf SQL-Ebene mit InterBase kommuniziert werden kann. Wir werden unsere Übungen mit ISQL durchführen.

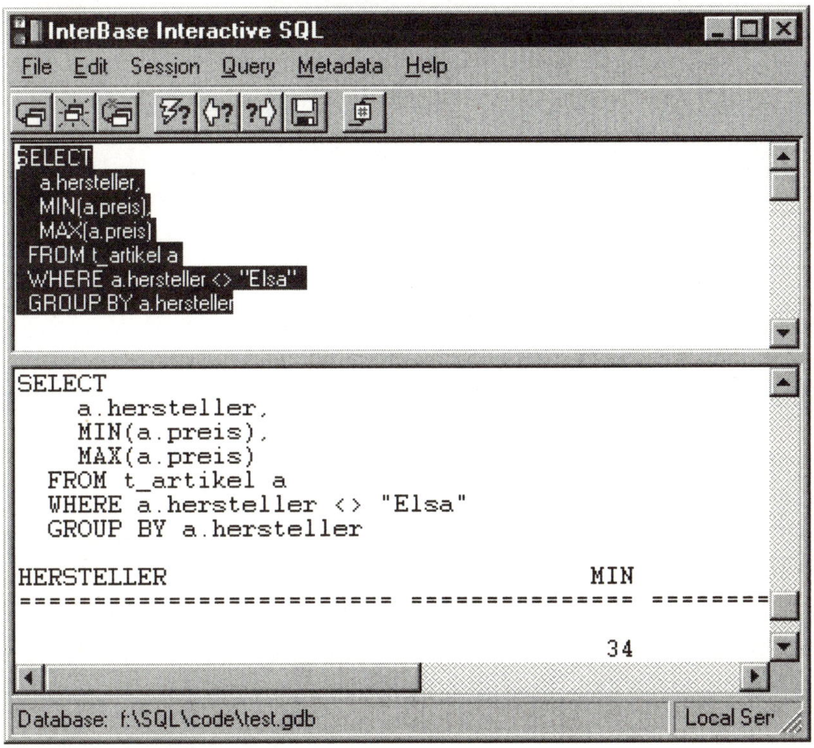

Abbildung A.1: ISQL

ISQL ist in der InterBase-Programmgruppe zu finden und ist *InterBase Windows ISQL* oder ähnlich benannt.

A.1 Die ersten Schritte

In diesem Kapitel erfahren Sie die nötigen Handgriffe, mit denen Sie die ersten SQL-Statements nachvollziehen können.

Sprachtreiber einstellen

Damit InterBase auch mit deutschen Umlauten arbeitet, wurde für die Beispieldatenbank der Sprachtreiber *ISO8859_1* verwendet. Diesen müssen Sie auch in ISQL einstellen, und das sollten Sie tun, noch bevor Sie sich in die Datenbank einloggen (sonst „hakt" die Sache manchmal).

Rufen Sie SETTINGS|ADVANCED SETTINGS auf, stellen Sie den Sprachtreiber ein und bestätigen dann mit OK.

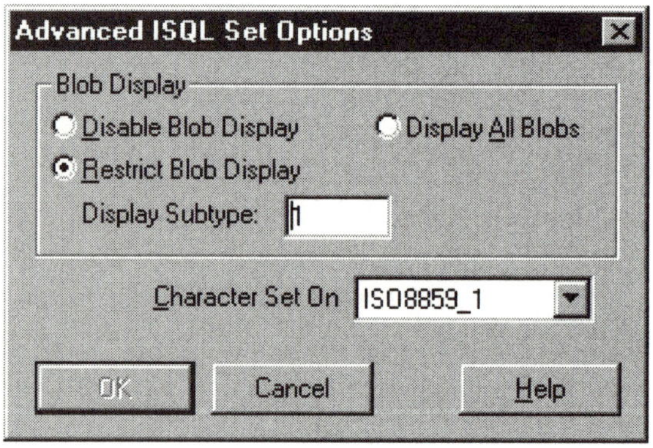

Abbildung A.2: Sprachtreiber einstellen

Anmelden

Bevor Sie mit einer Datenbank arbeiten können, müssen Sie sich dort anmelden. Rufen Sie dafür FILE|CONNECTTODATABASE... auf.

Für gewöhnlich werden Sie auf dem Rechner arbeiten, auf dem auch der Server installiert ist. Wählen Sie also *Local Engine* aus. Ist es nicht möglich, diesen Radio-Button zu aktivieren, dann läuft der Server nicht und muß manuell gestartet werden.

Ob der Server läuft, erkennt man auch am Icon in der Taskbar-Notification-Area, das zweite Icon von links:

Der InterBase-Server läuft zwar für gewöhnlich äußerst stabil, gerade beim Experimentieren „gelingt" es dann aber doch hin und wieder, ihn zum Absturz zu bringen.

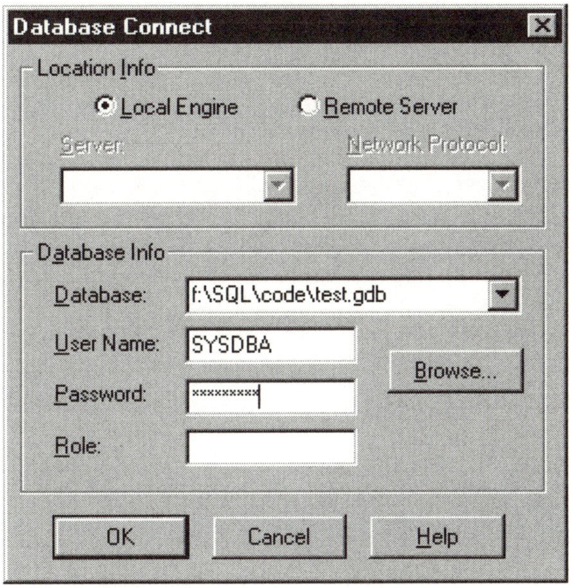

Abbildung A.3: Anmelden bei der Datenbank

Des weiteren muß die Datei der Datenbank, der Benutzername und das Paßwort eingegeben werden. Die Datenbank müssen Sie von der Buch-CD auf die Festplatte kopieren. Vergessen Sie nicht, das *schreibgeschützt*-Bit zu löschen. Mit Hilfe des Buttons BROWSE... können Sie bequem den Pfad auswählen.

Der Benutzername bei der Datenbank heißt *SYSDBA*, das Paßwort *masterkey*. Wenn Sie dann auf den Button *OK* klicken, erfolgt die Anmeldung, und kurze Zeit später wird links unten in der Status-Leiste die Datei der Datenbank angezeigt, mit der Sie verbunden sind.

SQL-Anweisungen eingeben

Wie in Abbildung A.1 zu sehen, ist die Arbeitsfläche von ISQL in zwei Teile geteilt: Die obere Hälfte ist ein Editor, mit dem Sie ihre SQL-Anweisungen eingeben können, darunter gibt ISQL das Ergebnis aus.

Prinzipiell gibt es zwei Arten von Anweisungen:

- Alle SELECT-Anweisungen geben eine Ergebnismenge zurück. Im Anzeigefeld wird die SELECT-Anweisung wiederholt, anschließend wird die Ergebnismenge angezeigt. Ist die Ergebnismenge zu groß, dann kann sie nicht vollständig angezeigt werden.
- Alle anderen SQL-Anweisungen geben keine Ergebnismenge zurück. Sie werden aber im Ergebnisfenster wiederholt.

Mit Hilfe des Scrollbalkens des Ergebnisfeldes können Sie zu den letzten Anweisungen und Ergebnissen scrollen.

Während sich das Ergebnisfeld der Größe des Formulars anpaßt, ist die Höhe des SQL-Editors konstant. Hier können maximal acht Zeilen angezeigt werden, was bei umfangreicheren Anweisungen eindeutig zu wenig ist.

Um eine SQL-Anweisung zu starten, verwenden Sie den entsprechenden Menüpunkt, Button oder das Tastenkürzel, siehe Tabelle A.1. Des weiteren gibt es sie Möglichkeit, durch die bislang eingegebenen SQL-Anweisungen zu blättern.

Anweisung	Menüpunkt	Button	Tastenkürzel
Anweisung ausführen	Query|Execute		Strg+Enter
vorherige Anweisung	Query|Previous		Strg+P
nächste Anweisung	Query|Next		Strg+N

Tabelle A.1: SQL-Anweisungen ausführen

Wenn Sie eine Anweisung starten, die InterBase nicht akzeptiert, dann erhalten Sie eine Fehlermeldung. Die Fehlermeldungen sind auf Englisch und auch sonst nicht immer leicht zu verstehen, aber meist bekommt man wenigstens präzise die Stelle genannt, an der es hakt.

Abmelden

Wenn Sie sich von der Datenbank abmelden möchten, dann wählen Sie File|Disconnect from Database. Meist erfolgt dann die Frage, ob Sie einen COMMIT durchführen möchten (siehe Transaktionen), anschließend erscheint dann die Sicherheitsabfrage, ob Sie sich wirklich abmelden möchten.

A.2 Datenbanken erstellen

Um eine Datenbank zu erstellen, gibt es prinzipiell zwei Möglichkeiten, wobei die Methode per ISQL-Script in der Regel die effektivere ist.

Datenbank interaktiv erstellen

Das interaktive Erstellen einer Datenbank ist die „Quick&Dirty"-Methode: Sie definieren erst die Datenbank und danach eine Tabelle, VIEW, PROCEDURE und so weiter. Das funktioniert, aber es ist nicht garantiert, daß Sie die Übersicht behalten (um es einmal so zu formulieren).

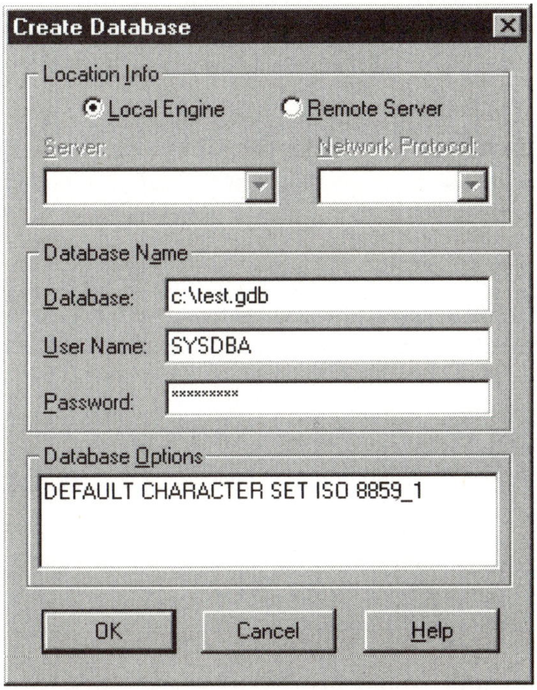

Abbildung A.4: Datenbank interaktiv erstellen

Um eine Datenbank interaktiv zu erstellen, wählen Sie FILE|CREATE DATABASE... und füllen das erscheinende Formular gemäßt Abbildung A.4 aus. Bei *Database* geben Sie den Pfad und den Dateinamen der zu erstellenden Datenbankdatei ein, die Extension sollte *gdb* lauten. Gemäß den InterBase-Konventionen lautet der Benutzername in der Test-Phase *SYSDBA* und das Paßwort *masterkey*.

In *Database Options* können Sie bestimmte Optionen eingeben, beispielsweise können Sie die Datenbankdatei auf mehrere Dateien aufteilen, welche ihrerseits auf mehreren Festplatten liegen können, was den Zugriff beschleunigt. Näheres dazu in der InterBase-Dokumentation.

Wenn später deutschsprachige Daten gespeichert werden sollen, dann sollten Sie einen geeigenten Zeichensatz einstellen, beispielsweise ISO8859_1.

Datenbank per SQL-Script erstellen

Bei größeren Datenbankprojekten werden Sie vermutlich ein SQL-Script verwenden. In diesem Script sind sämtliche Anweisungen zur Erstellung der Datenbank aufgeführt. Neben dem nicht zu unterschätzenden Vorteil, daß Sie dafür einen Editor mit ausreichend viel Platz verwenden können, hat diese Vorgehensweise vor allem folgenden Grund:

Bei der Erstellung der Datenbank werden Sie immer mal wieder feststellen, daß Sie einen weniger optimalen Weg gewählt haben. Hätten Sie die Datenbank interaktiv erstellt, dann würde jetzt viel Arbeit auf Sie zukommen: Eine DOMAIN können Sie beispielsweise nicht ändern, sondern nur löschen und neu erstellen. Löschen können Sie die DOMAIN aber nur dann, wenn Sie alle Tabellen löschen, bei denen Spalten auf dieser DOMAIN beruhen. Diese Tabellen werden aber vermutlich in VIEWS und STORED PROCEDURES verwendet, die Sie natürlich erst löschen müssen, bevor Sie die Tabellen löschen können. Langer Rede kurzer Sinn: Sie können die halbe Datenbank „abbauen", wenn Sie beispielsweise eine VARCHAR-DOMAIN um drei Zeichen verlängern müssen.

Bei einem SQL-Script geht das einfacher: Sie ändern die DOMAIN-Definition im Script, löschen die alte Datenbank und erstellen die ganze Sache komplett neu.

Um ein SQL-Script auszuführen, rufen Sie FILE|RUN AN ISQL SCRIPT auf und wählen dann die Datei, die ausgeführt werden soll. Das Script muß im ASCII-Format vorliegen.

Eine Datenbank löschen

Um eine Datenbank zu löschen, wählen Sie FILE|DROP DATABASE.

Diese Funktion ist ein wenig „gefährlich“, da durch ein Verrutschen des Mauscursors leicht diese Funktion anstatt File|Disconnect From Database aufgerufen wird und sich die Sicherheitsabfragen optisch kaum unterscheiden.

Wenn Sie die Datenbank versehentlich gelöscht haben, dann sollten Sie sofort mit den entsprechenden Tools des Betriebssystems die Datei wiederherstellen.

A.3 Metadaten ermitteln

ISQL stellt einige Funktionen bereit, um die Metadaten einer Datenbank zu ermitteln.

Ein SQL-Script erstellen

Wenn Sie begonnen haben, eine Datenbank interaktiv zu erstellen, und dann doch gerne ein SQL-Script hätten, können Sie sich dieses mit Metadata|Extract Database erstellen lassen. Sie werden dann gefragt, ob Sie das Ergebnis angezeigt haben möchten oder ob es in einer Datei gespeichert werden soll. Wenn Sie vorhaben, die Datenbank neu zu erstellen, dann sollten Sie das Script in einer Datei speichern.

Mit Metadata|Extract Table können Sie auch die Metadaten einer einzelnen Tabelle erhalten.

A.3.1 Definition ansehen

Mit Hilfe von Metadata|Show rufen Sie eine Funktion auf, mit der Sie gezielt Metadaten der Datenbank einsehen können.

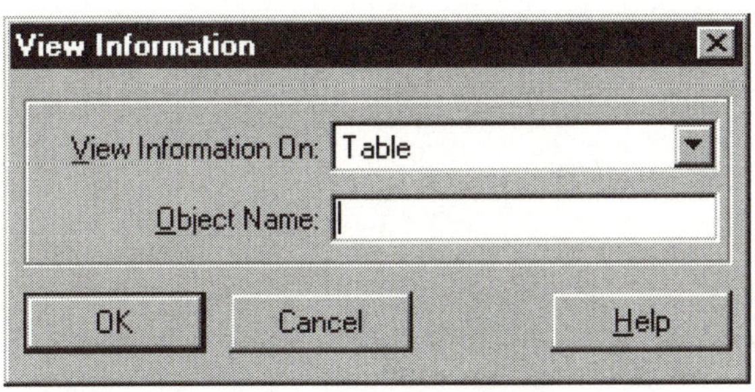

Abbildung A.5: Auswahl der anzuzeigenden Metadaten

In einem Fenster nach Abbildung A.5 müssen Sie zunächst wählen, worüber Sie Informationen erhalten möchten. Wenn Sie das Feld *Object Name* frei lassen, erhalten Sie eine Liste der vorhandenen Objekte in der entsprechenden Rubrik. Wenn Sie – wie in Abbildung A.5 – die Rubrik *Table* gewählt haben, würden Sie eine Liste aller vorhandenen Tabellen erhalten.

Wenn Sie in das Feld *Object Name* den Bezeichner eines Objekts dieser Rubrik eingeben, dann erhalten Sie Informationen über dieses Objekt. Wir werden uns nun für einige Rubriken ansehen, welche Informationen Sie bekommen.

Beachten Sie bitte, daß die Anweisung SHOW kein SQL-Befehl ist und Sie die entsprechenden Anweisungen zwar manuell eingeben, aber nicht ausführen können.

Table

```
SHOW TABLE t_artikel
NUMMER                   (LN) INTEGER Not Null
GRUPPE                   (LN) INTEGER Not Null
BEZEICHNUNG              (ST) VARCHAR(25)
     CHARACTER SET ISO8859_1 COLLATE DE_DE Nullable
PREIS                    (PR) FLOAT Not Null
HERSTELLER               (ST) VARCHAR(25)
     CHARACTER SET ISO8859_1 COLLATE DE_DE Nullable
CONSTRAINT INTEG_4:
  Primary key (NUMMER)
CONSTRAINT INTEG_13:
  Foreign key (GRUPPE)    References T_GRUPPE (NUMMER)

Triggers on Table T_ARTIKEL:
TRIG_ARTIKEL, Sequence: 0, Type: BEFORE INSERT, Active
```

Wenn Sie ein Tabellen-Objekt wählen, erfahren Sie,

- welche Spalten vorhanden sind, auf welchen Domänen diese Spalten beruhen und wie diese Domänen definiert sind,
- welche Primär-, Sekundär- und Fremdschlüssel erstellt sind,
- welche Trigger für die Tabelle definiert sind.

Generator

Wenn Sie für die Rubrik *Generator* kein *Object Name* spezifizieren, erhalten Sie eine Liste aller Generatoren mit ihren jeweiligen Zählerständen:

```
SHOW GENERATOR
Generator G_KUNDE, Next value: 10780
Generator G_BESTELLUNG, Next value: 46351
Generator G_POSTEN, Next value: 184877
Generator G_ARTIKEL, Next value: 90
Generator G_GRUPPE, Next value: 0
Generator G_MITARBEITER, Next value: 31
Generator G_TELE, Next value: 18
Generator G_ART, Next value: 7
```

Procedure

Für alle STORED PROCEDUREs können Sie sich die Definition sowie die Parameter anzeigen lassen. (Mit VIEWs funktioniert das entsprechend.)

```
SHOW PROCEDURE P_ART
Procedure text:
==============================
BEGIN
  gen = GEN_ID(g_art, 1);
  SUSPEND;
END
==============================
Parameters:
GEN                               OUTPUT INTEGER
```

Trigger

Bei einem TRIGGER erfahren Sie nicht nur, was dieser ausführt, sondern selbstverständlich auch, auf welche Tabelle er definiert ist, bei welcher Aktion er ausgeführt wird und in welcher Reihenfolge konkurrierende TRIGGER ausgelöst werden.

```
SHOW TRIGGER T_KUNDE

Triggers on Table T_KUNDE:
TRIG_KUNDE, Sequence: 0, Type: BEFORE INSERT, Active
AS
BEGIN
  IF(NEW.nummer IS NULL)
    THEN NEW.nummer = GEN_ID(g_kunde, 1);
END
```

A.3.2 Systemtabellen

Sie werden sich vielleicht schon gefragt haben, wie InterBase denn die ganzen Metadaten speichert. Nun, auch dafür gibt es Tabellen, die Systemtabellen. Wenn Sie als Rubrik *System* eingeben, dann erhalten Sie eine Liste dieser Systemtabellen:

```
SHOW SYSTEM
   RDB$CHARACTER_SETS                  RDB$CHECK_CONSTRAINTS
   RDB$COLLATIONS                      RDB$DATABASE
   RDB$DEPENDENCIES                    RDB$EXCEPTIONS
   RDB$FIELDS                          RDB$FIELD_DIMENSIONS
   RDB$FILES                           RDB$FILTERS
   RDB$FORMATS                         RDB$FUNCTIONS
   RDB$FUNCTION_ARGUMENTS              RDB$GENERATORS
   RDB$INDEX_SEGMENTS                  RDB$INDICES
   RDB$LOG_FILES                       RDB$PAGES
   RDB$PROCEDURES                      RDB$PROCEDURE_PARAMETERS
   RDB$REF_CONSTRAINTS                 RDB$RELATIONS
   RDB$RELATION_CONSTRAINTS            RDB$RELATION_FIELDS
   RDB$SECURITY_CLASSES                RDB$TRANSACTIONS
   RDB$TRIGGERS                        RDB$TRIGGER_MESSAGES
   RDB$TYPES                           RDB$USER_PRIVILEGES
   RDB$VIEW_RELATIONS
```

Die Eingabe eines *Object Name* ist bei der Rubrik *System* nicht möglich, wenn Sie die Metadaten der einzelnen Systemtabellen interessieren, dann nehmen Sie die Rubrik *Table* und geben dort als *Object Name* den Namen der Systemtabelle ein.

Um sich den Inhalt einer Systemtabelle anzusehen, geben Sie eine entsprechende SQL-Anweisung ein:

```
SELECT *
   FROM RDB$RELATIONS
```

Den Versuch, die Systemtabellen per SQL-Anweisung direkt zu ändern, sollten Sie sich verkneifen.

B InterBase Schlüsselwörter

Auf den folgenden Seiten finden Sie alle Wörter, die InterBase als Schlüsselwörter verwendet und die somit nicht als Bezeichner verwendet werden dürfen. Dabei handelt es sich in vielen Fällen um SQL-Schlüsselwörter.

A

ACTION

ACTIVE

ADD

ADMIN

AFTER

ALL

ALTER

AND

ANY

AS

ASC

ASCENDING

AT

AUTO

AUTODDL

AVG

B

BASED

BASENAME

BASE_NAME

BEFORE

BEGIN

BETWEEN

BLOB

BLOBEDIT

BUFFER

BY

C

CACHE

CASCADE

CAST

CHAR

CHARACTER

CHARACTER_LENGTH

CHAR_LENGTH

CHECK

CHECK_POINT_LEN

CHECK_POINT_LENGTH

COLLATE

COLLATION

COLUMN

COMMIT

COMMITTED

COMPILETIME

COMPUTED

CLOSE

CONDITIONAL

CONNECT

CONSTRAINT

CONTAINING

CONTINUE

COUNT

CREATE

CSTRING

CURRENT

CURSOR

D

DATABASE

DATE

DB_KEY

DEBUG

DEC

DECIMAL

DECLARE

DEFAULT

DELETE

DESC

DESCENDING

DESCRIBE

DESCRIPTOR

DISCONNECT

DISPLAY

DISTINCT

DO

DOMAIN

DOUBLE

DROP

E

ECHO

EDIT

ELSE

END

ENTRY_POINT

ESCAPE

EVENT

EXCEPTION

EXECUTE

EXISTS

EXIT

EXTERN

EXTERNAL

EXTRACT

F

FETCH

FILE

FILTER

FLOAT

FOR

FOREIGN

FOUND

FREE_IT

FROM

FULL

FUNCTION

G

GDSCODE

GENERATOR

GEN_ID

GLOBAL

GOTO

GRANT

GROUP

GROUP_COMMIT_WAIT

GROUP_COMMIT_WAIT_TIME

H

HAVING

HELP

I

IF

IMMEDIATE

IN

INACTIVE

INDEX

INDICATOR

INIT

INNER

INPUT

INPUT_TYPE

INSERT

INT

INTEGER

INTO

IS

ISOLATION

ISQL

J

JOIN

K

KEY

L

LC_MESSAGES

LC_TYPE

LEFT

LENGTH

LEV

LEVEL

LIKE

LOGFILE

LOG_BUFFER_SIZE

LOG_BUF_SIZE

LONG

M

MANUAL

MAX

MAXIMUM

MAXIMUM_SEGMENT

MAX_SEGMENT

MERGE

MESSAGE

MIN

MINIMUM

MODULE_NAME

NAMES

N

NATIONAL

NATURAL

NCHAR

NO

NOAUTO

NOT

NULL

NUMERIC

NUM_LOG_BUFS
NUM_LOG_BUFFERS

O

OCTET_LENGTH
OF
ON
ONLY
OPEN
OPTION
OR
ORDER
OUTER
OUTPUT
OUTPUT_TYPE
OVERFLOW

P

PAGE
PAGELENGTH
PAGES
PAGE_SIZE
PARAMETER
PASSWORD
PLAN
POSITION
POST_EVENT
PRECISION
PREPARE
PROCEDURE
PROTECTED
PRIMARY
PRIVILEGES
PUBLIC

Q

QUIT

R

RAW_PARTITIONS
RDB$DB_KEY
READ
REAL
RECORD_VERSION
REFERENCES
RELEASE
RESERV
RESERVING
RESTRICT
RETAIN
RETURN
RETURNING_VALUES
RETURNS
REVOKE
RIGHT
ROLE
ROLLBACK
RUNTIME

S

SCHEMA
SEGMENT
SELECT
SET
SHADOW
SHARED
SHELL
SHOW
SINGULAR
SIZE

SMALLINT

SNAPSHOT

SOME

SORT

SQL

SQLCODE

SQLERROR

SQLWARNING

STABILITY

STARTING

STARTS

STATEMENT

STATIC

STATISTICS

SUB_TYPE

SUM

SUSPEND

T

TABLE

TERMINATOR

THEN

TO

TRANSACTION

TRANSLATE

TRANSLATION

TRIGGER

TRIM

U

UNCOMMITTED

UNION

UNIQUE

UPDATE

UPPER

USER

USING

V

VALUE

VALUES

VARCHAR

VARIABLE

VARYING

VERSION

VIEW

W

WAIT

WHEN

WHENEVER

WHERE

WHILE

WITH

WORK

WRITE

C Die Testdatenbank

Auf der CD, die dem Buch beiliegt, finden Sie die Datenbank *test.gdb*, auf die sich alle Beispiele in diesem Buch beziehen. Wir wollen uns hier ansehen, wie diese Datenbank aufgebaut ist und wie die Testdaten entstanden sind.

C.1 Das SQL-Script

Wie bereits in A.2 beschrieben, bietet ein SQL-Script erhebliche Vorteile bei der Erstellung einer Datenbank. Selbstverständlich hat auch der Autor die Vorteile dieser Technik genutzt:

Die Datenbank erstellen

```
/* SQL-Script zur Erstellung der InterBase-Datenbank
   für das Buch "SQL lernen" von Michael Ebner */

/*Datenbank erstellen */

CREATE DATABASE "F:\sql\code\test.gdb"
  USER "SYSDBA" PASSWORD "masterkey"
  DEFAULT CHARACTER SET iso8859_1;
```

Zum Erstellen einer Datenbank wird die Anweisung CREATE DATABASE verwendet, der als Informationen der Dateiname der Datenbank, der Benutzername des Besitzers und das dazugehörende Paßwort mitzugeben sind.

Laut den *InterBase*-Konventionen lautet der Benutzer SYSDBA (System-Datenbank-Administrator) und das Paßwort *masterkey*. Vor dem Einsatz in der Praxis sollte zumindest das Paßwort geändert werden.

Des weiteren wird hier ein voreingestellter Zeichensatz angegeben, der auch mit deutschen Umlauten zurechtkommt (und diese auch korrekt einsortiert).

DOMAINS

Der erste Schritt zur Definition einer Datenbank sollte das Anlegen der entsprechenden DOMAINS sein. Insbesondere bei VARCHAR-Typen mit explizit angegebenem Zeichensatz und entsprechender Sortierreihenfolge kann man dafür sorgen, daß bei der anschließenden Tabellendefinition deutlich weniger Schreibarbeit anfällt.

```
/*DOMAINS erstellen */

CREATE DOMAIN ln AS INTEGER NOT NULL;

CREATE DOMAIN dt AS DATE NOT NULL;

CREATE DOMAIN pr AS FLOAT NOT NULL;

CREATE DOMAIN pl AS VARCHAR(6)
   CHARACTER SET ISO8859_1 COLLATE DE_DE;

CREATE DOMAIN tl AS VARCHAR(15)
   CHARACTER SET ISO8859_1 COLLATE DE_DE;

CREATE DOMAIN st AS VARCHAR(25)
   CHARACTER SET ISO8859_1 COLLATE DE_DE;
```

Tabellen erstellen

Im zweiten Schritt werden alle Tabellen erstellt. Erstellen Sie dabei alle Primär- und Sekundärschlüssel, jedoch keine Fremdschlüssel.

```
/* Tabellen erstellen */

CREATE TABLE t_kunde
   (nummer ln,
   vorname st,
   nachname st,
   strasse st,
   plz pl,
   ort st,
   tel tl,
```

```
   fax tl,
   PRIMARY KEY(nummer));
```

In der Tabelle *t_kunde* werden wir später die Kunden unserer fiktiven Firma speichern. Die Datensätze werden automatisch generiert.

```
CREATE TABLE t_bestellung
   (nummer ln,
   kunde ln,
   datum dt,
   bearbeiter ln,
   PRIMARY KEY(nummer));
```

In *t_bestellung* werden die Bestellungen gespeichert, auch diese Tabelle wird automatisch generiert.

```
CREATE TABLE t_posten
   (nummer ln,
   bestellung ln,
   stueckzahl ln,
   artikel ln,
   preis pr,
   PRIMARY KEY(nummer));
```

In *t_posten* werden die einzelnen Posten der jeweiligen Bestellungen gespeichert, auch diese werden automatisch generiert.

```
CREATE TABLE t_artikel
   (nummer ln,
   gruppe ln,
   hersteller st,
   bezeichnung st,
   preis pr,
   PRIMARY KEY(nummer));
```

Das Sortiment unserer Firma ist in Tabelle *t_artikel* gespeichert. Weil hier alles vom Autor manuell eingegeben wurde, ist das Sortiment auch etwas dünn.

```
CREATE TABLE t_gruppe
   (nummer ln,
   bezeichnung st,
   PRIMARY KEY(nummer));
```

In der Tabelle *t_gruppe* werden die einzelnen Produktgruppen aufgeführt. Diese Tabelle wird im SQL-Script mit Daten gefüllt.

```
CREATE TABLE t_mitarbeiter
   (nummer ln,
   vorname st,
   nachname st,
   strasse st,
   plz pl,
   ort st,
   vorgesetzter INTEGER,
   PRIMARY KEY(nummer));
```

In der Tabelle *t_mitarbeiter* werden die Adressen „unserer" Mitarbeiter gespeichert. Diese Tabelle wurde wieder automatisch generiert.

```
CREATE TABLE t_tele
   (nummer ln,
   mitarbeiter ln,
   art ln,
   bezeichnung st,
   PRIMARY KEY(nummer));
```

Zu unseren Mitarbeitern werden auch Kommunikationswege, beispielsweise Telefonnummern und eMail-Adressen, gespeichert. Damit zu einem Mitarbeiter beliebig viele Kommunikationswege gespeichert werden können, wird dazu eine 1:0/1/n-Verknüpfung erstellt. Auch die Telefonnummern wurden automatisch generiert.

```
CREATE TABLE t_art
   (nummer ln,
   bezeichnung st,
   PRIMARY KEY(nummer));
```

In der Tabelle *t_art* wird gespeichert, von welcher Art eine Kommunikationsverbindung ist. Diese Tabelle wird im SQL-Script mit Daten gefüllt.

Fremdschlüssel einrichten

Nachdem alle Tabellen definiert sind, werden nun alle Referenzen, also Fremdschlüssel eingerichtet.

Die Trennung der beiden Aufgaben in zwei Arbeitsschritte hat den Vorteil, daß man sich um die Reihenfolge der Tabellenerstellung keine Gedanken machen muß: Wenn die Fremdschlüssel eingerichtet werden, existieren schon alle Tabellen.

```
/* Fremdschlüssel einrichten */

ALTER TABLE t_bestellung
   ADD FOREIGN KEY (kunde)
      REFERENCES t_kunde (nummer);

ALTER TABLE t_bestellung
   ADD FOREIGN KEY (bearbeiter)
      REFERENCES t_mitarbeiter (nummer);

ALTER TABLE t_posten
   ADD FOREIGN KEY (bestellung)
      REFERENCES t_bestellung (nummer);

ALTER TABLE t_posten
   ADD FOREIGN KEY (artikel)
      REFERENCES t_artikel (nummer);

ALTER TABLE t_artikel
   ADD FOREIGN KEY (gruppe)
      REFERENCES t_gruppe (nummer);

ALTER TABLE t_tele
   ADD FOREIGN KEY (mitarbeiter)
      REFERENCES t_mitarbeiter (nummer);

ALTER TABLE t_tele
   ADD FOREIGN KEY (art)
      REFERENCES t_art (nummer);
```

Tabellen füllen

Bei kleineren Nachschlagetabellen (bis maximal 20 Werte) ist es durchaus sinnvoll, diese bereits im SQL-Script mit Werten zu füllen.

In diesem Abschnitt wird die prinzipielle Vorgehensweise gezeigt, es sind jedoch nicht alle Anweisungen aufgeführt.

```
/* Vorgabewerte */

INSERT INTO t_art (nummer, bezeichnung)
   VALUES (1, "Durchwahl in Firma");

INSERT INTO t_art (nummer, bezeichnung)
   VALUES (2, "Telefon privat");


INSERT INTO t_gruppe (nummer, bezeichnung)
  VALUES (1, "Prozessor");

INSERT INTO t_gruppe (nummer, bezeichnung)
  VALUES (2, "Speicher");
```

Selbstinkrementierende Felder

Alle Tabellen verwenden als Primärschlüssel eine durchlaufende Nummer. Für diese Aufgabe würde man in anderen Datenbanken selbstinkrementierende Felder verwenden.

SQL kennt jedoch keine selbstinkrementierenden Felder. Mit Hilfe eines Generators, eines TRIGGERs und einer STORED PROCEDURE kann man sich jedoch etwas ähnliches „basteln".

Die Vorgehensweise wird hier anhand einer Tabelle gezeigt und erfolgt bei den anderen Tabellen entsprechend:

```
/* Generatoren, Trigger und Prozeduren
  für die selbstinkrementierenden Felder */

SET TERM #;

/* für Tabelle t_kunde */

CREATE GENERATOR g_kunde#

CREATE PROCEDURE p_kunde RETURNS (gen INTEGER)
AS
BEGIN
   gen = GEN_ID(g_kunde, 1);
   SUSPEND;
END#

CREATE TRIGGER trig_kunde FOR t_kunde
ACTIVE BEFORE INSERT POSITION 0
```

```
AS
BEGIN
   IF(NEW.nummer IS NULL)
      THEN NEW.nummer = GEN_ID(g_kunde, 1);
END#

SET TERM ; #
EXIT;
```

Bislang haben wir alle Anweisung mit einem Semikolon beendet, terminiert. In TRIGGERN und STORED PROCEDURES gibt es mehrere Anweisungen, die mit einem Semikolon abgeschlossen werden, zum Beenden der ganzen PROCEDURE benötigen wir ein weiteres Zeichen. Dieses wird mit SET TERM definiert. Welches Zeichen Sie dabei verwenden, ist weitgehend freigestellt.

Für jede Tabelle wird nun ein Generator erstellt, anschließend eine STORED PROCEDURE, die der Generator um eins hochzählt und das Ergebnis zurückliefert.

Außerdem wird ein TRIGGER erstellt, der beim Einfügen eines neuen Datensatzes ausgelöst wird. In diesem TRIGGER wird geprüft, ob das Feld *nummer* schon einen Wert hat, andernfalls wird ihm ein neuer Generatorwert zugewiesen.

C.2 Daten generieren

Prinzipiell könnte man nun beginnen, in die Tabellen von Hand Daten einzugeben. Nun, die Tabelle *t_bestellung* hat über 50 000 Einträge, die Tabelle *t_posten* gar über 200 000. Nehmen wir einmal an, daß Sie sehr flott arbeiten. Dann haben Sie in durchschnittlich 2 Minuten eine Bestellung mit durchschnittlich vier Posten eingegeben. Dann wären Sie etwa 70 Tage rund um die Uhr beschäftigt, um diese beiden Tabellen zu füllen. So geht es also nicht. Aus diesem Grunde hat der Autor ein Programm geschrieben, das die Daten automatisch generiert. Das dauert dann immer noch einige Stunden, aber man muß ja derweil nicht vor dem Rechner sitzen und zusehen.

Das Programm ist mit *Delphi* erstellt, die Programmiersprache ist somit *ObjectPascal*. Wenn Sie damit noch nie etwas zu tun hatten, dann werden Sie wohl nicht alles verstehen. Das läßt sich leider nicht vermeiden, schließlich kann ich Sie nicht in Anhang C mal so eben zum Delphi-Programmierer machen.

C.2.1 Die Tabelle t_kunde

Für die Tabelle *t_kunde* wurden zwei Tabellen von Hand eingegeben:

- die Tabelle *t_namen* mit 94 Vornamen, Nachnamen und Straßennamen sowie
- die Tabelle *t_orte* mit 28 Ortsnamen und den dazugehörenden Postleitzahlen und Vorwahlen.

Mit Hilfe eines Zufallsgenerators wird nun ein zufällig ausgewählter Vorname mit einem zufällig ausgewähltem Nachnamen kombiniert. Dem ganzen wird ein zufälliger Straßenname hinzugefügt, dem eine zufällig generierte Hausnummer angehängt wird. Mit Postleitzahl, Ort und Telefonnummer wird ähnlich verwahren.

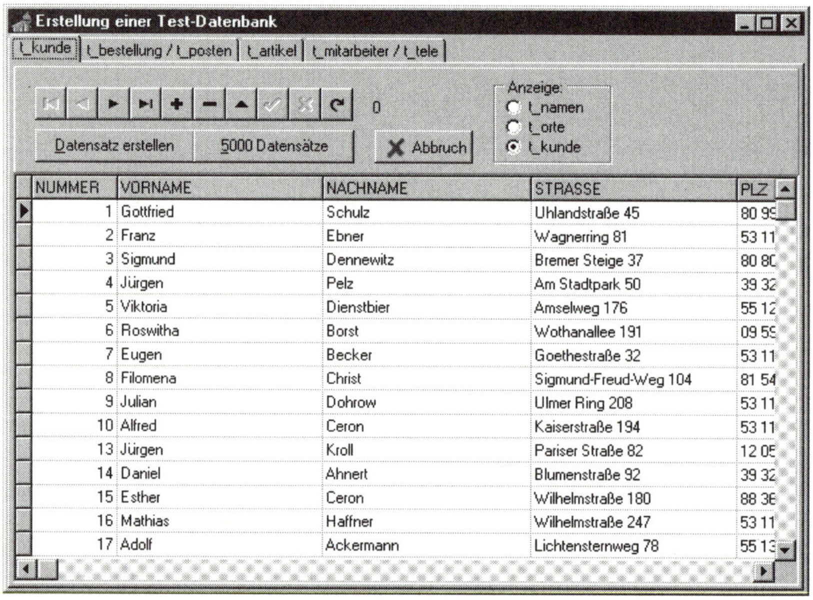

Abbildung C.1: Generierung zufälliger Adressen

Eine einzelne Adresse erzeugen

Mit der Prozedur *Button1Click* wird eine einzige zufällige Adresse erzeugt. Später werden wir diese Prozedur wiederholt aufrufen.

```
procedure TForm1.Button1Click(Sender: TObject);
var
  i, j, l: integer;
  s, t: string;
```

```
begin
  Table3.Append;

  {Nummer}
  Query1.Open;
  Table3.FieldByName('Nummer').AsInteger
     := Query1.FieldByName('gen').AsInteger;
  Query1.Close;
```

Mit *Append* wird ein neuer Datensatz der Tabelle angehängt. Wie Sie sich vielleicht noch erinnern, haben wir für die Spalte *Nummer* einen Generator erzeugt, auf den über eine STORED PROCEDURE zugegriffen wird. Mit Hilfe von *Query1* greifen wir nun auf diese Prozedur zu und lassen uns eine Nummer geben, die wir dem Feld *Nummer* zuweisen.

Die SQL-Anweisung von *Query1* lautet:

```
SELECT *
  FROM p_kunde
```

Damit wir jedesmal eine neue Nummer erhalten, muß *Query1* mit *Open* neu geöffnet werden. Nachdem die Nummer in die Tabelle geschrieben ist, kann *Query1* mit *Close* geschlossen werden.

```
  {Vornamen, Nachnamen, Straße und Hausnummer}
  with Table1 do
  begin
    FindKey([random(94) + 1]);
    Table3.FieldByName('Vorname').AsString
       := FieldByName('Vorname').AsString;
    FindKey([random(94) + 1]);
    Table3.FieldByName('Nachname').AsString
       := FieldByName('Nachname').AsString;
    FindKey([random(94) + 1]);
    s := FieldByName('Stra_e').AsString;
    s := s + ' ' + IntToStr(random(257));
    Table3.FieldByName('Strasse').AsString := s;
  end; {with Table1 do}
```

Mit *Table1* greifen wir auf die Tabelle *t_namen* zu, in der wir die Vornamen, Nachnamen und Straßennamen gespeichert haben. Zunächst wird eine Zufallszahl zwischen 1 und 94 erzeugt, dann wird aus der entsprechenden Zeile der Vorname geholt. Mit einer weiteren Zufallszahl wird bestimmt, welcher Nachname verwendet wird, und ebenso wird mit dem Straßennamen verfahren.

Der Straßenname wird nicht gleich in die Tabelle, sondern erst in die String-Variable *s* geschrieben. In der Anweisung *s := FieldByName ('Stra_e').AsString;* sehen Sie übrigens, was passieren kann, wenn Sie für Bezeichner deutsche Umlaute oder Sonderzeichen verwenden.

Mit *random(257)* wird eine Zufallszahl zwischen 0 und 256 erzeugt, die nach einem Leerzeichen als Hausnummer dem String *s* angehängt wird, der anschließend in das Feld *strasse* geschrieben wird.

Auf diese Weise kommen auch Datensätze mit der in Deutschland ungebräuchlichen Hausnummer null in die Datenbank. Mit der folgenden SQL-Anweisung können Sie ermitteln, wie viele es sind.

```
SELECT COUNT(*)
  FROM t_kunde
  WHERE strasse LIKE "% 0"
```

Als nächstes werden Postleitzahl und der Ortsname generiert:

```
  {PLZ, Ort und Vorwahl}
  with Table2 do
  begin
    Findkey([random(28) + 1]);
    Table3.FieldByName('PLZ').AsString
      := FieldByName('PLZ').AsString;
    Table3.FieldByName('Ort').AsString
      := FieldByName('Ort').AsString;
    t := FieldByName('Vorwahl').AsString;
  end; {with Table2 do}
```

Die Komponente *Table2* ist mit der Tabelle *t_orte* verbunden, in der die Postleitzahlen, Ortsnamen und Vorwahlen gespeichert sind. Damit die Informationen zusammenpassen, wird hier nur eine Zufallszahl generiert. Die Informationen werden dann alle von dem selben Datensatz entnommen. Die Vorwahl wird in der String-Variablen *t* zwischengespeichert.

```
{Telefonnummern}
l := length(t);
for j := 1 to 2 do
begin
  case l of
    3:
    begin
      s := '';
      for i := 1 to 9 do
        if (i = 4) or (i = 7)
          then s := s + ' '
          else s := s + IntToStr(Random(8) + 1);
    end; {case l of 3}
    4:
    begin
      s := '';
      for i := 1 to 7 do
        if i = 4
          then s := s + ' '
          else s := s + IntToStr(Random(8) + 1);
    end; {case l of 4}
    5:
    begin
      s := '';
      for i := 1 to 6 do
      if i = 3
        then s := s + ' '
        else s := s + IntToStr(Random(8) + 1);
    end; {case l of 5}
  end; {case l of}
```

Abhängig von der Länge der Vorwahl ist die Rufnummer kürzer oder länger. Dabei werden siebenstellige Rufnummern in der Form *nnn nn nn*, sechsstellig Rufnummern in der Form *nnn nnn* und fünfstellige Rufnummern in der Form *nn nnn* formatiert.

```
  if (j = 1) and (random(11) mod 2 = 0)
    then Table3.FieldByName('Tel').AsString
      := t + ' / ' + s;
```

```
    if (j = 2) and (random(11) mod 5 = 0)
      then Table3.FieldByName('Fax').AsString
        := t + ' / ' + s;
  end; {for j := 1 to 2 do}
```

In einer Schleife wird der Vorgang zweimal durchlaufen, einmal, um die Telefonnummer, das zweite Mal, um die Fax-Nummer zu generieren.

Nun hat eine Firma nicht zu allen Kunden Telefon und Fax gespeichert. Deshalb wird nun eine Zufallszahl zwischen null und zehn erzeugt. Ist diese glatt durch zwei zu teilen, dann wird die Vorwahl und die generierte Nummer in die Spalte *tel* geschrieben.

Von einer zweiten Zufallszahl und deren Teilbarkeit durch fünf hängt ab, ob eine Fax-Nummer gespeichert wird.

```
  Table3.Post;
end; {procedure TForm1.Button1Click}
```

Zuletzt muß noch mit *Post* der Datensatz in die Tabelle *t_kunde* gespeichert werden.

5000 Adressen erzeugen

Um nun die Tabelle *t_kunde* mit einer realistisch großen Datenmenge zu füllen, wird die Prozedur *Button1Click* in einer Schleife 5000 mal aufgerufen.

```
procedure TForm1.Button2Click(Sender: TObject);
var
  i: integer;
begin
  try
    FAbbruch := false;
    Database1.StartTransaction;
    DataSource1.DataSet := nil;
    for i := 1 to 5000 do
    begin
      Button1Click(Sender);
```

Zu der Bedeutung der *try*-Anweisung und der Variablen *FAbbruch* kommen wir später. Um das Erzeugen der Datensätze zu beschleunigen, wird mit *StartTransaction* eine explizite Transaktion gestartet. Andernfalls würde Delphi für jeden Datensatz eine Transaktion verwenden, was den Vorgang deutlich hemmen würde.

Des weiteren wird mit *DataSource1.DataSet := nil;* die Anzeige im Datengitter abgeschaltet, auch dies beschleunigt den Vorgang. Mit einer *for..to..do*-Schleife wird dann 5000 mal die Prozedur *Button1Click* aufgerufen.

```
if i mod 100 = 0 then
begin
  Label1.Caption := IntToStr(i);
  Application.ProcessMessages;
```

Da wir die Anzeige im Datengitter abgeschaltet haben, können wir nicht mehr sehen, wie weit der Vorgang fortgeschritten ist. Deshalb wird immer dann, wenn die Schleifenvariable einen Hunderterschritt erreicht hat, ihr Inhalt in *Label1* angezeigt. Mit *Application. ProcessMessages;* wird dafür gesorgt, daß diese Anzeige sofort erfolgt und nicht erst nach Beendigung der Prozedur *Button2Click*, da dann die Anzeige ohnehin nicht mehr interessiert.

```
  if FAbbruch = true then
  begin
    RadioGroup1Click(Sender);
    Database1.Commit;
    exit;
  end;
end; {if i mod 100 = 0 then}
```

Das Erstellen von 5000 Datensätzen dauert nun mal einige Minuten, es ist nicht ausgeschlossen, daß der Anwender gerade in diesem Zeitraum plötzlich den Rechner für andere Zwecke benötigt. Mit dem Button ABBRUCH wird die Variable *FAbbruch* auf *true* gesetzt. Nach jeweils hundert Datensätzen wird nun geprüft, ob der Anwender diesen Button betätigt hat. Ist dies der Fall, dann wird die Transaktion mit COMMIT abgeschlossen und die Prozedur mit *exit* verlassen. Mit *RadioGroup1Click(Sender);* sorgt man dafür, daß die Anzeige im Datengitter wieder aktiviert wird.

```
    end; {for i := 1 to 5000 do}
    Database1.Commit;
  except
    Database1.Rollback;
  end; {try}
  RadioGroup1Click(Sender);
end; {procedure TForm1.Button2Click}
```

Sind alle 5000 Datensätze eingefügt, wird die Transaktion mit COMMIT abgeschlossen. Nun zu der *try..except..end*-Anweisung. Im Normalfall werden nur die Anweisungen zwischen *try* und *except* ausgeführt. Tritt dabei jedoch irgendein Fehler auf, dann verzweigt der Programmablauf in den *except*-Teil, wo die Transaktion mit ROLLBACK abgeschlossen wird.

C.2.2 Die Tabellen t_bestellung und t_posten

In der Tabelle *t_bestellung* sind die Bestellungen aufgeführt, welche die Kunden bei unserer Firma getätigt haben. Die einzelnen Posten zu dieser Bestellung sind in der Tabelle *t_posten* gespeichert.

Die zum Erzeugen der Datensätze verwendeten Prozeduren sind auf Sicherheit und Mehrbenutzerbetrieb ausgelegt. Sie können beispielsweise während des Erstellens dieser Daten einen neuen Artikel eingeben, der dann ab sofort verwendet wird. Sie können auch einen beliebigen Artikel löschen, ohne daß es zu Fehlern kommt.

Dieses Verhalten erfordert natürlich häufige Rückfragen bei der Datenbank, was das Erzeugen der Daten naturgemäß nicht beschleunigt. Auf dem Rechner dauerte das Erzeugen von knapp über 50 000 Datensätzen etwa 27 Stunden.

Erstellung einer Bestellung

Für jeden Datensatz in der Tabelle *t_bestellung* wird eine zufällige Anzahl von Posten generiert.

```
procedure TForm1.Button3Click(Sender: TObject);
var
  i, j: longint;
begin
```

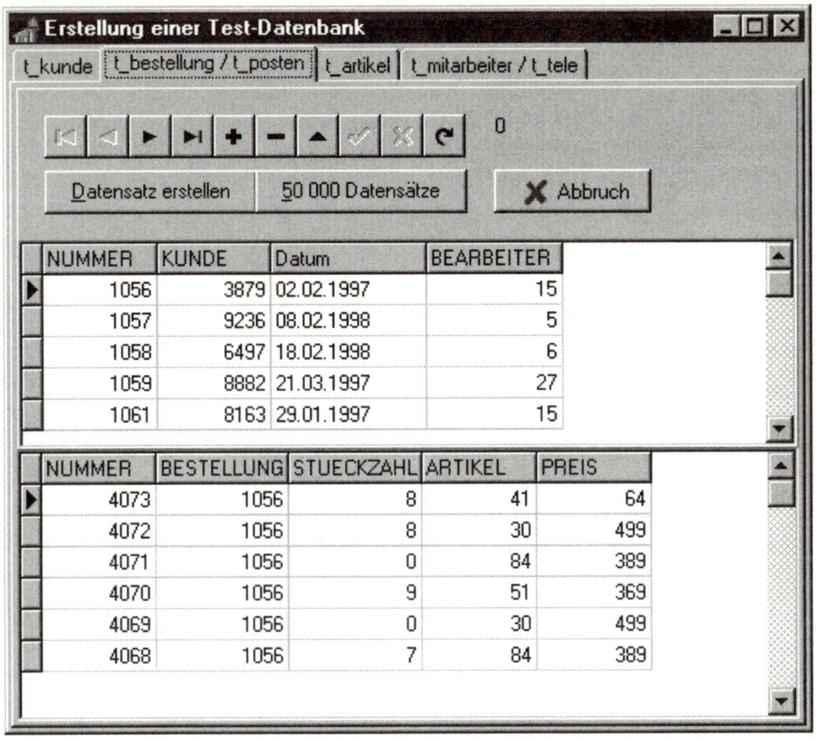

Abbildung C.2: Bestellungen generieren

```
{Datensatz für die Bestellung}
Table6.Append;
with Query4 do
begin
  {Primärindex abfragen}
  SQL.Clear;
  SQL.Add('SELECT * FROM p_bestellung');
  Open;
  Table6.FieldByName('Nummer').AsInteger
    := FieldByName('gen').AsInteger;
  Close;
```

Das Anhängen eines Datensatzes mit *Append* und der Zugriff auf die Generator-Prozedur mit einer *TQuery*-Instanz kennen Sie ja bereits. Um hier eine *TQuery*-Instanz für verschiedene solcher Zugriffe verwenden zu können, muß die SQL-Anweisung jeweils vor der Ausführung zugewiesen werden.

```
{Kundennummer generieren}
SQL.Clear;
SQL.Add('SELECT MAX(nummer) AS nummer FROM t_kunde');
Open;
i := FieldByName('Nummer').AsInteger;
i := 1 + random(i-1);
Close;
SQL.Clear;
SQL.Add('SELECT nummer FROM t_kunde');
SQL.Add('  WHERE nummer = :nummer');
ParamByName('nummer').AsInteger := i;
Open;
while Query4.RecordCount = 0 do
begin
  Close;
  inc(i);
  ParamByName('nummer').AsInteger := i;
  Open;
end;
Table6.FieldByName('Kunde').AsInteger := i;
Close;
```

Als nächstes wird die Kundennummer generiert. Wie vorhin erwähnt, soll die Geschichte mehrbenutzerfähig sein. Während des Generierens der Daten kommen also vielleicht neue Kunden hinzu, die dann auch bei den Bestellungen berücksichtigt werden sollen. Deshalb wird zunächst abgefragt, wie hoch die höchste Kundennummer im System ist.

Als nächstes wird eine Zufallszahl zwischen eins und der höchsten Kundennummer erstellt. Nun ist aber noch nicht sichergestellt, daß es diese Kundennummer auch gibt – der entsprechende Datensatz könnte ja auch gelöscht sein. Deshalb wird versucht, auf diesen Datensatz zuzugreifen. Ist keiner vorhanden, dann hat *RecordCount* den Wert null, und die Kundennummer wird so lange um eins erhöht, bis ein Datensatz existiert.

```
{Datum generieren}
Table6.FieldByName('datum').AsDateTime
  := now - random(1000);
```

Das Datum wird aus dem Zeitraum der letzten 1000 Tage zufällig gewählt.

```
    {Bearbeiter generieren}
    SQL.Clear;
    SQL.Add('SELECT MAX(nummer) AS nummer '
      + 'FROM t_mitarbeiter');
    Open;
    i := FieldByName('Nummer').AsInteger;
    i := 1 + random(i -1);
    Close;
    SQL.Clear;
    SQL.Add('SELECT nummer FROM t_mitarbeiter');
    SQL.Add('  WHERE nummer = :nummer');
    ParamByName('nummer').AsInteger := i;
    Open;
    while Query4.RecordCount = 0 do
    begin
      Close;
      inc(i);
      ParamByName('nummer').AsInteger := i;
      Open;
    end;
    Table6.FieldByName('bearbeiter').AsInteger := i;
    Close;
  end; {with Query4 do}
  Table6.Post;
  {Ende Datensatz Bestellung}
```

Als Bearbeiter wird zufällig ein Datensatz aus der Tabelle *t_mitarbeiter* gewählt, die Vorgehensweise gleicht der bei den Kunden. Anschließend wird der Datensatz in die Tabelle *t_bestellung* geschrieben.

```
  {Datensätze für die Posten}
  for j := 1 to random(7) + 1 do
  begin
    Table7.Append;
    with Query4 do
    begin
```

```
{Primärindex abfragen}
SQL.Clear;
SQL.Add('SELECT * FROM p_posten');
Open;
Table7.FieldByName('Nummer').AsInteger
   := FieldByName('gen').AsInteger;
Close;
```

Zunächst wird mit Hilfe einer zwischen eins und sieben liegenden Zufallszahl bestimmt, wie viele Posten die Bestellung aufweist. Entsprechend oft wird dann ein Datensatz in die Tabelle *t_posten* eingefügt.

Die Spalte *bestellung* muß nicht gesetzt werden, daß erledigt eine Master-Detail-Verknüpfung zwischen den betreffenden *TTable*-Komponenten. Die Abfrage des Wertes für das Feld *nummer* erfolgt dann über eine *TQuery*-Instanz in Zugriff auf die STORED PROCEDURE *p_posten*.

```
{Artikel generieren}
SQL.Clear;
SQL.Add
   ('SELECT MAX(nummer) AS nummer FROM t_artikel');
Open;
i := FieldByName('Nummer').AsInteger;
i := 1 + random(i-1);
Close;
SQL.Clear;
SQL.Add('SELECT nummer, preis FROM t_artikel');
SQL.Add('  WHERE nummer = :nummer');
ParamByName('nummer').AsInteger := i;
Open;
while Query4.RecordCount = 0 do
begin
   Close;
   inc(i);
   ParamByName('nummer').AsInteger := i;
   Open;
end;
```

```
        Table7.FieldByName('Artikel').AsInteger := i;
        Table7.FieldByName('Preis').AsInteger
           := FieldByName('Preis').AsInteger;
        Close;
```

Nun wird ein Artikel aus der Menge der vorhandenen Artikel ausgewählt. Auch hier wird sichergestellt, daß der aktuelle Artikelbestand zur Anwendung kommt. Neben der Artikelnummer wird auch der dazugehörende Preis in die Tabelle geschrieben.

Sie werden sich vielleicht fragen, warum die Tabelle *t_posten* eine Spalte *Preis* hat, wo der doch auch in der Tabelle *t_artikel* zu finden ist. Nun, in der Realität ändert Hardware sehr schnell ihren Preis. Würde man den momentan aktuellen Preis nicht in die Tabelle schreiben, könnte man nach der nächsten Preisänderung nicht mehr die korrekte Rechnungssumme berechnen.

```
        {Stückzahl generieren}
        Table7.FieldByName('Stueckzahl').AsInteger
           := random(10);
      end; {with Query4 do}
      Table7.Post;
    end;{for j := 1 to random(7) + 1 do}
    {Ende Datensätze für die Posten}
end; {procedure TForm1.Button3Click}
```

Zuletzt wird noch eine Stückzahl erzeugt. Diese kann auch null betragen – dann war der Artikel gerade ausverkauft. Mit *Post* wird der Datensatz dann in die Tabelle *t_posten* geschrieben.

Erstellung von 50 000 Bestellungen

Die Vorgehensweise bei der Erstellung von vielen Bestellungen ähnelt derjenigen beim Erstellen der Kundentabelle.

```
procedure TForm1.Button4Click(Sender: TObject);
var
  i: integer;
begin
  FAbbruch := false;
  DataSource6.DataSet := nil;
```

```
    for i := 1 to 50000 do
    begin
      try
        Database1.StartTransaction;
        Button3Click(Sender);
        Database1.Commit;
      except
        Database1.Rollback;
      end; {try}
      if i mod 5 = 0 then
      begin
        Label2.Caption := IntToStr(i);
        Application.ProcessMessages;
        if FAbbruch = true then
        begin
          DataSource6.DataSet := Table7;
          exit;
        end;
      end; {if i mod 5 = 0 then}
    end; {for i := 1 to 5000 do}
    DataSource6.DataSet := Table7;
  end; {procedure TForm1.Button4Click}
```

Wie vorhin bereits erwähnt, sollen neu eingefügte Kunden, Mitarbeiter oder Artikel sofort verwendet werden. Nun herrscht allerdings während einer Transaktion eine konsistente Datensicht. Dies zwingt uns, für jede Bestellung eine neue Transaktion zu starten.

Während des Erstellens der Daten könnte auch ein Datensatz der Tabellen *t_kunde*, *t_mitarbeiter* oder *t_artikel* gelöscht werden. Wegen der konsistenten Datensicht würde dies erst dann auffallen, wenn die Transaktion mit *Commit* abgeschlossen wird. Deshalb wird die *try..except..end*-Konstruktion für jede einzelne Bestellung gestartet, so daß im Falle eines Fehlers auch nur eine einzelne Bestellung mit *Rollback* verworfen wird.

C.2.3 Die Tabellen t_artikel und t_mitarbeiter

Die Tabelle *t_artikel* wurde komplett von Hand eingegeben.

Das Vorgehen bei der Generierung der Daten für die Tabelle *t_mitarbeiter* gleicht weitgehend dem beim Füllen der Tabelle *t_kunde*. Allerdings gibt es bei *t_mitarbeiter* keine Spalten für die Telefonnummern, dafür gibt es die mit *t_mitarbeiter* verknüpfte Tabelle *t_tele*, welche entsprechend zu füllen ist.

Die Spalte *vorgesetzter* wurde auf einen konstanten Wert gesetzt und anschließend in manchen Fällen manuell abgeändert.

D Lösungen

D.1 Kapitel 2

Übung 2.1

```
SELECT nachname, plz
   FROM t_mitarbeiter
```

Übung 2.2

```
SELECT COUNT(DISTINCT plz)
  FROM t_mitarbeiter
```

Übung 2.3

```
SELECT vorname || " " || nachname,
    strasse,
    plz || " " || ort
  FROM t_mitarbeiter
```

Übung 2.4

```
SELECT hersteller, bezeichnung,
    preis  || " DM"
  FROM t_artikel
```

Übung 2.5

```
SELECT hersteller, bezeichnung AS Produkt,
    preis  || " DM"
  FROM t_artikel
```

Übung 2.6

```
SELECT hersteller, bezeichnung,
    (preis - 3) || " DM" AS Sonderpreis
  FROM t_artikel
```

Übung 2.7

```
SELECT
     mit.vorname, mit.nachname, te.bezeichnung
   FROM t_mitarbeiter mit, t_tele te
   WHERE mit.nummer = te.mitarbeiter
```

Übung 2.8

```
SELECT
     m.vorname,
     m.nachname,
     a.bezeichnung,
     t.bezeichnung
   FROM t_mitarbeiter m
     INNER JOIN t_tele t
        ON m.nummer = t.mitarbeiter
     INNER JOIN t_art a
        ON a.nummer = t.art
```

Merken Sie sich, daß – im Gegensatz zur Verwendung der WHERE-Klausel – die Verknüpfung immer direkt dem JOIN folgt. Dies erhöht übrigens ungemein die Übersichtlichkeit.

Übung 2.9

```
SELECT
     m.vorname, m.nachname,
     t.bezeichnung, a.bezeichnung
```

```
FROM t_art a
   RIGHT OUTER JOIN t_tele t
      ON t.art = a.nummer
   RIGHT OUTER JOIN t_mitarbeiter m
      ON m.nummer = t.mitarbeiter
```

Übung 2.10

Es handelt sich um einen INNER JOIN (auch EQUI JOIN genannt), weil

- OUTER JOINS explizit so genannt werden müssen,
- bei OUTER JOINs keine WHERE-Klausel erlaubt ist.

```
SELECT m.vorname, m.nachname,
      v.vorname || " " || v.nachname  AS vorgesetzter
   FROM t_mitarbeiter m
      INNER JOIN t_mitarbeiter v
         ON m.vorgesetzter = v.nummer
```

Übung 2.11

```
SELECT COUNT(*)
   FROM t_kunde
```

Übung 2.12

```
SELECT COUNT(*)
   FROM t_kunde
   WHERE vorname = "Doris"
```

Übung 2.13

```
SELECT tel
   FROM t_kunde
   WHERE (vorname = "Stefanie")
      AND (ort = "Hamburg")
```

Übung 2.14

```
SELECT *
  FROM t_kunde
  WHERE (nachname = "Maier")
    OR (nachname = "Meier")
    OR (nachname = "Meyer")
    OR (nachname = "Meyr")
```

Übung 2.15

```
SELECT m.vorname, m.nachname,
    a.bezeichnung, t.bezeichnung
  FROM t_mitarbeiter m
    INNER JOIN t_tele t
      ON t.mitarbeiter = m.nummer
      INNER JOIN t_art a
    ON a.nummer = t.art
  WHERE NOT (a.bezeichnung = "Handy")
```

Übung 2.16

Es gibt hier zwei (sinnvolle) Möglichkeiten:

```
SELECT *
  FROM t_kunde
  WHERE (((vorname = "Sigmund")
        OR (vorname = "Tina"))
      AND (nachname = "Maier"))
    AND NOT ((ort = "Altshausen")
      OR (ort = "Mainz"))
```

```
SELECT *
  FROM t_kunde
  WHERE (((vorname = "Sigmund")
        OR (vorname = "Tina"))
      AND (nachname = "Maier"))
    AND NOT (ort = "Altshausen")
    AND NOT (ort = "Mainz")
```

Übung 2.17

```
SELECT *
   FROM t_kunde
   WHERE (nummer >= 10000)


SELECT *
   FROM t_kunde
   WHERE (500 <= nummer)
      AND (nummer <= 600)
```

Die folgende Anweisung geht leider nicht:

```
SELECT *
   FROM t_kunde
   WHERE (500 <= nummer <= 600)

/* geht nicht */
```

Übung 2.18

```
SELECT *
   FROM t_kunde
   WHERE (nachname BETWEEN "M"  AND "N")
      AND (ort = "Berlin")
```

Übung 2.19

```
SELECT DISTINCT nachname
   FROM t_kunde
   WHERE (nachname LIKE "%er")
```

Übung 2.20

```
SELECT *
   FROM t_kunde
   WHERE (nachname LIKE "_u%")
      AND (ort = "Berlin")
```

Übung 2.21

```
SELECT COUNT(*)
  FROM t_kunde
  WHERE nummer LIKE "%99"
```

Übung 2.22

```
SELECT *
  FROM t_kunde
  WHERE (((nachname STARTING WITH "M")
          AND (vorname STARTING WITH "E"))
        OR ((nachname STARTING WITH "E")
          AND (vorname STARTING WITH "M")))
    AND (ort = "Berlin")
```

Übung 2.23

```
SELECT *
  FROM t_kunde
  WHERE (nachname LIKE "%ä%")
    AND (ort = "Berlin")
```

```
SELECT *
  FROM t_kunde
  WHERE nummer CONTAINING 999
```

Sie können auch die Konstante 999 in Anführungszeichen setzen.

Übung 2.24

```
SELECT m.vorname, m.nachname,
    t.bezeichnung, a.bezeichnung,
    v.vorname || " " || v.nachname  AS vorgesetzter
  FROM t_mitarbeiter m
    INNER JOIN t_mitarbeiter v
      ON m.vorgesetzter = v.nummer
```

```
    LEFT OUTER JOIN t_tele t
      ON m.nummer = t.mitarbeiter
    LEFT OUTER JOIN t_art a
      ON a.nummer = t.art
  WHERE (a.bezeichnung = "Durchwahl in Firma")
    OR (a.bezeichnung = "Handy")
    OR (a.bezeichnung IS NULL)
```

Übung 2.25

```
SELECT *
  FROM t_kunde
  WHERE ((vorname = "Regina")
      OR (vorname = "Hans")
      OR (vorname = "Petra"))
    AND(nachname = "Müller")
    AND (ort = "Berlin")
```

Übung 2.26

```
SELECT *
  FROM t_kunde
  WHERE (nummer IN (15, 647, 3456))
```

Das DMS würde es auch akzeptieren, wenn Sie die Elemente der Menge in Anführungszeichen setzten.

Übung 2.27

```
SELECT
    COUNT(preis) AS Preis,
    SUM(preis) AS Summe,
    MIN(preis) AS minimaler_Preis,
    Max(preis) AS maximaler_Preis,
    AVG(preis) AS durchschnittlicher_Preis
  FROM t_artikel
  WHERE hersteller = "ELSA"
```

Übung 2.28

```
SELECT
    hersteller, COUNT(preis)
  FROM t_artikel
  GROUP BY hersteller
```

Übung 2.29

```
SELECT
    a.nummer,
    a.hersteller,
    g.bezeichnung,
    a.bezeichnung,
    CAST(a.preis AS Numeric(15,2)) AS Preis
  FROM t_artikel a
    INNER JOIN t_gruppe g
      ON a.gruppe = g.nummer
```

Übung 2.30

```
SELECT
    g.bezeichnung, COUNT(a.preis)
  FROM t_artikel a
    INNER JOIN t_gruppe g
      ON a.gruppe = g.nummer
  GROUP BY g.bezeichnung
```

```
SELECT
    a.hersteller,
    MIN(a.preis),
    MAX(a.preis)
  FROM t_artikel a
  GROUP BY a.hersteller
```

Übung 2.31

```
SELECT
      a.hersteller,
      MIN(a.preis),
      MAX(a.preis)
   FROM t_artikel a
   GROUP BY a.hersteller
      HAVING NOT(MIN(a.preis) = MAX (a.preis))
```

Man könnte die HAVING-Klausel auch wie folgt formulieren:

```
HAVING MIN(a.preis) <> MAX (a.preis)
```

Übung 2.32

```
SELECT
      a.hersteller,
      MIN(a.preis),
      MAX(a.preis)
   FROM t_artikel a
   WHERE a.hersteller <> "Elsa"
   GROUP BY a.hersteller
```

Beachten Sie, daß die Reihenfolge der einzelnen Klauseln vorgeschrieben ist.

Übung 2.33

```
SELECT
      a.hersteller,
      a.bezeichnung,
      g.bezeichnung,
      CAST(a.preis AS NUMERIC(15,2)) AS Preis
   FROM t_artikel a
      INNER JOIN t_gruppe g
         ON a.gruppe = g.nummer
   ORDER BY hersteller
```

Übung 2.34

```
SELECT
    vorname || " " || nachname AS Name
  FROM t_kunde
  WHERE (ort = "Berlin")
    AND ((nachname STARTING WITH "M")
      OR (nachname STARTING WITH "N"))
  ORDER BY nachname DESC, vorname
```

Übung 2.35

```
SELECT
    nummer,
    CAST("Frau" AS VARCHAR(25)),
    nachname,
    CAST("Mitarbeiterin" AS VARCHAR(15))
  FROM t_mitarbeiter
  WHERE nachname = "Ost"
UNION SELECT
    nummer,
    vorname,
    nachname,
    CAST("Kunde" AS VARCHAR(15))
  FROM t_kunde
  WHERE nachname = "Ost"
```

Übung 2.36

```
SELECT nummer
  FROM t_mitarbeiter
  WHERE vorgesetzter = nummer
```

Übung 2.37

```
SELECT
    hersteller,
    bezeichnung,
    CAST(preis AS NUMERIC(15,2)) AS Preis
```

```
   FROM t_artikel
   WHERE preis > (SELECT AVG(Preis)
      FROM t_artikel)
```

Wenn Sie mit dieser Übung Probleme hatten, dann sehen Sie sich folgende Vorgehensweise an:

Zunächst zeigen Sie alle Artikel mit den gewünschten Spalten an:

```
SELECT
      hersteller,
      bezeichnung,
      CAST(preis AS NUMERIC(15,2)) AS Preis
   FROM t_artikel
```

Anschließend ermitteln Sie den durchschnittlichen Preis aller Artikel:

```
SELECT AVG(Preis)
   FROM t_artikel
```

Zuletzt fügen Sie die beiden Anweisungen zusammen.

Übung 2.38

```
SELECT
      m.nummer,
      m.vorname,
      m.nachname,
      t.bezeichnung
   FROM t_mitarbeiter m
      LEFT OUTER JOIN t_tele t
         ON m.nummer = t.mitarbeiter
   WHERE t.art = 1
```

Übung 2.39

```
SELECT * FROM t_artikel
   WHERE preis > (SELECT MAX(preis)
      FROM t_artikel
      WHERE gruppe = 1)
```

Übung 2.40

```
SELECT * FROM t_artikel
   WHERE preis > (SELECT MIN(preis)
      FROM t_artikel
      WHERE gruppe = 1)
```

Übung 2.41

```
SELECT DISTINCT a.nummer, a.bezeichnung
   FROM t_art a
      INNER JOIN t_tele t
         ON t.art = a.nummer
```

Übung 2.42

```
DELETE FROM t_art a
   WHERE a.nummer NOT IN (SELECT DISTINCT art
      FROM t_tele  t)
```

Übung 2.43

```
SELECT * FROM t_art a
   WHERE nummer = (SELECT t.art
      FROM t_tele t
      GROUP BY t.art
      HAVING COUNT(t.art) = 1)
```

Zugegeben, das geht mit SINGULAR einfacher.

Übung 2.44

```
SELECT COUNT(*)
   FROM t_bestellung

SELECT COUNT(*)
   FROM t_posten
```

Beide Tabellen enthalten vergleichsweise viele Datensätze. Sie sollten den Datenbestand deshalb stark filtern. Anweisungen wie *SELECT * FROM t_posten* sollten Sie möglichst vermeiden.

Übung 2.45

```
SELECT *
   FROM t_bestellung
   WHERE nummer = (SELECT MIN(nummer)
      FROM t_bestellung)

SELECT *
   FROM t_posten
   WHERE nummer = (SELECT MIN(nummer)
      FROM t_posten)
```

Die Funktion MIN (oder auch MAX) wird hier wesentlich schneller ausgeführt als die Funktion COUNT. Das liegt daran, daß für die Spalte *nummer* ein Index verwendet wird. Das DMS muß lediglich im Index nachsehen, wo der Datensatz steht. Bei der Funktion COUNT müssen alle Datensätze durchgezählt werden.

Ein Index wird für die Spalten des Primärschlüssels (und auch der Sekundär- und Fremdschlüssel) automatisch eingerichtet.

Übung 2.46

```
SELECT
      k.vorname,
      k.nachname,
      b.datum
   FROM t_kunde k
      INNER JOIN t_bestellung b
         ON k.nummer = b.kunde
   WHERE k.nummer = 1234
   ORDER BY b.datum
```

Übung 2.47

```
SELECT
      k.vorname,
      k.nachname,
      b.datum,
      (SELECT SUM(stueckzahl * preis)
         FROM t_posten
         WHERE bestellung = b.nummer)
   FROM t_kunde k
      INNER JOIN t_bestellung b
         ON k.nummer = b.kunde
   WHERE k.nummer = 1234
   ORDER BY b.datum
```

Wenn Sie Schwierigkeiten mit dieser Anweisung gehabt haben, dann betrachten Sie folgende Vorgehensweise: Zunächst werden die Nummern der einzelnen Bestellungen ermittelt:

```
SELECT
      k.vorname,
      k.nachname,
      b.datum,
      b.nummer
   FROM t_kunde k
      INNER JOIN t_bestellung b
         ON k.nummer = b.kunde
   WHERE k.nummer = 1234
   ORDER BY b.datum
```

Nun schaut man sich die Posten zu einer dieser Bestellungen an:

```
SELECT *
   FROM t_posten
   WHERE bestellung = 2919
```

Anschließend werden die Postenpreise gebildet:

```
SELECT stueckzahl * preis
   FROM t_posten
   WHERE bestellung = 2919
```

Von diesen wird nun die Summe gebildet:

```
SELECT SUM(stueckzahl * preis)
  FROM t_posten
  WHERE bestellung = 2919
```

Diese SELECT-Anweisung wird nun als Unterabfrage in die eigentliche Abfrage integriert, siehe oben.

Übung 2.48

```
SELECT
     k.vorname,
     k.nachname,
     b.datum,
     SUM(p.preis * p.stueckzahl)
  FROM t_kunde k
     INNER JOIN t_bestellung b
        ON k.nummer = b.kunde
     INNER JOIN t_posten p
        ON b.nummer = p.bestellung
  WHERE k.nummer = 1234
  GROUP BY k.vorname, k.nachname, b.datum
  ORDER BY b.datum
```

Sie können auch diese Anweisung schrittweise erstellen, indem Sie zunächst alle Postenpreise anzeigen und erst im zweiten Schritt gruppieren:

```
SELECT
     k.vorname,
     k.nachname,
     b.datum,
     p.preis * p.stueckzahl
  FROM t_kunde k
     INNER JOIN t_bestellung b
        ON k.nummer = b.kunde
     INNER JOIN t_posten p
        ON b.nummer = p.bestellung
  WHERE k.nummer = 1234
  ORDER BY b.datum
```

Übung 2.49

Diese Abfrage wird zwangsläufig die gesamte Tabelle *t_posten* mit ihren über 200 000 Datensätzen mit einbeziehen. Deshalb ist es sinnvoll, in der Entwicklungsphase den Datenbestand zu beschränken. Dazu wird zunächst die kleinste Datensatznummer in *t_bestellung* ermittelt.

```
SELECT MIN(nummer)
  FROM t_bestellung
```

Verwenden wir für die weiteren Arbeiten knapp 1000 Datensätze:

```
SELECT
    b.nummer,
    b.datum
  FROM t_bestellung b
  WHERE (b.nummer < 1100)
```

Als nächstes werden nur diejenigen Bestellungen berücksichtigt, die 1998 bearbeitet worden sind. Damit mit dem LIKE-Operator gearbeitet werden kann, ist eine Typenumwandlung erforderlich.

```
SELECT
    b.nummer,
    b.datum
  FROM t_bestellung b
  WHERE (b.nummer < 1100)
    AND (CAST(b.datum AS VARCHAR(12)) LIKE "%1998%")
```

Nun fügen wir den Bearbeiter der Bestellung ein. Dazu ist ein JOIN erforderlich.

```
SELECT
    b.nummer,
    b.datum,
    m.nachname
  FROM t_bestellung b
    INNER JOIN t_mitarbeiter m
      ON b.bearbeiter = m.nummer
  WHERE (b.nummer < 1100)
    AND (CAST(b.datum AS VARCHAR(12)) LIKE "%1998%")
```

Nun fügen wir auch noch die Postenpreise in die Abfrage ein, was einen weiteren JOIN erforderlich macht.

```
SELECT
    b.nummer,
    b.datum,
    m.nachname,
    p.stueckzahl * p.preis
  FROM t_bestellung b
    INNER JOIN t_mitarbeiter m
      ON b.bearbeiter = m.nummer
    INNER JOIN t_posten p
      ON p.bestellung = b.nummer
  WHERE (b.nummer < 1100)
    AND (CAST(b.datum AS VARCHAR(12)) LIKE "%1998%")
```

Nun bilden wir die Summe über die Postenpreise und gruppieren nach dem Nachnamen der Mitarbeiter. Alle anderen Spalten müssen von der Anzeige ausgeschlossen werden.

```
SELECT
    m.nachname,
    SUM(p.stueckzahl * p.preis)
  FROM t_bestellung b
    INNER JOIN t_mitarbeiter m
      ON b.bearbeiter = m.nummer
    INNER JOIN t_posten p
      ON p.bestellung = b.nummer
  WHERE (b.nummer < 1100)
    AND (CAST(b.datum AS VARCHAR(12)) LIKE "%1998%")
  GROUP BY m.nachname
```

Zuletzt wird die Beschränkung auf die Bestellungen mit einer Nummer kleiner 1100 entfernt. Rechnen Sie damit, daß die Ausführung dieser Abfrage einige Minuten in Anspruch nehmen kann (auf meinem Rechner dauerte es etwas länger als 3 Minuten). Des weiteren wurde einer ORDER-Klausel eingefügt.

```
SELECT
    m.nachname,
    SUM(p.stueckzahl * p.preis)
  FROM t_bestellung b
    INNER JOIN t_mitarbeiter m
      ON b.bearbeiter = m.nummer
    INNER JOIN t_posten p
      ON p.bestellung = b.nummer
  WHERE (CAST(b.datum AS VARCHAR(12)) LIKE "%1998%")
  GROUP BY m.nachname
  ORDER BY m.nachname
```

D.2 Kapitel 3

Übung 3.1

```
INSERT INTO t_kunde
     (vorname, nachname,
     strasse, plz, ort,
     tel, fax, email)
   VALUES
     ("Michael", "Ebner",
     "Hasenheide 9 Q II", "10 967", "Berlin",
     "030/690 400 42", "030/690 400 67",
     "MEbner1969@aol.com")
```

Ihre Adresse lautet entsprechend anders. Um die Anzeige auf den Datensatz zu beschränken, der zuletzt eingefügt wurde und somit sehr wahrscheinlich die höchste Nummer hat, wurde eine Unterabfrage verwendet, die den höchsten Wert in der Spalte *nummer* ermittelt:

```
SELECT *
   FROM t_kunde
   WHERE nummer = (SELECT MAX(nummer)
      FROM t_kunde)
```

Diese Unterabfrage läßt sich übrigens auch bei der DELETE-Anweisung verwenden. (Wenn Sie hier eine Konstante verwendet haben, ist es natürlich auch richtig.)

```
DELETE FROM t_kunde
  WHERE nummer = (SELECT MAX(nummer)
    FROM t_kunde)
```

Übung 3.2

```
INSERT INTO t_kunde
    (vorname, nachname,
    strasse, plz, ort, tel)
  SELECT
      vorname, nachname,
      strasse, plz, ort, t.bezeichnung
    FROM t_mitarbeiter m
      LEFT OUTER JOIN t_tele t
        ON m.nummer = t.mitarbeiter
    WHERE (t.art = 2)
      OR (t.art IS NULL)
```

Bei einer solchen Anweisung sollten Sie zuerst die Unterabfrage entwickeln und diese dann in die INSERT-Anweisung integrieren.

```
SELECT
    vorname, nachname,
    strasse, plz, ort, t.bezeichnung
  FROM t_mitarbeiter m
    LEFT OUTER JOIN t_tele t
      ON m.nummer = t.mitarbeiter
  WHERE (t.art = 2)
    OR (t.art IS NULL)
```

Übung 3.3

```
UPDATE t_mitarbeiter
  SET nachname = "Mueller"
  WHERE nachname = "Müller"


UPDATE t_mitarbeiter
```

```
   SET nachname = "Müller"
   WHERE nachname = "Mueller"
```

Übung 3.4

```
UPDATE t_art
   SET murks = NULL
   WHERE nummer > 4
```

Übung 3.5

```
UPDATE t_art
   SET murks = nummer || ": " || bezeichnung
```

Übung 3.6

```
UPDATE t_mitarbeiter m
   SET m.bemerkung = "Über Handy erreichbar: "
         || (SELECT u.bezeichnung
      FROM t_tele u
      WHERE (art = 4)
         AND (u.mitarbeiter = m.nummer))
   WHERE m.nummer in (SELECT t.mitarbeiter
      FROM t_tele t
      WHERE t.art = 4)
```

Übung 3.7

```
INSERT INTO t_mitarbeiter
      (vorname, nachname)
   VALUES ("Michael", "Ebner")
```

```
DELETE FROM t_mitarbeiter
   WHERE (vorname = "Michael")
      AND (nachname = "Ebner")
```

Ihr Name lautet natürlich entsprechend anders.

D.3 Kapitel 4

Übung 4.1

```
CREATE DOMAIN d_ganzzahl AS SMALLINT
```

Wenn Sie die DOMAIN mit CHECK-Klausel erstellt haben (das wurde noch nicht besprochen), dann ist das selbstverständlich auch in Ordnung:

```
CREATE DOMAIN d_ganzzahl
  AS SMALLINT
  CHECK (VALUE BETWEEN 3 AND 750)
```

Übung 4.2

```
CREATE DOMAIN d_datum
  AS DATE
  DEFAULT "NOW"
```

Übung 4.3

```
CREATE DOMAIN d_namen
  VARCHAR (22)
  NOT NULL
  CHECK (UPPER(VALUE) NOT STARTING WITH "R")
```

Bei der Lösung sind gewissen Variationen möglich:

- Statt VARCHAR kann auch CHAR verwendet werden.
- Statt der Funktion UPPER kann auch eine OR-Verknüpfung mit Prüfung sowohl auf Groß- als auch Kleinschreibung erfolgen.
- Anstatt des Operators STARTING WITH kann man auch den Operator LIKE verwenden.

Übung 4.4

```
CREATE DOMAIN d_ueb
  AS VARCHAR(25)
  CHARACTER SET ISO8859_1
  COLLATE DE_DE;
```

```
ALTER DOMAIN d_ueb
   SET DEFAULT "test"
   ADD CHECK (VALUE NOT LIKE "%ö%")
```

Übung 4.5

```
CREATE TABLE t_test
   (nummer INTEGER,
   datum DATE,
   preis FLOAT)
```

Für den Preis würden sich auch die Typen NUMERIC oder DECIMAL eignen.

Übung 4.6

```
CREATE TABLE t_test
   (nummer INTEGER
      NOT NULL,
   bezeichnung VARCHAR(20)
      CHARACTER SET ISO8859_1
      CHECK (UPPER(bezeichnung) NOT LIKE "%Ä%")
      COLLATE DE_DE)
```

Übung 4.7

```
CREATE DOMAIN d_test
   INTEGER NOT NULL
   CHECK (VALUE >= 500)
```

```
CREATE TABLE t_test
   (nummer d_test
      CHECK (nummer <= 3000))
```

Übung 4.8

```
CREATE TABLE t_test
   (vorname st,
   nachname st,
   name COMPUTED BY (vorname || " " || nachname))
```

Übung 4.9

```
CREATE TABLE t_fluss
   (nummer ln,
   fluss st,
   PRIMARY KEY (nummer))

CREATE TABLE t_stadt
   (nummer ln,
   stadt st,
   PRIMARY KEY (nummer))

CREATE TABLE t_suf
   (stadt ln,
   fluss ln,
   PRIMARY KEY (stadt, fluss))
```

Die Spaltenbezeichner konnten Sie frei wählen, Sie können somit von der Lösung abweichen. Auch ist es freigestellt, ob Sie domänenbasierte Spalten definieren (wie hier in der Lösung) oder nicht.

Wenn Sie in der Tabelle *t_suf* Fremdschlüssel auf die anderen beiden Tabellen erstellt haben, ist das natürlich auch richtig.

Übung 4.10

```
CREATE TABLE t_buch
   (nummer ln,
   isbn VARCHAR(13)
      NOT NULL UNIQUE
      CHECK (isbn LIKE "3-_____-_____%"),
   titel st,
   PRIMARY KEY (nummer))
```

Übung 4.11

```
CREATE TABLE t_suf
   (stadt ln,
   fluss ln,
   PRIMARY KEY (stadt, fluss),
   FOREIGN KEY (stadt)
      REFERENCES t_stadt(nummer),
   FOREIGN KEY (fluss)
      REFERENCES t_fluss(nummer))
```

Übung 4.12

```
CREATE TABLE t_tele3
 (nummer ln,
  mitarbeiter ln,
  art ln,
  bezeichnung st,
  PRIMARY KEY(nummer),
  FOREIGN KEY (art)
    REFERENCES t_art (nummer)
    ON DELETE CASCADE
    ON UPDATE CASCADE);

INSERT INTO t_tele3  SELECT * FROM t_tele
```

Übung 4.13

```
CREATE DESC INDEX i_bestellung_datum
   ON t_bestellung (datum)

DROP INDEX i_bestellung_datum
```

Übung 4.14

```
CREATE TABLE t_adresse
   (nummer LN,
   vorname st,
   nachname st,
```

```
strasse st,
plz_s pl,
postfach st,
plz_p pl,
ort st,
PRIMARY KEY (nummer),
CONSTRAINT adresse CHECK
   (((strasse IS NOT NULL)
     AND (plz_s IS NOT NULL))
   OR ((postfach IS NOT NULL)
     AND (plz_p IS NOT NULL))))
```

Übung 4.15

```
ALTER TABLE t_art
   ADD test INTEGER NOT NULL

SELECT * FROM t_art
```

Die Spalte wird mit der Zahl 0 aufgefüllt.

Übung 4.16

```
ALTER TABLE t_art
   ADD zwischen VARCHAR(35)
      CHARACTER SET ISO8859_1
      COLLATE DE_DE

UPDATE t_art SET zwischen = bezeichnung

ALTER TABLE t_art
   DROP bezeichnung

ALTER TABLE t_art
   ADD bezeichnung VARCHAR(35)
      CHARACTER SET ISO8859_1
      COLLATE DE_DE

UPDATE t_art SET bezeichnung = zwischen
```

```
ALTER TABLE t_art
   DROP zwischen
```

Übung 4.17

Beispielsweise indem man vor die Vorwahl ein Leerzeichen setzt. Es muß dafür gesorgt werden, daß der Wert nicht mit 01 beginnt.

Übung 4.18

Zunächst müssen Sie herausbekommen, wie das DBS die Gültigkeitsprüfung benannt hat. Wählen Sie dazu METADATA|SHOW|TABLE|T_KUNDE.

```
SHOW TABLE t_kunde
NUMMER                          (LN) INTEGER Not Null
   ...
CONSTRAINT INTEG_1:
   Primary key (NUMMER)
CONSTRAINT INTEG_97:
   CHECK (tel NOT STARTING WITH "01")

Triggers on Table T_KUNDE:
TRIG_KUNDE, Sequence: 0, Type: BEFORE INSERT, Active
```

Bei mir auf dem System heißt die Gültigkeitsprüfung *INTEG_97*, bei Ihnen lautet die Zahl vermutlich anders. Diesen Bezeichner fügen wir nun nach DROP CONSTRAINT ein.

```
ALTER TABLE t_kunde
   DROP CONSTRAINT integ_97
```

Sie setzen selbstverständlich den Bezeichner ein, den die Gültigkeitsprüfung auf Ihrem System hat.

Übung 4.19

```
ALTER TABLE t_art
   ADD zwischen st NOT NULL
```

Übung 4.20

```
UPDATE t_art
   SET zwischen = bezeichnung
```

Übung 4.21

```
ALTER TABLE t_art
   DROP CONSTRAINT c_art_zwischen
```

Übung 4.22

```
ALTER TABLE t_mitarbeiter
   ADD gehalt FLOAT NOT NULL
```

```
UPDATE t_mitarbeiter
   SET gehalt = 4312.45
```

Der „Trick“ mit dem DEFAULT-Wert funktioniert beim Typen FLOAT leider nicht.

Übung 4.23

```
CREATE VIEW v_telefonliste AS
   SELECT
         m.vorname,
         m.nachname,
         t.bezeichnung
      FROM t_mitarbeiter m
         LEFT OUTER JOIN t_tele t
            ON m.nummer = t.mitarbeiter
      WHERE (t.art = 1)
         OR (t.art IS NULL)
```

Übung 4.24

```
CREATE VIEW v_art AS
   SELECT *
      FROM t_art
      WHERE nummer < 10
```

```
INSERT INTO t_art
  VALUES (15, "Test", "Test")
```

Wenn Sie die Spalte *zwischen* bereits wieder gelöscht haben, fällt Ihre INSERT-Anweisung entsprechend kürzer aus. Ansonsten macht sich bemerkbar, daß wir die Spalte *zwischen* als NOT NULL definiert haben.

Beachten Sie auch, daß das Jokerzeichen * für die Auswahl aller Spalten gestattet ist.

Übung 4.25

```
INSERT INTO v_art
  VALUES (17, "wird nicht angezeigt", "")

DELETE FROM v_art
  WHERE nummer = 15

UPDATE v_art
  SET nummer = 17
  WHERE nummer = 8

UPDATE v_art
  SET nummer = 9
  WHERE nummer = 15
```

Die Insert-Anweisung wird mit einer Fehlermeldung abgelehnt. Die DELETE-Anweisung und beide UPDATE-Anweisungen werden kommentarlos ignoriert.

Übung 4.26, Version A

```
CREATE VIEW v_art AS
  SELECT * FROM t_art
    WHERE nummer > 7
  WITH CHECK OPTION

GRANT SELECT ON t_art TO emil, susi

GRANT INSERT, UPDATE, DELETE ON v_art TO emil, susi
```

Für die Tabelle *t_art* erhalten *emil* und *susi* die Leserechte. Für die Tabelle *t_art* wird nun eine Ansicht *v_art* erzeugt, welche die neu eingefügten Datensätze anzeigt. Damit über diese Ansicht keine anderen Datensätze manipuliert werden, ist die WITH CHECK OPTION zu erstellen. Für diese Ansicht erhalten dann *emil* und *susi* die INSERT-, UPDATE- und DELETE-Rechte.

Übung 4.26, Version B

```
CREATE TABLE t_art_sicher
   (nummer ln PRIMARY KEY,
   FOREIGN KEY (nummer) REFERENCES t_art (nummer)))
INSERT INTO t_art_sicher VALUES (1)
   ...
INSERT INTO t_art_sicher VALUES (7)
```

Es wird eine Tabelle *t_art_sicher* erstellt, welche die Tabelle *t_art* referenziert und die Werte von eins bis sieben enthält. Da für diese Tabelle keine Rechte vergeben werden, können die nicht-SYSDBA-Benutzer keine Datensätze löschen. Solange entsprechende Datensätze in *t_art_sicher* stehen, können aber die dazugehörenden Datensätze in *t_art* nicht gelöscht werden.

Übung 4.27

Weil das SELECT-Recht das REFERENCES-Recht bereits beinhaltet.

D.4 Kapitel 5

Übung 5.1

Von *isql1* aus ist der neu eingefügte Datensatz sichtbar, schließlich ist die SELECT-Anweisung im Kontext derselben Transaktion ausgeführt worden.

Von *isql2* aus ist der neue Datensatz nicht sichtbar, weil erstens die Transaktion in *isql1* noch nicht mit COMMIT abgeschlossen wurde und zweitens seit (dem noch ausstehenden) COMMIT von *isql1* in *isql2* keine neue Transaktion begonnen wurde.

Übung 5.2

```
INSERT INTO t_art
  VALUES (12, "Test")
```

```
SELECT * FROM t_art
```

Übung 5.3

Die vorangehende Transaktion wird mit ROLLBACK verworfen. Das läßt sich unter anderem mit folgendem Verhalten zeigen:

```
SET TRANSACTION
```

```
SELECT * FROM t_art
```

Starten Sie eine neue Transaktion und schauen Sie sich in deren Kontext die Tabelle *t_art* an.

```
DELETE FROM t_art
  WHERE nummer = 14
```

```
SELECT * FROM t_art
```

Löschen Sie einen Datensatz und vergewissern Sie sich, daß diese Anweisung korrekt ausgeführt wurde.

```
SET TRANSACTION
```

```
SELECT * FROM t_art
```

Starten Sie eine neue Transaktion und führen Sie wieder einen SELECT auf die Tabelle *t_art* durch. Wie Sie sehen, ist der vorhin gelöschte Datensatz wieder vorhanden.

Übung 5.4

```
DELETE FROM t_art
  WHERE nummer > 7
```

```
INSERT INTO t_art
  VALUES (10, "Test")
```

```
COMMIT
```

D.5 Kapitel 6

Übung 6.1

```
SELECT
     g.bezeichnung,
     COUNT(a.nummer)
  FROM t_artikel a
     INNER JOIN t_gruppe g
        ON a.gruppe = g.nummer
  GROUP BY g.bezeichnung
```

Übung 6.2

```
CREATE PROCEDURE p_gruppe_az_sort
RETURNS
  (bezeichnung VARCHAR(25),
  anzahl INTEGER)
AS
BEGIN
  FOR SELECT
        *
     FROM p_gruppe_az
     ORDER BY anzahl DESC
     INTO :bezeichnung, :anzahl
  DO SUSPEND;
END
```

Übung 6.3

```
CREATE TABLE t_gruppe_neu
  (nummer ln,
  bezeichnung st NOT NULL,
  PRIMARY KEY(nummer),
  UNIQUE (bezeichnung));
```

Übung 6.4

Der Fehler tritt in der folgenden Anweisung auf:

```
SELECT nummer
   FROM t_gruppe
   WHERE bezeichnung = :gruppe
   INTO :zahl;
```

Die Ergebnismenge dieser Abfrage würde dann zwei (oder noch mehr) Zeilen umfassen. In einer STORED PROCEDURE sind solche Abfragen aber nur mit einer FOR SELECT..DO-Anweisung erlaubt, die Fehlermeldung würde *multiple rows in singleton select* lauten.

```
SELECT MIN(nummer)
   FROM t_gruppe
   WHERE bezeichnung = :gruppe
   INTO :zahl;
```

Mit der Aggregatfunktion MIN sorgt man dafür, daß die kleinste Nummer ermittelt wird, und das ist immer nur ein Wert – selbst dann, wenn er in der Spalte *nummer* mehrfach vorkommen würde, was ja der Primärschlüssel ohnehin ausschließt.

Übung 6.5

```
CREATE TABLE t_test
   (nummer ln,
   vorname st,
   nachname st,
   bemerkung st,
   PRIMARY KEY (nummer))

CREATE PROCEDURE p_test_ins
   (nummer INTEGER,
   vorname VARCHAR(25),
   nachname VARCHAR(25))
AS
   DECLARE VARIABLE zahl INTEGER;
```

```
BEGIN
   INSERT INTO t_test
      VALUES (:nummer, :vorname, :nachname, "");
   SELECT COUNT(nummer)
      FROM t_test
      WHERE (vorname = :vorname)
         AND (nachname = :nachname)
      INTO :zahl;
   IF (:zahl > 1) THEN
      UPDATE t_test
         SET bemerkung = "Name " || :zahl
            || "x in der Tabelle"
         WHERE (vorname = :vorname)
            AND (nachname = :nachname);
END;
```

Zunächst wird der neue Datensatz in die Tabelle *t_test* eingefügt, anschließend wird ermittelt, wie viele Datensätze es mit dem betreffenden Vor- und Nachnamen gibt. Ist diese Zahl größer als eins, dann wird das Feld *bemerkung* der betreffenden Datensätze entsprechend gesetzt.

Übung 6.6

```
SELECT
      t.vorname,
      t.nachname,
      (SELECT "Name " || COUNT(nummer)
            || "x in der Tabelle"
         FROM t_test v
         WHERE (t.vorname = v.vorname)
            AND (t.nachname = v.nachname)
         HAVING COUNT(nummer) > 1) AS bemerkung
   FROM t_test t
```

Eine solche Anweisung wird man in der Regel schrittweise aufbauen. Zunächst – ganz simpel – Vor- und Nachname sowie die Anzahl der Datensätze:

```
SELECT
      t.vorname,
      t.nachname,
      (SELECT COUNT(nummer)
         FROM t_test v
         WHERE (t.vorname = v.vorname)
            AND (t.nachname = v.nachname))
  FROM t_test t
```

Nun wollen wir die anzuzeigenden Bemerkungen auf diejenigen begrenzen, die größer als eins sind und fügen dazu die HAVING-Klausel in die Unterabfrage ein. Das führt allerdings dazu, daß in der Bemerkungsspalte die Zahl null steht – das ist nicht nur unerwünscht, sondern obendrein noch sachlich falsch.

Dieses Problem könnte man dadurch beheben, daß man eine Typenumwandlung durchführt.

```
SELECT
      t.vorname,
      t.nachname,
      (SELECT CAST(COUNT(nummer) AS VARCHAR(2))
         FROM t_test v
         WHERE (t.vorname = v.vorname)
            AND (t.nachname = v.nachname)
         HAVING COUNT(nummer) > 1)
  FROM t_test t
```

Letztlich ist diese explizite Typenumwandlung jedoch nicht erforderlich, da sich das Problem ohnehin dadurch löst, daß man die Nummer mit String-Konstanten verbindet. Dabei führt InterBase automatisch die erforderliche Typenumwandlung durch.

Zuletzt wird die betreffende Spalte noch mit *AS bemerkung* umbenannt.

Übung 6.7

Es handelt sich um eine EXECUTE-Prozedur, schließlich können keine Werte zurückgegeben werden (oder entdecken Sie irgendwo das Schlüsselwort RETURNS?). Die Verwendung einer FOR SELECT..DO-Schleife bedingt noch lange nicht, daß es sich um eine SELECT-Prozedur handelt.

Übung 6.8

```
CREATE PROCEDURE p_mitarbeiter_reihenfolge
RETURNS
  (nummer INTEGER,
  vorname VARCHAR(25),
  nachname VARCHAR(25),
  reihenfolge INTEGER)
AS
  DECLARE VARIABLE zahl INTEGER;
BEGIN
  zahl = 0;
  FOR SELECT
        nummer, vorname, nachname
    FROM t_mitarbeiter
    ORDER BY nummer
    INTO :nummer, :vorname, :nachname
  DO
  BEGIN
    zahl = zahl + 1;
    reihenfolge = zahl;
    SUSPEND;
  END
END
```

Übrigens: Die Zahlen in der Spalte *reihenfolge* ändern sich auch dann nicht, wenn die Abfrage in der zugreifenden SELECT-Anweisung ganz anders sortiert wird:

```
SELECT * FROM p_mitarbeiter_reihenfolge
  ORDER BY nachname
```

Übung 6.9

```
CREATE PROCEDURE p_mitarbeiter_tele
RETURNS
  (mit INTEGER,
  ohne INTEGER)
AS
```

```
BEGIN
   SELECT COUNT(DISTINCT mitarbeiter)
      FROM t_tele
      INTO :mit;
   SELECT COUNT(*)
      FROM t_mitarbeiter
      INTO :ohne;
   ohne = ohne - mit;
   SUSPEND;
END
```

Übung 6.10

Für Parameter kleiner eins wäre die Eintrittsbedingung der Schleife nie erfüllt, somit würde der Wert eins zurückgegeben.

```
CREATE PROCEDURE p_fakult (x INTEGER)
RETURNS
   (f INTEGER)
AS
   DECLARE VARIABLE i INTEGER;
BEGIN
   f = 1;
   i = 1;
   WHILE (i <= x) DO
   BEGIN
      f = f * i;
      i = i + 1;
   END
   IF (x < 1) THEN
      f = NULL;
   SUSPEND;
END
```

Übung 6.11

```
CREATE PROCEDURE p_gruppe_nummern
   (von INTEGER, bis INTEGER)
AS
   DECLARE VARIABLE i INTEGER;
```

```
BEGIN
   IF (bis < von) THEN
   BEGIN
      i = von;
      von = bis;
      bis = i;
   END
   i = von;
   WHILE (i <= bis) DO
   BEGIN
      INSERT INTO t_gruppe
         VALUES (:i, "");
      i = i + 1;
   END
END
```

Übung 6.12

```
ALTER PROCEDURE p_fakult (x INTEGER)
   RETURNS (f INTEGER)
AS
BEGIN
   IF (x < 1) THEN
   BEGIN
      f = NULL;
      SUSPEND;
      EXIT;
   END
   IF (x=1) THEN   f = 1;
   ELSE
   BEGIN
      SELECT * FROM p_fakult (:x - 1)
         INTO :f;
      f = :f * x;
   END
   SUSPEND;
END
```

Übung 6.13

Wenn Sie auf die Prozedur mit EXECUTE PROCEDURE zugreifen, dann ist die SUSPEND-Anweisung nicht erforderlich, ihr Entfernen zieht somit keine Änderung nach sich.

Wenn Sie auf die Prozedur mit SELECT zugreifen, dann werden ohne die SUSPEND-Anweisung überhaupt keine Datensätze angezeigt.

Übung 6.14

```
GRANT SELECT ON t_artikel TO emil
GRANT SELECT ON t_gruppe TO emil
```

Übung 6.15

Die Ausführung der Anweisung wird verweigert, weil Sie keine Zugriffsrechte für die Prozedur *p_gruppe_az* haben.

Übung 6.16

```
CREATE TABLE t_werte
   (nummer INTEGER NOT NULL,
   wert FLOAT,
   PRIMARY KEY (nummer))

INSERT INTO t_werte VALUES (1, 1)

INSERT INTO t_werte VALUES (2, 2)

INSERT INTO t_werte VALUES (3, 3)

INSERT INTO t_werte VALUES (4, 4)

SELECT AVG(wert) FROM t_werte
```

Übung 6.17

```
CREATE PROCEDURE p_werte_stat
RETURNS
   (varianz FLOAT)
AS
```

```
   DECLARE VARIABLE qwt FLOAT;
   DECLARE VARIABLE wert FLOAT;
   DECLARE VARIABLE mittel FLOAT;
   DECLARE VARIABLE zahl FLOAT;
BEGIN
   SELECT AVG(wert)
      FROM t_werte
      INTO :mittel;
   SELECT COUNT(wert)
      FROM t_werte
      INTO :zahl;
   qwt = 0;
   FOR SELECT wert
      FROM t_werte
      INTO :wert
   DO qwt = qwt + ((wert - mittel) * (wert - mittel));
   varianz = qwt / zahl;
   SUSPEND;
END;
```

Da wir (noch) keine Funktion zum Quadrieren einer Zahl haben, müssen wir uns hier mit einer Multiplikation weiterhelfen.

Die Werte für den Mittelwert und die Anzahl der Werte werden zu Beginn der Prozedur ermittelt und in Variablen gespeichert. Dies erhöht nicht nur die Übersichtlichkeit, InterBase wäre auch überfordert, würden wir hier noch mit Unterabfragen anfangen und würde mit einer Fehlermeldung reagieren.

Übung 6.18

```
ALTER PROCEDURE p_werte_stat
RETURNS
   (varianz FLOAT)
AS
   DECLARE VARIABLE qwt FLOAT;
   DECLARE VARIABLE wert FLOAT;
   DECLARE VARIABLE mittel FLOAT;
   DECLARE VARIABLE zahl FLOAT;
```

```
BEGIN
   SELECT AVG(wert)
      FROM t_werte
      INTO :mittel;
   SELECT COUNT(wert)
      FROM t_werte
      INTO :zahl;
   qwt = 0;
   FOR SELECT wert
      FROM t_werte
      INTO :wert
   DO qwt = qwt + ((wert - mittel) * (wert - mittel));
   IF (zahl = 0)
      THEN varianz = NULL;
      ELSE varianz = qwt / zahl;
   SUSPEND;
END;
```

Übung 6.19

```
DROP EXCEPTION e_werte_stat_error
```

Solange die Exception in einer Prozedur (oder sonst wo) verwendet wird, kann sie nicht gelöscht werden.

Übung 6.20

```
CREATE EXCEPTION e_art_ander "Die Datensätze bis zur
   Nummer 7 dürfen nicht geändert werden"

CREATE TRIGGER trig_art_upd
   FOR t_art
   BEFORE UPDATE
AS
BEGIN
   IF (OLD.nummer <= 7) THEN
      EXCEPTION e_art_ander;
END
```

Übung 6.21

```
CREATE TRIGGER trig_gruppe_ins
   FOR t_gruppe
   AFTER INSERT
AS
BEGIN
   INSERT INTO t_gruppe_neu
      VALUES (NEW.nummer, NEW.bezeichnung);
END

CREATE TRIGGER trig_gruppe_upd
   FOR t_gruppe
   AFTER UPDATE
AS
BEGIN
   UPDATE t_gruppe_neu
      SET nummer = NEW.nummer,
         gruppe = NEW.bezeichnung
      WHERE nummer = NEW.nummer;
END

CREATE TRIGGER trig_gruppe_del
   FOR t_gruppe
   AFTER DELETE
AS
BEGIN
   DELETE FROM t_gruppe_neu
      WHERE nummer = OLD.nummer;
END
```

Beachten Sie, daß Sie bei *trig_gruppe_del* zwingend *OLD.nummer* verwenden müssen, weil es bei gelöschten Datensätzen keine NEW-Werte gibt. Die Angabe des Primärschlüssels in der WHERE-Klausel reicht völlig aus, auch wenn die DELETE- beziehungsweise UPDATE-Anweisung mit einer anderen Spalte spezifiziert wird.

```
DELETE FROM t_gruppe
   WHERE bezeichnung = "update"
```

Übung 6.22

```
CREATE VIEW v_artikel AS
   SELECT
      a.nummer,
      g.gruppe,
      a.hersteller,
      a.bezeichnung,
      a.preis
   FROM t_artikel a
      LEFT OUTER JOIN t_gruppe_neu g
         ON g.nummer = a.gruppe
```

Übung 6.23

```
CREATE TRIGGER trig_artikel_del_gruppe
   FOR v_artikel
   AFTER DELETE
AS
   DECLARE VARIABLE nummer INTEGER;
   DECLARE VARIABLE anzahl INTEGER;
BEGIN
   SELECT MIN(nummer)
      FROM t_gruppe_neu
      WHERE gruppe = OLD.gruppe
      INTO :nummer;
   SELECT COUNT(*)
      FROM t_artikel
      WHERE gruppe = :nummer
      INTO :anzahl;
   IF (anzahl = 0) THEN
      DELETE FROM t_gruppe
         WHERE nummer = :nummer;
END
```

D.6 Kapitel 7

Übung 7.1

Die Anweisung würde Mitarbeiter mit demselben Nachnamen zusammenfassen. Richtig ist es folgendermaßen:

```
SELECT
    m.nachname || " " || m.vorname AS name,
    b.jahr,
    SUM(b.preis)
  FROM p_bestellung_statistik(100000) b
    INNER JOIN t_mitarbeiter m
      ON m.nummer = b.bearbeiter
  GROUP BY nachname, vorname, jahr
  ORDER BY nachname, vorname, jahr
```

Übung 7.2

```
SELECT
    m.nachname || " " || m.vorname AS name,
    b.quartal,
    SUM(b.preis)
  FROM p_bestellung_statistik(1500) b
    INNER JOIN t_mitarbeiter m
      ON m.nummer = b.bearbeiter
  WHERE b.jahr = 1998
  GROUP BY nachname, vorname, quartal
  ORDER BY nachname, vorname, quartal
```

E Die Fehler-Codes

101	segment buffer length shorter than expected
100	no match for first value expression
100	invalid database key
100	attempted retrieval of more segments than exist
100	attempt to fetch past the last record in a record stream
-84	table/procedure has non-SQL security class defined
-84	column has non-SQL security class defined
-84	procedure <string> does not return any values
-103	Datatype for constant unknown
-104	invalid request BLR at offset <long>
-104	BLR syntax error: expected <string> at offset <long>
-104	context already in use (BLR error)
-104	context not defined (BLR error)
-104	bad parameter number
-104	invalid slice description language at offset <long>
-104	Invalid command
-104	Internal error
-104	Option specified more than once
-104	Unknown transaction option
-104	Invalid array reference
-104	Token unknown–line <long>, char <long>
-104	Unexpected end of command

-104	Token unknown
-150	attempted update of read-only table
-150	cannot update read-only view <string>
-150	not updatable
-150	Cannot define constraints on views
-151	attempted update of read-only column
-155	<string> is not a valid base table of the specified view
-157	must specify column name for view select expression
-158	number of columns does not match select list
-162	dbkey not available for multi-table views
-170	parameter mismatch for procedure <string>
-170	External functions cannot have more than10 parameters
-171	function <string> could not be matched
-171	column not array or invalid dimensions (expected <long>, encountered <long>)
-171	Return mode by value not allowed for this datatype
-172	function <string> is not defined
-204	generator <string> is not defined
-204	reference to invalid stream number
-204	CHARACTER SET <string> is not defined
-204	procedure <string> is not defined
-204	status code <string> unknown
-204	exception <string> not defined
-204	Name of Referential Constraint not defined in constraints table
-204	could not find table/procedure for GRANT
-204	Implementation of text subtype <digit> not located
-204	Datatype unknown
-204	Table unknown
-204	Procedure unknown
-204	COLLATION <string> is not defined
-204	COLLATION <string> is not valid for specified CHARACTER SET
-204	Trigger unknown
-204	alias <string> conflicts with an alias in the same statement

-204 alias <string> conflicts with a procedure in the same statement

-204 alias <string> conflicts with a table in the same statement

-204 there is no alias or table named <string> at this scope level

-204 there is no index <string> for table <string>

-204 Invalid use of CHARACTER SET or COLLATE

-204 BLOB SUB_TYPE <string> is not defined

-205 column <string> is not defined in table <string>

-205 could not find column for GRANT

-206 Column unknown

-206 Column is not a Blob

-206 Subselect illegal in this context

-208 invalid ORDER BY clause

-219 table <string> is not defined

-230 WAL Writer error

-231 Log file header of <string> too small

-232 Invalid version of log file <string>

-233 Log file <string> not latest in the chain but open flag still set

-234 Log file <string> not closed properly; database recovery may be required

-235 Database name in the log file <string> is different

-236 Unexpected end of log file <string> at offset <long>

-237 Incomplete log record at offset <long> in log file <string>

-238 Log record header too small at offset <long> in log file <string>

-239 Log block too small at offset <long> in log file <string>

-239 Cache length too small

-239 Log size too small

-239 Log partition size too small

-240 Illegal attempt to attach to an uninitialized WAL segment for <string>

-241 Invalid WAL parameter block option <string>

-242 Cannot roll over to the next log file <string>

-243 database does not use Write-ahead Log

-244 WAL subsystem encountered error

-245 WAL subsystem corrupted

-246	Database <string>: WAL subsystem bug for pid <digit>\
-247	Could not expand the WAL segment for database <string>
-248	Unable to roll over; please see InterBase log.
-249	WAL I/O error. Please see InterBase log.
-250	WAL writer - Journal server communication error. Please see InterBase log.
-251	WAL buffers cannot be increased. Please see InterBase log.
-252	WAL setup error. Please see InterBase log.
-253	WAL writer synchronization error for the database <string>
-254	Cannot start WAL writer for the database <string>
-255	Write-ahead Log without shared cache configuration not allowed
-257	WAL defined; Cache Manager must be started first
-258	Overflow log specification required for round-robin log
-259	Write-ahead Log with shadowing configuration not allowed
-260	Cache redefined
-260	Log redefined
-261	Partitions not supported in series of log file specification
-261	Total length of a partitioned log must be specified
-281	table <string> is not referenced in plan
-282	table <string> is referenced more than once in plan; use aliases to distinguish
-282	the table <string> is referenced twice; use aliases to differentiate
-282	table <string> is referenced twice in view; use an alias to distinguish
-282	view <string> has more than one base table; use aliases to distinguish
-283	table <string> is referenced in the plan but not the from list
-284	index <string> cannot be used in the specified plan
-291	Column used in a PRIMARY/UNIQUE constraint must be NOT NULL.
-292	Cannot update constraints (RDB$REF_CONSTRAINTS).
-293	Cannot update constraints (RDB$CHECK_CONSTRAINTS).
-294	Cannot delete CHECK constraint entry (RDB$CHECK_CONSTRAINTS)

-295	Cannot update constraints (RDB$RELATION_CONSTRAINTS).
-296	internal isc software consistency check (invalid RDB$CONSTRAINT_TYPE)
-297	Operation violates CHECK constraint <string> on view or table
-313	count of column list and variable list do not match
-314	Cannot transliterate character between character sets
-401	invalid comparison operator for find operation
-402	attempted invalid operation on a Blob
-402	Blob and array datatypes are not supported for <string> operation
-402	data operation not supported
-406	subscript out of bounds
-407	null segment of UNIQUE KEY
-413	conversion error from string <string>
-413	filter not found to convert type <long> to type <long>
-501	invalid request handle
-501	Attempt to reclose a closed cursor
-502	Declared cursor already exists
-502	Attempt to reopen an open cursor
-504	Cursor unknown
-508	no current record for fetch operation
-510	Cursor not updatable
-518	Request unknown
-519	The PREPARE statement identifies a prepare statement with an open cursor
-530	violation of FOREIGN KEY constraint: <string>
-530	Cannot prepare a CREATE DATABASE/SCHEMA statement
-532	transaction marked invalid by I/O error
-551	no permission for <string> access to <string> <string>
-552	only the owner of a table may reassign ownership
-552	user does not have GRANT privileges for operation
-553	cannot modify an existing user privilege
-595	the current position is on a crack
-596	illegal operation when at beginning of stream

-597	Preceding file did not specify length, so <string> must include starting page number
-598	Shadow number must be a positive integer
-599	gen.c: node not supported
-600	A node name is not permitted in a secondary, shadow, cache or log file name
-600	sort error: corruption in data structure
-601	database or file exists
-604	Array declared with too many dimensions
-604	Illegal array dimension range
-605	Inappropriate self-reference of column
-607	unsuccessful metadata update
-607	cannot modify or erase a system trigger
-607	Array/Blob/DATE datatypes not allowed in arithmetic
-615	lock on table <string> conflicts with existing lock
-615	requested record lock conflicts with existing lock
-615	cannot drop log file when journaling is enabled
-615	refresh range number <long> already in use
-616	Cannot delete PRIMARY KEY being used in FOREIGN KEY definition.
-616	Cannot delete index used by an Integrity Constraint
-616	Cannot modify index used by an Integrity Constraint
-616	Cannot delete trigger used by a CHECK Constraint
-616	Cannot delete column being used in an Integrity Constraint.
-616	there are <long> dependencies
-616	last column in a table cannot be deleted
-617	Cannot update trigger used by a CHECK Constraint
-617	Cannot rename column being used in an Integrity Constraint.
-618	Cannot delete index segment used by an Integrity Constraint
-618	Cannot update index segment used by an Integrity Constraint
-625	validation error for column <string>, value <string>
-637	duplicate specification of <string> - not supported
-660	Non-existent PRIMARY or UNIQUE KEY specified for FOREIGN KEY

-660	cannot create index <string>
-663	segment count of 0 defined for index <string>
-663	too many keys defined for index <string>
-663	too few key columns found for index <string> (incorrect column name?)
-664	key size exceeds implementation restriction for index <string>
-677	<string> extension error
-685	invalid Blob type for operation
-685	attempt to index Blob column in index <string>
-685	attempt to index array column in index <string>
-689	page <long> is of wrong type (expected <long>, found <long>)
-689	wrong page type
-690	segments not allowed in expression index <string>
-691	new record size of <long> bytes is too big
-692	maximum indexes per table (<digit>) exceeded
-693	Too many concurrent executions of the same request
-694	cannot access column <string> in view <string> 335544684L
-802	arithmetic exception, numeric overflow, or string truncation
-803	attempt to store duplicate value (visible to active transactions) in unique index <string>
-803	violation of PRIMARY or UNIQUE KEY constraint: <string>
-804	wrong number of arguments on call
-804	SQLDA missing or incorrect version, or incorrect number/type of variables
-804	Count of columns not equal count of values
-804	Function unknown
-806	Only simple column names permitted for VIEW WITH CHECK OPTION
-807	No where clause for VIEW WITH CHECK OPTION
-808	Only one table allowed for VIEW WITH CHECK OPTION
-809	DISTINCT, GROUP or HAVING not permitted for VIEW WITH CHECK OPTION
-810	No subqueries permitted for VIEW WITH CHECK OPTION
-811	multiple rows in singleton select

-816	external file could not be opened for output
-817	attempted update during read-only transaction
-817	attempted write to read-only Blob
-817	operation not supported
-820	metadata is obsolete
-820	unsupported on-disk structure for file <string>; found <long>, support <long>
-820	wrong DYN version
-820	minor version too high found <long> expected <long>
-823	invalid bookmark handle
-824	invalid lock level <digit>
-825	invalid lock handle
-826	Invalid statement handle
-827	invalid direction for find operation
-828	invalid key position
-829	invalid column reference
-830	column used with aggregate
-831	Attempt to define a second PRIMARY KEY for the same table
-832	FOREIGN KEY column count does not match PRIMARY KEY
-833	expression evaluation not supported
-834	refresh range number <long> not found
-835	bad checksum
-836	exception <digit>
-837	restart shared cache manager
-838	database <string> shutdown in <digit> seconds
-839	journal file wrong format
-840	intermediate journal file full
-841	too many versions
-842	Precision should be greater than 0
-842	Scale cannot be greater than precision
-842	Short integer expected
-842	Long integer expected
-842	Unsigned short integer expected
-901	invalid database key

-901	unrecognized database parameter block
-901	invalid Blob handle
-901	invalid Blob ID
-901	invalid parameter in transaction parameter block
-901	invalid format for transaction parameter block
-901	invalid transaction handle (expecting explicit transaction start)
-901	attempt to start more than <long> transactions
-901	information type inappropriate for object specified
-901	no information of this type available for object specified
-901	unknown information item
-901	action cancelled by trigger (<long>) to preserve data integrity
-901	lock conflict on no wait transaction
-901	program attempted to exit without finishing database
-901	transaction is not in limbo
-901	Blob was not closed
-901	cannot disconnect database with open transactions (<long> active)
-901	message length error (encountered <long>, expected <long>)
-901	no transaction for request
-901	request synchronization error
-901	request referenced an unavailable database
-901	attempted read of a new, open Blob
-901	attempted action on blob outside transaction
-901	attempted reference to Blob in unavailable database
-901	table <string> was omitted from the transaction reserving list
-901	request includes a DSRI extension not supported in this implementation
-901	feature is not supported
-901	<string>
-901	unrecoverable conflict with limbo transaction <long>
-901	internal error
-901	database handle not zero
-901	transaction handle not zero
-901	transaction in limbo

-901	transaction not in limbo
-901	transaction outstanding
-901	undefined message number
-901	blocking signal has been received
-901	database system cannot read argument <long>
-901	database system cannot write argument <long>
-901	transaction <long> is <string>
-901	invalid statement handle
-901	lock time-out on wait transaction
-901	invalid service handle
-901	wrong version of service parameter block
-901	unrecognized service parameter block
-901	service <string> is not defined
-901	INDEX <string>
-901	EXCEPTION <string>
-901	COLUMN <string>
-901	union not supported
-901	Unsupported DSQL construct
-901	Illegal use of keyword VALUE
-901	TABLE <string>
-901	PROCEDURE <string>
-901	Specified domain or source column does not exist
-901	variable <string> conflicts with parameter in same procedure
-901	server version too old to support all CREATE DATABASE options
-901	cannot delete
-901	sort error
-902	internal isc software consistency check (<string>)
-902	database file appears corrupt (<string>)
-902	I/O error during <string> operation for file <string>
-902	corrupt system table
-902	operating system directive <string> failed
-902	internal error
-902	block size exceeds implementation restriction

-902	incompatible version of on-disk structure
-902	database corrupted
-902	checksum error on database page <long>
-902	index is broken
-902	transaction--request mismatch (synchronization error)
-902	bad handle count
-902	wrong version of transaction parameter block
-902	unsupported BLR version (expected <long>, encountered <long>)
-902	wrong version of database parameter block
-902	lock manager error
-902	SQL error code = <long>
-902	cache buffer for page <long> invalid
-902	there is no index in table <string> with id <digit>
-902	Your user name and password are not defined. Ask your database administrator to set up an InterBase login.
-902	enable journal for database before starting online dump
-902	online dump failure. Retry dump
-902	an online dump is already in progress
-902	no more disk/tape space. Cannot continue online dump
-902	journaling allowed only if database has Write-ahead Log
-902	maximum number of online dump files that can be specified is 16
-902	error in opening Write-ahead Log file during recovery
-902	Write-ahead log subsystem failure
-902	must specify archive file when enabling long term journal for databases with round-robin log files
-902	database <string> shutdown in progress
-902	long-term journaling already enabled
-902	database <string> shutdown
-902	database shutdown unsuccessful
-902	cannot attach to password database
-902	cannot start transaction for password database
-902	long-term journaling not enabled

-902 Dynamic SQL Error

-904 invalid database handle (no active connection)

-904 unavailable database

-904 Implementation limit exceeded

-904 too many requests

-904 buffer exhausted

-904 buffer in use

-904 request in use

-904 no lock manager available

-904 unable to allocate memory from operating system

-904 update conflicts with concurrent update

-904 object <string> is in use

-904 cannot attach active shadow file

-904 a file in manual shadow <long> is unavailable

-904 cannot add index, index root page is full.

-904 sort error: not enough memory

-904 request depth exceeded. (Recursive definition?)

-906 product <string> is not licensed

-909 drop database completed with errors

-911 record from transaction <long> is stuck in limbo

-913 deadlock

-922 file <string> is not a valid database

-923 connection rejected by remote interface

-923 secondary server attachments cannot validate databases

-923 secondary server attachments cannot start journaling

-923 secondary server attachments cannot start logging

-924 bad parameters on attach or create database

-924 communication error with journal <string>

-924 database detach completed with errors

-924 Connection lost to pipe server

-926 no rollback performed

-999 InterBase error

Stichwortverzeichnis

I

J

K

L

M

N

O

THE SIGN OF EXCELLENCE

PC Perfekt!

Troubleshooting, Aufrüstung, Tuning

Michael Kiermeier

Das Buch bietet Ihnen eine umfangreiche Informationsquelle zu Fehleranalyse, Konfiguration und Tuning Ihrer PC-Hard- und Software. Ob Ihr Rechner oder ein Peripheriebauteil (Drucker, Modem, CD-ROM usw.) streikt, ob Sie Ihren PC an den wesentlichen Stellen aufrüsten wollen oder ob Sie eine Analyse des BIOS, des Cache, der I/O-Adressen usw. durchführen müssen, um schnell und gezielt eingreifen zu können, dieses Buch führt Sie direkt zum Ziel. Auf der beiligenden CD finden Sie die dazu nötige Software.

600 S., 1. Auflage geplant für 09/98, geb., CD

DEM 69,90, ATS 510, CHF 63,00

ISBN 3-8273-1365-1

ADDISON-WESLEY